"十三五"高职高专规划教材·市场营销系列

全国行业紧缺人才、关键岗位从业人员培训推荐教材

国家示范性骨干高职院校建设项目成果

销售业务原理与实务

（修订本）

丛书总主编　谢宗云

主　　编　戴　初　李芳云

副 主 编　李荣敏　黄　俊　农素兰

主　　审　谢宗云

北京交通大学出版社

·北京·

内 容 简 介

本书从高职高专应用型、复合型人才培养的目标出发，以满足顾客需求为中心，以实际销售工作为主线，设计相应的内容体系。全书共分六个模块，分别为：销售概述、寻找与接近顾客、销售洽谈、处理顾客异议、达成交易、客户管理与内务管理。本书采用模块式与单元式相结合的体例结构，力图体现销售业务的工作过程，方便读者掌握相关的理论与技能。

本书可作为高等职业院校、成人高校、应用型本科院校财经类专业尤其是市场营销类专业学生的教材，也可作为企业销售工作者的培训用书及对市场销售工作感兴趣的社会读者的参考书。

图书在版编目（CIP）数据

销售业务原理与实务 / 戴初，李芳云主编. — 北京：北京交通大学出版社，2014.3
（2020.1 重印）

ISBN 978 – 7 – 5121 – 1869 – 0

I . ①销… II . ①戴… ②李… III . ①销售学 – 高等职业教育 – 教材 IV . ①F713.3

中国版本图书馆 CIP 数据核字（2014）第 053013 号

策划编辑：刘 辉 责任编辑：刘 辉
出版发行：北京交通大学出版社 电话：010 – 51686414
      北京市海淀区高梁桥斜街 44 号 邮编：100044
印 刷 者：北京时代华都印刷有限公司
经 销：全国新华书店
开 本：185 × 260 印张：15.75 字数：393 千字
版 次：2020 年 1 月第 1 版第 1 次修订 2020 年 1 月第 2 次印刷
书 号：ISBN 978 – 7 – 5121 – 1869 – 0/F · 1340
印 数：3 001 ～ 4 000 册 定价：39.80 元

本书如有质量问题，请向北京交通大学出版社质监组反映。对您的意见和批评，我们表示欢迎和感谢。
投诉电话：010 – 51686043，51686008；传真：010 – 62225406；E-mail：press@bjtu.edu.cn。

前　言　●●●●●

20 世纪 90 年代，随着我国市场经济体制的建立，我国市场由卖方市场向买方市场转变，企业之间的竞争趋于激烈，产品销售成为众多企业的一大难题。在这种大的背景下，每个企业都十分重视产品销售工作，销售成为热门的职业。很长时间以来，我国对市场营销人才的需求始终高居榜首，国家人力资源与社会保障部、各省级人才市场、各级区域人才市场都反映同一事实，即市场营销人才是社会紧缺的人才。销售人才是包含在市场营销人才之中的，且占主要比例，与其说企业缺乏营销人才，不如说更缺销售人才。销售人才的紧缺无外乎有两个原因：一方面，产品供过于求，销售困难；另一方面，销售知识与技能传授的内容与方法不合适，难以达到实际工作的需要。基于这种现实，社会迫切需要我们高等院校培养高素质的营销人才、销售人才。

高职高专教学改革是大势所趋，教学改革的核心是课程改革，课程改革的一项重要内容是教材的改革，这是因为教材是教师教学的依据，也是学生学习的依据。教材的内容与编写体例基本上决定了学生能从该门课程学到什么样的知识、技能，形成什么样的逻辑思维习惯。对高职教育改革的探讨主要是探讨适合高职教育的模式，包括：教学内容模式、教学方法模式、教学过程模式、教学手段模式、教学情景模式等，其实，这些方面基本上都可以体现在教材内容与结构中。

本书从高职高专应用型、复合型人才培养的目标出发，以满足顾客需求为中心，以实际销售工作为主线，设计相应的课程内容体系。我们通过总结多年的教学经验，深入企业调研，借鉴、吸收国内外最新研究成果，全面阐述销售基本概念、原理、方法与技巧。教材主要内容包括销售概述、寻找与接近顾客、销售洽谈、处理顾客异议、达成交易、客户管理与内务管理，教材内容体现了销售业务的工作任务、工作过程、工作方法与技巧。教材每一章后面均附有实训题，题型包括基本概念题、判断题、选择题、简述题、项目实训题、案例分析与讨论题。其中，设置基本概念题、判断题、选择题、简述题主要是为了训练学生掌握销售相关知识；设置项目实训题、案例分析与讨论题主要是为了训练学生掌握销售相关技能。此外，根据教学需要，可安排学生进行一定时期的顶岗实习，如一个月的顶岗实习，从而进一步训练学生掌握销售知识与技能。

本教材具有以下特色：① 教材编写团队成员多次深入企业调研，与企业营销或销售管理人员进行沟通交流，以确定教材内容与编写体例，实现校企合作开发教材；② 教材内容涵盖主要销售原理与方法，实训项目与案例丰富，内容新颖且与销售实际工作密切相关，体现销售业务的工作任务与内容；③ 教材体例结构采用模块式与单元式结构，结构顺序基本体现销售业务的工作过程。本教材既可作为高等职业院校、成人高校、本科院校财经类专业尤其是市场营销类专业学生的通用教材，也可作为企业销售工作者培训用书或企业销售工作人员的业务参考书。

本教材由广西职业技术学院戴初、李芳云任主编，李荣敏、黄俊、农素兰任副主编，梁中英、方伦志、曹莉、梁雪芳、李爱雄、陆光明、李源等参与了编写，谢宗云教授对教材进行全面审核。在编写过程中，我们多次深入企业调研，并与企业营销与销售的管理人员及一线业务人员进行了深入与广泛的交流，了解企业对销售业务岗位人才的素质与能力要求，以确定教材的内容与结构，是一本充分体现校企合作教改精神的教材。我们访谈的企业主要包括统一集团南宁分公司、南宁百货股份有限责任公司、广西东翼今天有限责任公司、广西钜嘉投资有限责任公司、国药控股南宁有限公司、华润集团广西营销中心、南宁市中小企业服务中心、银帮集团、广西东盟乳业有限公司、一叶连锁有限公司等，企业单位的营销与销售管理人员对该教材的编写提出了十分宝贵的意见。同时，广西职业技术学院副院长覃扬彬教授、张则岭副主任、李建春主任、李继宏副主任、钟思强教授、韦克俭教授、向兆礼教授及院骨干办领导、市场营销教研室老师、营销与策划教研室老师、物流教研室老师等对教材的编写也提出了许多宝贵的意见并给予了大力支持与帮助，在此，深表谢意。作者在编写本教材时，借鉴了国内外专家学者的一些研究成果，除注明出处的部分外，限于体例未能一一说明，谨向同行们及诸多文献的作者们致谢。由于作者在知识与经验、体会与思考、水平与认知等各方面的局限性，必定会存在许多不足，敬请批评指正。

编 者

2020 年 1 月

目　录 ●●●●●

1

模块一

销售概述

学习目标

通过本模块的学习，要求学生了解并掌握销售特性、销售渠道、销售组织、销售模式与销售流程、销售制度等方面知识；具有销售渠道、销售组织、销售流程、销售制度等方面设计能力。

单元一　销 售 认 识

一、销售的含义

1. 广义的销售

广义的销售泛指一切说服活动，使别人接受相应的物品、服务或者某种观点。广义的销售在我们的生活中无时不有、无处不在。例如，各种性质的谈判，求职面试，计划的贯彻执行，政治家的游说演讲，青年男女的求爱，甚至婴儿的啼哭与微笑等。

2. 狭义的销售

狭义的销售是指销售人员直接与潜在顾客接触、洽谈、介绍商品、进行说服，促使其采取购买行动的活动，即市场营销组合策略（4P）中促销组合的人员销售。

本书所阐述的销售原理与实务主要是建立在狭义的销售定义基础上的。理解销售的定义主要把握以下几点。

第一，销售是一种活动过程。销售既是卖的过程，又是买的过程；既是心理活动过程，又是商品交换过程。销售本质是信息传递过程，而且是一个错综复杂的过程，销售要最终成为事实，受多个因素的影响与制约。

第二，销售的手段是说服与帮助。销售人员的任务就是说服销售对象，帮助顾客解决问题，让销售对象了解、认识并接受销售人员所销售的产品、劳务或观点。

第三，销售的目的是促成购买行为。销售的目的是让销售对象购买或接受产品、劳务或观点，促成购买也是销售人员的任务。

销售的职能是销售人员通过寻访潜在的顾客，向其展示所销售的商品，介绍商品的功能、效用和利益，采取各种销售方法和技巧，帮助潜在的顾客认识商品，唤起需求，进而行动以满足需求。现代销售不同于市场营销观念发展第二阶段"推销观念"中的推销。现代销售是市场营销组合的一个组成部分，服从市场营销观念，强调以顾客需要为中心；而市场营销观念发展第二阶段"推销观念"中的推销，是强力推销。

二、销售要素

销售要素是使销售活动得以实现的必然因素，包括销售人员、销售对象和销售品，三个因素缺一不可，其中销售人员和销售对象是主体，销售品是客体。

1. 销售人员

销售人员是主动向别人销售商品的销售主体，主要是指专门从事商业销售的职业销售人员。销售人员通过了解顾客的需求及对产品的要求，运用一定的技巧方法说服顾客购买本企业的产品或劳务。对于一件、一批产品或劳务，销售人员有可能是单个的销售人员的销售，也有可能是销售团队的销售。

2. 销售对象

销售对象又称顾客、客户、购买者等，是接受销售人员销售的主体，他们是销售人员销售活动的目标，是说服的对象。销售对象是指具有购买决策权或者具有影响购买决策的人。

销售对象有消费者、生产用户、中间商、非营利性组织四类。

（1）向消费者销售

销售人员向消费者销售产品，必须对消费者有所了解。为此，要掌握消费者的年龄、性别、收入、民族、职业、宗教信仰等基本情况，进而了解消费者的购买欲望、购买能力、购买特点和习惯等，并且，要注意消费者的心理反应。对不同的消费者，施以不同的销售技巧。

（2）向生产用户销售

将产品销售给生产用户的必备条件是熟悉生产用户的有关情况，包括生产用户的生产规模、人员构成、经营管理水平、产品设计与制作过程及资金情况等。在此前提下，销售人员还要善于准确而恰当地说明自己产品的优点；并能对生产用户使用该产品后所得到的效益作简要分析，以满足其需要；同时，销售人员还应帮助生产用户解决疑难问题（如技术问题），以取得用户信任。

（3）向中间商销售

与生产用户一样，中间商也对所购商品具有丰富的专门知识，其购买行为也属于理智型。这就需要销售人员具备相当的业务知识和较高的销售技巧。在向中间商销售产品时，首先要了解中间商的类型、业务特点、经营规模、经济实力，以及他们在整个分销渠道中的地位；其次，关注中间商的利益需求，中间商购买产品不是自己使用，而是再销售，他们更关注产品的市场需求、产品差价、销售支持等；再次，应向中间商提供有关信息资源，为中间商提供帮助，建立友谊，扩大销售。

（4）向非营利性组织销售

非营利性组织主要是指政府机关、事业单位、各种社团等组织，他们的购买决策过程、决策参与人、购买程序等方面与其他销售对象有明显的区别，销售人员必须了解非营利性组织的购买特点，采取正确的销售策略。

3. 销售品

销售品是销售人员销售的目标，主要包括商品、服务、观念等，是销售活动的客体。它可以是有形的商品，也可以是无形的服务、思想、观念、点子等。销售品的不同，其销售的时间、地点、内容、流程、技巧、方法等均不同。本书所阐述的销售品的销售主要是指各种有形的商品销售。

三、销售原则

销售原则是销售活动的指导思想和基本准则。销售人员需要掌握正确的销售原则，以销售原则指导自己的销售行为，减少失误，提高销售绩效。

1. 市场导向原则

市场导向是指市场需要什么，企业就生产销售什么，市场需要多少，企业就生产销售多少，以市场为导向，以需求为中心。以满足顾客需求作为出发点与归宿点，企业及企业的销售人员不但要了解与分析顾客的需求，同时要了解与分析顾客对产品的要求。为此，销售人员需要做到：注重调查研究，发现顾客的真实需求与要求；收集顾客信息并将企业及产品信息反馈给顾客；针对不同行业、不同产品、不同的顾客群体，采取有针对性的销售策略；加强销售服务，赢得顾客信赖，促使顾客成为忠实的顾客。

2. 互惠互利原则

销售人员销售产品，既要考虑企业自身利益，又要考虑顾客利益，做到互惠互利，实现买方与卖方的"双赢"，互惠互利即指交易的"双赢"，不是"零和"博弈。目的在于培养长期客户，不做一锤子买卖，树立企业形象，提高企业信誉，进一步巩固老顾客及发展新顾客。

3. 诚信为本原则

诚信的基本含义是诚实，不疑不欺，言而有信，言行一致，表里如一。在销售活动过程中，不提供假冒伪劣产品，不从事欺骗性活动，不传播虚假信息。为此，销售人员要信守承诺，信任对方，以诚相待。成熟的市场经济是法制经济，同时也是信用经济。讲究诚信，对维护企业形象非常重要。

4. 说服诱导原则

在许多情况下，顾客并不清楚自己的需求及对产品的要求，加之顾客对产品等方面知识的有限性，这就需要销售人员的说服诱导，而说服诱导工作如何开展及效果如何与销售人员运用销售技巧和方法密切相关。

销售是一种十分讲究技巧和方法的活动，销售技巧和方法一个很重要的方面体现在销售人员的说服劝导能力上，通过有效的劝导使顾客愿意接受销售人员的拜访，愿意倾听销售人员的陈述，令顾客充分了解产品与服务；经有效的说服，方能消除顾客异议，建立顾客对销售人员及产品的信心。销售人员与顾客是平等的两个交易主体，销售人员既不能强迫顾客购买，也不能靠乞求获得订单，更不应使用欺骗的手段达到销售的目的。

四、销售的类型与作用

1. 销售的类型

根据不同划分标准，销售可分为多种类型：按商品的形态分，销售可分为有形商品销售、服务销售和观念销售；按销售的区域分，销售可分为国内市场商品销售与国际市场商品销售，根据销售区域还可继续细分；按销售时间分，销售可分为经常性的商品销售和临时性的商品销售；按销售活动内容分，销售可分为单项性的商品销售和综合性的商品销售。

2. 销售的作用

无论对社会、企业、顾客，还是对销售人员，销售都具有十分重要的意义。

销售对社会的作用：销售的功能是实现产品流通，促使社会生产与消费的正常运行，是社会经济发展的重要推动力；销售传递先进的产品和技术，从而提高人们的素质，加快社会前进的步伐；销售协调供给与需求，有利于社会的繁荣；销售引导购买、引导消费，起到传递购买标准与教育消费者的作用。

销售对企业的作用：实现产品的价值，创造效益，维持企业生存与促进企业的发展。

销售对社会公众的作用：指导消费、实现社会生产与流通、创造就业机会等。

销售对销售人员的作用：销售工作是发挥个人潜力的最好职业之一、是磨练人的意志情操的最好方式之一、是走向事业成功的最好途径之一。

五、销售人员的职责与素质

1. 销售人员职责

销售人员职责，简单地说，就是开发客户、拜访客户、管理与维护客户，成功实现产品的销售，创造良好的销售业绩。

销售人员具体职责包括：收集市场信息资料、制订销售计划、客户开发、产品销售、提供服务、收回货款、客户库存管理、协销、铺货、助销、客户冲突管理、填写报表、开展促销活动、参加销售例会、与上下级及客户的沟通、计划性拜访、客户资料管理、产品陈列、客户满意调查等。

2. 销售人员素质

销售人员既是企业的代表，又是顾客的顾问和参谋，因此，销售人员必须具有良好的思想素质、业务素质和身体素质。

销售人员基本素质要求：具有强烈的事业心，热爱销售工作；具有良好的职业道德，谦虚谨慎，诚实守信，忠诚企业，诚实待客，公平竞争；具有良好的身体素质与良好的工作心态。

销售人员专业素质要求：一是具有扎实的业务知识，包括产品知识、企业知识、市场知识、销售业务与管理知识、心理学知识、客户知识、法律知识等；二是具有良好的销售能力，包括观察判断能力、说服表达能力、记忆能力、社交能力、决策能力、应变创新能力等。

销售人员除了具有专业知识与能力外，还应具备正确的观念，如市场观念、竞争观念、主动观念、应变观念、服务观念、信息观念、时间观念、勤劳观念、学习观念、思考观念等。

评价一个人是否适合从事销售工作，可以从个性、动力、能力三方面进行评价。

个性因素是最重要的，也是最难培养的。有句话说"个性决定命运"，不同个性的人适合做不同的工作，从事销售工作的人员需要具备的个性有：自信、平等意识、漠视挫折、好争胜负。

动力其实就是指销售人员对待工作的态度，这种态度通常分为四个等级：积极、随机、懒散、抵触。第一种是最好的，然后依次递减。销售人员工作是否有动力，除了兴趣爱好、知识与技能等因素外，主要是考虑自己的期望与现实情况的对比，大多数销售人员追求两点："钱"与"前途"，企业要考虑销售人员需求，创造条件，激发其工作动力。

能力评价主要是销售人员是否具有良好的专业知识，是否具有相应的销售能力。

案例1-1 与众不同的销售语言

有个人十年来始终开着一辆车，未曾换过。有许多汽车销售员跟他接触过，劝他换辆新车。甲销售员说："你这种老爷车很容易发生车祸。"乙销售员说："像这种老爷车，修理费相当可观"。这些话触怒了他，他固执地拒绝了。有一天，有个中年销售员到他家拜访，对他说："我看你那辆车子还可以用半年；现在若要换辆新的，真有点可惜!"事实上，他心中早就想换辆新车，经销售员这么一说，遂决定实现这个心愿，次日他就向这位与众不同的推销员购买了一辆崭新的汽车。

案例1-2 说话的艺术

一句话说得人家跳，一句话说得人家笑。同是一句话，不同的说法，效果大不相同。

食品销售员马休正想以老套话"我们又生产出一些新产品"来开始他的销售谈话，但他马上意识到这样做是错误的。于是，他改口说："班尼斯特先生，如果有一笔生意能为你带来1 200英镑，你感到有兴趣吗?""我当然感兴趣了，你说吧!""今年秋天，香料和食品罐头的价格最起码上涨20%。我已经算好了，今年你能出售多少香料和食品罐头，我告诉你……"然后他就把一些数据写了下来。多少年来，他对顾客的生意情况非常了解，这一次，他又得到了食品老板班尼斯特先生很大一笔定货，都是香料和食品罐头。

案例1-3 道不同，难与久谋

A君是某公司的销售经理，有一次他参加一个招聘会，遇到一位很有经验的销售人员前来应聘，他很满意，很想录用他。

面试时，这位销售人员清楚地表露了对近期收入的渴望，而该公司的市场目前不是很好，处在新产品打市场的阶段，很难满足这位应聘者对钱的渴望。但是A君为了录用他，一再强调：公司有着光明的前途、产品很适合市场，我们肯定亏待不了优秀员工，等等。

在A君富于煽动力的长篇大论后，那位销售人员觉得在这个公司很不错，似乎"钱"与"前途"可以兼得，于是同意了。

进入公司以后，他慢慢发现公司的前途还是个未知数，而"钱"是肯定没有的。在努力了半年没有起色之后，这位销售人员选择离开了，临走时还散布了不少的负面言辞。

案例1-4 李经理的悔恨

李先生是宏昌公司的销售经理，李经理近些日子特别后悔，后悔自己三个月前解聘了一名员工，因为过了近三个月他才发现这名员工的潜质和对公司的价值。

那名员工姓周，去年来到公司，在公司正好工作了三个月。第一个月基本上是熟悉公司的业务和产品，并且小周开始跟着老业务员跑业务，开始独立承接一些客户。小周十分聪明，他从不贸然地去拜访客户，而是在前期尽量从外围多了解客户的有关信息，然后再出手。又过了一个月，小周基本上已经能独立开展业务了，他所负责的客户也有了些起色。

或许是小周的运气太差了，他一直在做的一个大客户的采购经理已经调离，而且该公司因为扩大规模资金紧张，一下子，小周两个多月的工作面临无果而终的局面。

老实说，李经理对小周的工作方式一直有些看法，因为他比较喜欢行动能力、服从意识都比较强的人。面对当前的局面——小周业绩不理想，李经理思前想后，认为小周没有业绩并且也说不清楚什么时候才会有业绩，证明小周在公司的价值不大了。

小周被辞退后的三个月，他原来一直负责的大客户主动要求向公司订货，李经理亲自与这个客户打交道。经过深入接触客户以后李经理才知道，原来小周无论在客户的关系还是公司产品推荐方面，都做了很多卓有成效的工作，得到了客户较高的评价，使后期工作很快就顺利展开了。李经理此时才意识到：他错过了一个可能非常有潜质的销售精英。

带着一些侥幸的心理，有一天，李经理拨通了小周的电话，可是结果令李经理不仅失望而且后悔，因为小周已经加盟了另一家公司，这家公司所面对的是同一个客户群，小周干得很好。

3. 销售人员的礼仪

销售人员的礼仪反映其素质与修养，销售人员无论在何时何地都应注意礼仪。礼仪是人类社会活动的规范，是人们在工作与社交活动中应该遵守的行为准则。礼仪的作用主要有：树立形象、规范行为、赢得好感与信任、协调人际关系等。

礼仪类别及技巧方法简述如下。

（1）仪容与服饰礼仪

仪容修饰（如发型、化妆品运用、头饰、耳环、项链等的佩戴）应以大方为宜。服饰整洁得体，穿着与自己的身份、销售的产品和公司的形象相符。一般来说，在与客户面谈时，男士着深色的正装是合适的，而女士着职业套装是恰当的。

（2）言谈举止礼仪

言谈语言要准确、规范、文明、清晰，热情温和。

行为举止文明有礼，在握手、交换名片、微笑、坐姿与站姿等方面都需要考虑适当的礼仪礼节。

（3）电话礼仪

打电话前，应做好相关准备（本、笔、号码、打电话内容等）；一般应先自报公司名称、本人姓名，问候、寒暄后再谈主要内容；打电话时，内容应简明扼要；重要信息，可提请对方记清；通话结束时，适当致谢或致歉。

（4）接待礼仪

迎送礼仪要做到：预做准备、热情迎候、待客有礼、礼貌送客。

拜访礼仪要做到：事先预约、守时践约、登门有礼、衣冠整洁、举止文明、适时告辞。

（5）签约礼仪

明确签约时间、地点；确定签字人与出席人；签约文本、文具、摄影等方面的准备；签约室内外氛围布置营造；双方签字的座位（主左客右），双方随行人员按身份高低（里高外低）分列于各自签字人后面；签字文本、文具分放在签字人座位前；签字人交换文本握手相庆；签约后备酒，双方共贺。

（6）宴会礼仪

设宴。妥善确定宴请的目的、名义、对象、范围与形式；确定宴请的时间、地点；提前发出邀请，隆重的宴请要发出请帖；主人应提前在宴请地迎候主宾；妥善安排席位与座次；准备好宴席开始时的致词；注意用餐、敬酒等餐桌上的礼节与规范；陪客人数、性别、身份与客方大体相当；宴席结束时，不要当着客人面结账；做好送客安排。

赴宴。应邀后不要随意改动，特殊情形不能及时抵达或不能出席，应及早解释、致歉；掌握出席时间，适当提前到达；抵达时，主动、热情向主人致谢、问候；听从主人安排入座；听从主人招呼进餐；及时祝酒、致谢；如因特殊情况，确需提前离席，应向主人解释并表歉意；注意用餐、敬酒等餐桌上的礼节与规范，体现文雅、细心、守规矩、有修养。

（7）舞会礼仪

衣着整洁，举止端庄大方，表现文雅有风度；不要大声喧哗；男女可以互相邀请，男士一般主动邀请女士，但不可强求；女士应尽可能应邀，如有特殊情形，婉言谢绝；女士邀请男士时，男士不可拒绝；集体跳舞时，要在主要的宾主先起舞后，其他人员方可起舞；不宜与同一舞伴多次跳舞；在与舞伴跳舞时，注意目光、表情、舞姿、步幅等肢体语言文明规范。

（8）介绍礼仪

自我介绍时，要先将自己的单位、姓名、职务告诉对方，先将己方人员介绍给对方；将男士、位低者、年轻者介绍给女士、位高者、年长者；自己被介绍时，一般应起立，视情形或握手或微笑点头致意。

（9）上下电梯、楼梯礼仪

上下电梯，主人宜先进后出；上下楼梯，让客人靠墙一边走，在客人左前方引领。

（10）馈赠礼品

考虑对方的文化、习俗、爱好、性别、身份、年龄、修养,重在礼品的思想性、艺术性、纪念意义,慎选礼品;注意礼品数量的讲究;选择送礼时机、场合,一般为初交、离别时送。

案例 1-5 第一印象

2002年12月,我们去拜访石家庄当地最大的食品添加剂经销商,在谈起双方合作历程时,经销商兴致勃勃给我们讲起A公司销售人员拜访他的故事:

A公司是我们公司在国内最大的竞争对手,他们的产品质量优秀,进入食品添加剂已有一年,销售业绩不错。

经销商说:"那是2001年12月的一天,我的秘书电话告诉我A公司的销售人员约见我。我一听A公司的,听客户讲他们的产品质量不错,我也一直没时间和他们联系。既然他们主动上门,我就告诉秘书让他下午2:00到我的办公室来。"

"2:10我听见有人敲门,就说请进。门开了,进来一个人。穿一套旧的皱皱巴巴的浅色西装,他走到我的办公桌前说自己是A公司的销售员。"

"我继续打量着他,羊毛衫,打一条领带。领带飘在羊毛衫的外面,有些脏,好像有油污。黑色皮鞋没有擦,看得见灰土。"

"有好大一会,我都在打量他,心里在开小差,脑中一片空白。我听不清他在说什么,只隐约看见他的嘴巴在动,还不停地放些资料在我面前。"

"他介绍完了,没有说话,安静了。我一下子回过神来,我马上对他说把资料放在这里,我看一看,你回去吧!"

听到这里,我们都笑了。经销商继续说:

"就这样我把他打发走了。在我思考的那段时间里,我的心理没有接受他,本能地想拒绝他。我当时就想我不能与A公司合作。后来,2002年初,你们的张经理来找我,一看,与他们天壤之别,精明能干,有礼有节,是干实事的,我们就合作了。"

单元二 销售渠道

一、销售渠道的含义与作用

1. 销售渠道的含义

销售渠道是指产品从生产者向消费者(或用户)转移过程中所经过的一切取得所有权

的商业组织或个人。销售渠道的起点是生产者，终点是消费者（或用户），中间环节包括各种经销商或代理商、批发商、零售商等。中间商的存在是社会分工和经济发展的必然结果，有其客观的必然性，而不完全是一部分人追求利润的结果。

2. 销售渠道的作用

对生产企业而言，中间商有以下几个方面的作用。

（1）使企业产品能打入广阔的市场

中间商分布的范围更广，直接面对消费者（或用户），可以大大减少交易的时间与次数。企业产品，如果都靠自己的力量直接销售给消费者（或用户），在很多情况下，是无能为力的。

（2）节约企业的资金，迅速收回货款

企业如果将产品卖给中间商，就已算取得收入，可以使资金尽快回笼，从而减少资金的积压，节约成本，提高销售效率和投资收益水平。

（3）传递信息

中间商可给生产企业带来情报及其他便利，可加强企业与外界的沟通，促进产品的销售，加快产品流动。

（4）为企业承担风险

如果企业将产品卖给中间商，那么风险由中间商承担，促使中间商尽量设法推销产品。

二、销售渠道设计

1. 顾客分析

分析购买本企业产品的购买群体，他们购买什么样产品、购买原因、购买地点、何时购买、如何购买、需要提供的服务等，即主要分析顾客的购买心理、购买行为、购买要求。分析顾客，其目的使企业产品更好地满足顾客需求，方便顾客购买。

2. 确定销售渠道长度

渠道长度指产品从生产企业到消费者（用户）所经过的中间环节数目的多少。产品从生产者到消费者（用户），可能经过零层、一层、二层、三层甚至更多的中间环节。没有中间环节的渠道称为直销渠道，有中间环节渠道称为间接销售渠道。渠道越长，可使产品打入更广阔的市场，但价格节节攀升，不利于拉动销售且难以控制。

3. 确定分销渠道宽度

渠道宽度是指同一级渠道中间商数目的多少及每个中间商覆盖的区域有多宽。如一级、二级、三级等分销商分别为多少数目，每个中间商管理多宽的销售区域。渠道宽度有以下三种情况。

① 密集分销。

尽可能多地利用中间商分销，使渠道加宽。优点：产品进入广阔的市场、覆盖面宽；缺点：竞争激烈、难以管理与控制、分销商忠诚度低。

② 独家分销。

制造商在某区域只选定一家中间商经销或代理，实行独家经营。制造商通常规定分销商不得经营竞争者的品牌。优点：有利于树立制造商形象、便于管理与控制；缺点：不利于竞争易形成垄断、市场覆盖面窄、分销商所要求的条件高。

③ 选择分销。

介于上述密集分销和独家分销之间，制造商有条件地精心挑选几家中间商来分销。这是一种常见的分销形式。优点：比独家分销面宽，有利于扩大销路，开拓市场，展开竞争；比密集分销易于控制，不必分散太多精力。有条件地选择中间商，有利于加强彼此之间的长期合作，使中间商努力推销本企业的产品。

快消品销售渠道基本结构一般为：制造商——级分销商—二级分销商—零售商—消费者，以此为基础，当然还包括其他的变化形式，在制造商与消费者之间可能含有一层、二层、三层中间商。

产业用品销售渠道较短，一般为：制造商—用户，或者制造商—产业用品经销商—用户。

在构建快消品销售渠道模式时，一般需要遵循以下原则。

① 产品快速流动原则。

产品从生产制造企业到终端的时间要尽可能地短。

② 全面覆盖原则。

渠道拓展模式应该可以满足产品对终端的全面覆盖，以扩大产品的销售面，增强影响力，提高市场占有率，最终达到扩大销售的目的。

③ 低成本原则。

在不影响管理与控制效果的基础上，应该尽量降低企业销售渠道建设与管理成本。

④ 便于管理原则。

有关销售渠道的设计、建设与管理、制度、实施方案等尽量简单实用，方便管理。

如图 1-1 所示，生产企业需要对销售渠道成员、公司的销售人员及销售业务等方面进行管理，因此，需要在公司内部与公司外部建立相应的管理机构，并有相应的人员负责，即建立相应的销售组织。生产企业的销售组织基本职位是：销售总监—省份经理—城市经理（销售或办事处经理）—市场代表（业务员），具体情况则根据制造商规模的大小而繁简不同。

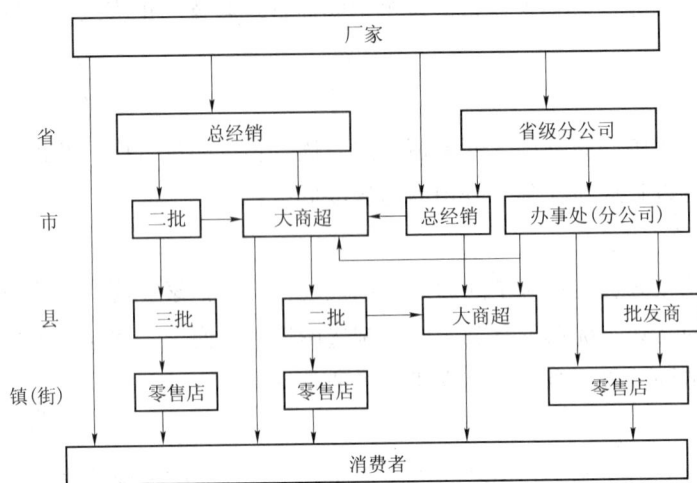

图 1-1 T公司销售组织结构图

三、销售渠道管理

1. 选择渠道成员

选择渠道成员主要考虑的因素如下。

（1）成本

成本包括制造商与中间商建立、发展、维持关系所需要的各种费用。企业尽可能选择成本低但效益好的中间商。

（2）资金

选择资金雄厚、财务状况良好的中间商，以保证及时付款与一定的产品销量。

（3）经营时间

选择经营历史时间长的中间商，其经验更加丰富。

（4）信誉

选择信誉好的中间商。信誉好的中间商，消费者愿意到那里购买；信誉好的中间商，有较强的市场开拓能力、营销与管理能力、技术支持和售后服务能力；及时付款。

（5）地理位置

位置好，人流量大，产品更加好卖。

2. 评估渠道方案

企业在确定渠道模式时，可能存在几个备选方案，而最终采纳的是某一个方案。那么要对各方案加以评估、比较。标准有三个。

（1）经济性标准

有利于企业节约成本费用。

（2）控制性标准

制造商能控制中间商配合本企业达到目标。中间商都有其独立的利益，他们可能不按本企业的要求去做，例如：忽视一些重要的顾客、不推销一些产品、不积极促销，不及时提供情报，不提供良好的服务、不及时付款、审货、乱价等。

（3）适应性标准

即中间商是否有灵活应变的能力，能否适应环境的变化和事物的变化，能否做到与企业步调一致，实现其盈利目标。

3. 确定分销商的权利和责任

中间商的权利与责任是生产企业与中间商签订合同时确定的，其内容包括：经销的产品品种、价格、销售量、付款时间与方式、销售区域、交货时间与地点、运费承担、质量要求、退货规定、销售支持等。

4. 激励渠道成员

为什么要激励渠道成员？关键是他们有自己的独立利益，他们也想盈利，也想赚钱。生产企业，在兼顾本企业利益的同时，一定要考虑中间商的利益。

激励方式包括物质激励与合作激励。

（1）物质激励

例如：进货价优惠、放宽信用条件、技术及销售指导培训、协销助销、促销与广告支持、销售竞赛、新产品优先保证、邀请参观、参加活动等。此外，也有负面激励即惩罚，例如：降低利润率、推迟发货、甚至终止合同关系等。

（2）合作激励

包括合作、合伙、分销规划，例如：双方相互投资、参股，形成经营共同体；共同制订分销规划、设计产品销售方案；建立长期合作关系等。

5. 评价渠道成员

评价的主要内容：销售配额完成情况、平均存货水平、向顾客交货时间、对损坏和遗失品的处理、与制造商促销与培训的合作情况、付款情况、情报报告情况、服务情况等。

6. 销售渠道变化趋势

销售渠道变化呈现以下趋势。

① 渠道结构扁平化。

即销售渠道的中间环节越来越少，以提高产品销售速度，加速资金周转，降低产品价格，让利给消费者，提高产品竞争力。

② 市场重心下沉。

市场可划分为省级、地区级、县级、乡镇级市场。市场下沉是指加强地区、县、甚至乡镇市场的开发。

③ 渠道建设。

由交易型向伙伴型转变，讲究长期合作，相互投资、参股、共同规划销售、共担风险等。

④ 商流、物流、信息流速度加快。

⑤ 利润空间越来越小。

⑥ 多种销售模式可能同时存在于一个企业当中。同一个企业，在不同的销售区域，可能存在：直销型、通过经销商向终端销售、通过经销商到二批商再到终端、自建分销公司、网络批发等。

四、销售渠道网络模式及选择

1. 销售渠道网络模式

销售渠道网络模式不外乎经销制、直营制，以及介于经销制与直营制中间的助销制与经销制＋直营制。

（1）经销制

经销商需要全部或者部分现款从厂家进货，厂家提供宣传、促销支持，经销商对市场运作处于绝对控制地位。这种模式又可分为独家经销制、选择经销制、密集经销制，独家经销制是厂家在某区域市场只开发一个经销商，选择经销制是厂家在某区域开发少数几个经销商，密集经销制是厂家在某区域市场开发若干个经销商。由于独家经销制市场覆盖面窄，难以做到较好的市场渗透，在区域较大的市场，许多企业不采用；而密集经销制的经销商数量过多，企业难以管理与控制且容易导致经销商之间发生矛盾，许多企业也不采用；所以，多数企业采用选择经销制。需要指出的是，即便是选择经销制，经销商之间也会生产各种矛盾，为了避免这些矛盾的生产，有些行业或企业在某区域市场采用多家分品种经营的办法，就产品而言实质上还是区域独家经销制。

经销制具有以下优点。

一是充分利用经销商的资金。采用经销制，由于经销商需要全部或者部分现款从厂家进货，厂家可以较快地收回货款，不需要垫付过多的资金。如果厂家采用直营制，客户往往要求有一定数量的铺底资金，对于不同的产品、不同的客户群体，要求的铺底资金数额不同，但一般可能需要货款10%左右的铺底资金，如果每个区域市场的这些费用都由厂家来承担，厂家是难以担当得起的。如果采用经销制，这些铺底资金，则由经销商来承担，对厂家而言，是相当有利的。这恐怕是目前许多厂家采用经销制的一个重要原因。

二是充分利用经销商的网络与关系资源，降低资金风险。经销商是本地人，一般同下游中间商客户有一定的关系并且对其资信情况有一定的了解，可以降低风险。同时，经销商可能有相对稳定的顾客群体，容易开拓市场，容易管理下游客户，容易使厂家的新产品快速上市。

经销制的缺点：如果厂家所选择的经销商其自身素质或能力低，厂家与经销商的合作很难达到预期的效果，比如，经销商不能理解厂家的营销理念与配合厂家营销策略的实施，产品的分销、陈列、促销等销售工作难以迅速落实到位，公司很难控制市场运作等。

案例1-6　莲花味精的渠道选择

莲花味精是我国最大的味精生产基地，在实践中，莲花味精选择各地有较强分销能力的食品批发企业作为销售代理，通过代理公司将产品摆放在包括便利店、超市、仓储式商店及各类食品商店的货架上，并由此将莲花味精送上千家万户的餐桌。其决策的依据如下。

1. 作为一种派生需求，消费者一般是从出售食品特别是副食品的商店中购买这种商品。因此，企业必须选择出售包括副食品在内的各类食品商店作为销售场所。

2. 作为购买频率较低、数量较小但又是消费者经常需要的商品，消费者对购买味精等调味品的便利性要求较高，即希望在需要时可以方便地购买。这就要求企业应该具有较高密度的销售网点，能够最大限度地接近消费者并为其提供便利。

3. 从整体上看，除少数大型百货企业和连锁企业具有一定规模外，大多数零售企业，特别是经营副食品的各类零售商店，其销售规模和经营实力都比较小，没有能力和渠道从生产企业中获得稳定的货源，进货渠道主要是依赖当地的各种食品批发公司。因此，企业在进入和占领市场时，需要借助于具有较强分销能力的食品批发公司，通过食品批发公司及其分销系统，来达到企业的市场目标。

（2）直营制

生产厂家在产品销售市场注册营业执照和税务登记，建立自己的销售分公司，由分布在各个区域市场的销售分公司的销售人员运作市场，开发与管理下游客户，自己销售公司的产品，自己能开发票。

直营制具有以下优点。

一是由于分布在各个区域市场的销售分公司还是属于生产企业内部的单位，人员也是企业内部人员，这样，就能够使企业的营销理念和营销策略得以贯彻，有关分销、陈列、促销等销售工作也能迅速地落实到位。

二是企业对市场的运作，费用的投入得以有效控制。

三是分布在各个区域市场的销售分公司及人员直接面向客户、面向市场，能够及时了解市场行情，企业能够据此及时地作出科学合理的决策。

直营制的缺点：对生产企业的人力资源与管理水平要求高；企业需要大量的资金予以支持并面临很大的资金风险。因为需要企业自己在各区域市场建立自己的销售分公司，这些销售分公司无疑都需要相应的办公地点、产品储存地点、相应的设施与设备、安排为数众多的销售人员，企业投入势必较大。另一方面，企业产品只有销售给了下游客户，才能算实现销售，对厂家而言，风险会增大。

案例1-7 企业产品直营

纵观我国各类企业，采用直营销模式销售其产品的涉及多种行业与企业，如服装行业、建材行业、餐饮行业、快递行业、医药行业、家具行业、房地产行业、化妆品行业、酒类行业等。一些行业企业两种模式同时并存，一方面不丢失传统的分销渠道采取经销的办法，另一方面，在区域市场建立直营公司销售其产品。

（3）助销制

生产厂家在分销模式上采用经销制，对每一个经销商派一个或几个销售人员协助其开拓市场，被派遣的销售人员不能开发票，不直接进行销售。从销售人员的安排与分配来看，经销制与助销制是不同的，经销制是公司的一个销售人员负责一到几个区域市场，市场运作主要由每个区域的经销商自己负责；助销制是公司的一个或者几个销售人员负责一个区域市场，和经销商共同开发市场，对市场运作商家居主导地位。

助销制的优点：具有经销制的所有优点，并且，由于生产厂家在经销商处有自己企业内部的销售人员，这样使企业更能及时地了解市场行情，更能保证企业有关营销理念、营销策略的有效实施，有关分销、陈列、促销等销售工作也能迅速地落实到位。

助销制的缺点：由于该分销模式本质上仍是经销制，助销制势必存在经销制一些类似的缺点。由于经销商自身经营理念的不同及从自身的利益出发，在某些情况下，可能会与厂家派遣的销售人员发生矛盾甚至冲突。

（4）经销制＋直营制

生产厂家采用经销制，同时，在目标市场注册营业执照，进行税务登记，采用直营制。厂家分布在各个区域市场的销售分公司，对该区域市场经销商覆盖不了或者不愿意覆盖的渠道进行直接销售。

这种分销模式存在经销制与直营制所有的优点和缺点，在此不再细述。需要指出的是此种模式如何取得经销商的信赖和认可及如何协调厂家销售分公司与当地的经销商之间的关系，是值得关注的问题。

分销模式就是上述四种，可能有人认为还有代理模式，这种讲法应该有其道理。在此需要说明的是，代理商从其字面上的意思理解，代理商是指从厂家进货，不需要将产品买下，对产品没有所有权，靠赚取佣金的一种中间商。但现实情况是真正意义上的代理商目前在我国是少数的，多数生产厂家要求其下游的中间商进货时交付相应货款，并且基本上是靠赚取差价来获取利润，实际操作是倾向于经销性质。由此看来，我们可以将代理模式归为经销制模式。

案例1-8　统一企业销售渠道网络

统一企业在各区域市场销售其产品，一般设立传统所与直营所，传统所相当于传统的经销模式，直营所即产品由公司直营，采用分产品、分部经营的策略。

案例1-9　我国服装男装销售模式

目前我国男装企业的销售模式分为分销和直营两种。所谓分销，指生产者通过其他第三方经营者（特许加盟商、外贸公司等），将产品销售给终端消费者的销售方式，生产者不直接面对消费者，其与第三方经营者之间的关系可以是批发式的简单买卖关系，也可以是包含授权、单方许可、买卖等多重合同关系的特许加盟方式；直营，是指生产者直接向终端消费者进行销售的方式，具体形式包括开立直营店、店中店、面对大客户或通过网络进行销售。国内男装企业大多以制造商的身份起家，因此以批发、特许加盟为主的分销模式成了大多男装企业采用的主要销售模式，该种方式可以减少销售网络建设的投入，降低成本，库存风险也较小。不过随着市场的发展，品牌建设成为男装企业发展的重要环节，因此为了更好地扩大品牌影响力，通过开设直营店等方式进行直营成为目前主流男装企业发展的方向。

2. 销售渠道网络模式的选择

（1）选择标准

生产企业在考虑选择销售渠道网络模式时，需要达到：成本低、风险少、易控制、适应性强、产品快速流动、市场重心下沉等方面的要求，这也是选择销售渠道网络模式的标准。

（2）影响销售渠道网络模式选择的因素

① 产品的销售区域与目标顾客群体的选择情况。每个企业在制定自己的营销战略的时候，都应该事先考虑其产品的销售区域与目标顾客群体的选择或定位，企业根据其自身的规模、实力及战略，是将产品销售定位于全国市场还是某些区域性市场？是定位于省会一级的大中城市市场还是定位于中小城市和乡镇市场？目标顾客群体的选择是定位于高收入阶层还是中低收入阶层？销售区域与目标顾客群体的选择与如何定位在很大程度上影响到销售渠道网络模式的选择。如果企业将销售区域与目标顾客群体主要定位于少数的大中城市、面向的客户群体主要是高收入阶层，可能会倾向于选择直营制。如果企业将销售区域与目标顾客群体主要定位于顾客分散、收入水平偏低的中小城市和乡镇市场，则可能倾向于选择经销制。

② 企业的销售管理水平情况。企业是否组建了高效的销售组织团队？是否建立了健全的销售规章制度？是否拥有良好的激励与约束机制？也会影响到分销模式的选择。直营制模式对公司的内部管理提出了很高的要求，公司如果没有一套很好的人员管理机制、财务监督机制，采用直营制将会引发内部腐败、带来巨大的资金风险。

③ 区域市场的消费者集中与分散情况。如果企业产品所在的销售区域目标消费者数量众多而且集中，需求潜量大，在这些区域市场，企业可以采取直营制。反之，如果企业产品所在的销售区域目标消费者数量少且分散，则应该采用经销制。

④ 经销商自身情况。如果经销商营销理念先进，对厂家的市场操作思路能够正确理解与认同，操控市场能力强，则可以考虑采用经销制；如果经销商资金充足，愿意配合，但营销理念落后，应采取助销制，协助其开拓市场；如果现有的经销商对厂家的产品不甚了解，对产品的销售对象与销售模式不甚了解，操控市场的能力弱，则应该采取直营制，先由厂家直接掌控市场，待以后条件成熟时，逐步转为经销制，这在技术含量高的新产品市场较常见。

⑤ 产品所处的寿命周期阶段。产品寿命周期是指产品从投入市场开始到被市场所淘汰的整个过程，产品寿命周期可分为：投入期、成长期、成熟期、衰退期。当产品处于投入期时，由于资金风险太大，从厂家的角度来看，应该考虑采用经销制，但经销商往往对新产品存在顾虑，对产品与市场缺乏信心，这就需要厂家做好相应的工作，诱导经销商积极看待，同时，给予一定的销售支持，帮助其树立经销的信心。在投入期，厂家如果一时难以寻找到合适的经销商，需要自己投入一定的资源则宜采用直营制。当产品处于成熟期时，资金风险变小，对经销商不力但市场潜力大的市场可以考虑采用助销制或者经销制＋直营制。当产品处于成长期和衰退期时，应结合经销商的情况和区域市场潜力采用不同的分销模式。

单元三　销售组织

一、企业销售组织模式

企业销售组织模式是在调查研究其他同类企业销售组织模式的基础上，结合本企业的实际情况而建立起来的，并且模式一旦建立起来后，具有相对的稳定性，不可以随时变动，以保证销售组织的正常运转。但随着企业的发展变化、消费者与竞争者等市场情况的变化，需要及时加以调整，以适应变化发展的需要。

综合各类生产企业的销售组织机构模式，大体分为四类：区域型、产品型、客户型、矩阵型。为了便于认识与理解，并从中做出选择，对各种模式进行简要说明。

1. 区域型

企业产品的销售分为若干个区域，每个区域由一名销售经理（或主管）负责，销售经理下面有若干名销售业务员。销售经理将其所负责的区域又细分为若干个子区域，每名销售业务员负责一个区域并销售企业所有的产品。

区域型模式优点：经理权力集中，决策迅速；区域集中，费用低；由于销售业务员长期在某区域工作，对当地市场熟悉，且易与中间商建立良好关系等。

区域型模式缺点：由于业务员需要销售所有产品，难度大，不易成为产品销售专家；由于销售业务员长期在某区域工作，易形成惰性，不敢挑战。

适用企业：产品技术不太复杂，尤其是生产快速消费品的企业。

2. 产品型

企业产品销售分为若干个区域，每个区域由一名销售经理（或主管）负责，销售经理下面有若干名产品经理，每名产品经理下面又有若干名销售业务员。每名销售业务员负责企业某种（或某类）产品在区域经理所管辖的区域销售。

产品型模式优点：容易培养出产品销售专家；减轻销售业务员的工作负担。

产品型模式缺点：造成销售业务员对企业整体产品了解不够；不同销售业务员向同一客户销售企业产品，使客户反感，企业成本也会增加。

适用企业：产品种类繁多，且各类产品技术性能复杂、差异性大。

3. 客户型

企业产品销售分为若干个区域，每个区域由一名销售经理负责，销售经理下面有若干名行业经理，每名行业经理下面又有若干名业务员。每名业务员在区域经理所管辖的区域销售范围内专门向某行业销售企业所有产品。

客户型模式优点：由于业务员长期与某行业客户打交道，了解某行业的购买程序与关键决策人，易培养行业销售专家；可能会降低成本。

客户型模式缺点：由于业务员专注于某行业，如果转行可能不适应；由于不同行业，其需求水平不同，易造成苦乐不均，产生内部矛盾。

适用企业：企业产品面向多种不同行业销售（如：施乐、IBM、惠普、通用等）

4. 复合型（矩阵型）

企业产品销售分为若干个区域，每个区域由一名销售经理（或主管）负责，销售经理下面有若干名产品经理及行业经理，每名产品经理及行业经理下面又有若干名业务员。产品销售是由来自产品经理与行业经理下面业务员组织的销售团队向某类客户销售。这其实是一种团队销售。这是一种复合式的销售组织，是区域型、产品型、客户型三种模式的混合体。

适用企业：企业生产的产品种类多，且面向多个行业销售。

二、销售组织模式选择

销售组织模式选择主要考虑企业生产的产品特点及面向的客户群体特点。

三、销售组织内部的部门与岗位设置

对于某个企业来说，销售部门内部的部门与岗位设计不完全相同，而且有可能有较大的差异。如图1-2所示，一个大型的企业，产品在全国范围内销售，其销售部门结构可能会是这样：在营销中心总经理下设销售总监，销售总监下设若干个大区销售经理，大区销售经理下设若干个省份经理，每个省份经理下设若干个片区经理，每个片区经理下设若干个销售主管，每个销售主管下设若干个业务员等。

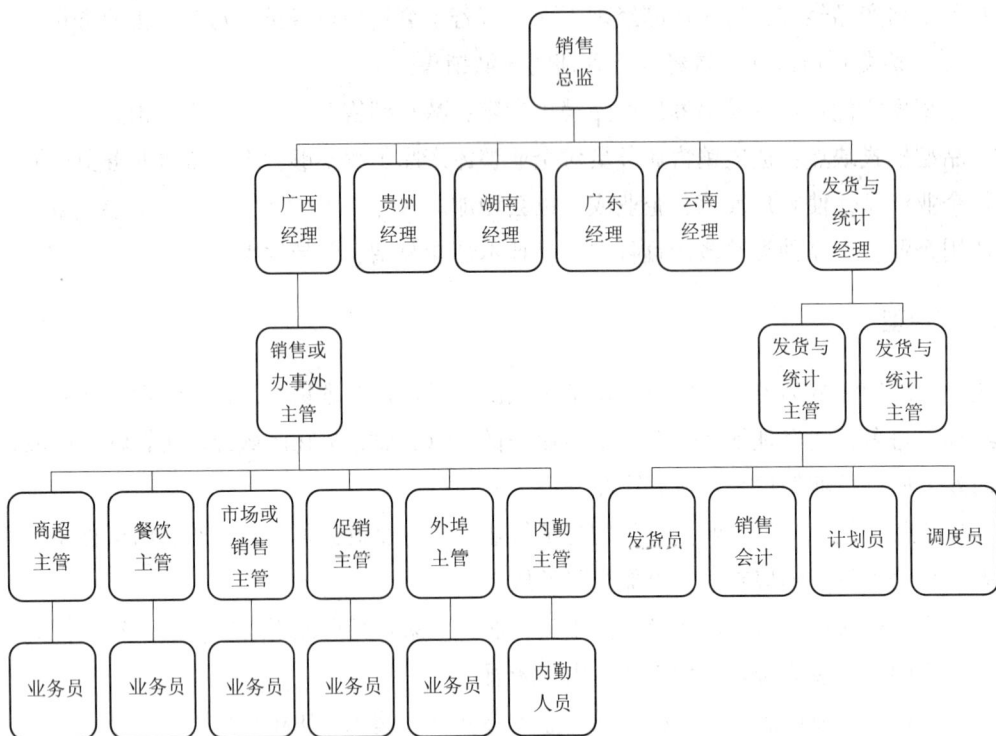

图1-2　T公司销售组织结构图

另外，还有一些其他相关人员也在销售部门，例如：发货与统计主管、发货员、统计员、秘书、会计、档案管理员、培训主管、技术人员、服务人员、导购员、促销员等。

销售部门内部部门与岗位设计要设计若干相关内容，不单是岗位职务，例如：部门的岗位职责、任务、权力、工作内容、执行模式、会议制度、报告制度等；每个岗位人员的要求、上下级、本职工作、工作范围、责任、权力、工作规程等，是相当复杂的。

案例1-10 "机构与职能"影响业绩增长

某电信运营商下属的某市级公司，有一项业务发展得非常快，叫做企业虚拟网（VPMN），即针对大企业及组织用户提供一种基于手机的内部通信方案，它能够提供包括内部无线组网、信息点播等在内的多项增值服务，并在费用上有一定的优惠。这是一个基于移动通讯业务的很好的企业级应用产品，但是在市场推广上总是不尽人意，究其原因，是在组织结构上存在问题。

该公司把技术支持部门和销售部门设立为两个平行的机构，当一个销售人员想请技术部门的人帮忙做一个解决方案时，他首先要请示自己的直接上司——大客户部主任，直接上司再请示上一级领导即市场营销部主任，最后由市场营销部主任通知数据部主任，再由数据部主任委派一位技术工程师来配合销售人员进行方案出具等销售支持工作。按照这种组织设计走下去，客户从有初步意向到见到具体的方案最少也要三个工作日，这还不包括工程师了解客户企业情况所需要的时间。因为对客户的需求反映较慢，许多客户信息被搁置，大大影响了 VPMN 业务的市场推广速度，同时很多客户经理也在抱怨技术部门的人难求，有的私下里甚至放弃了向客户推荐 VPMN 项目。

后来，这家公司对现有的组织结构进行了调整，并将原来数据业务部的一部分工程师直接划归集团大客户中心管理，数据中心对他们仅仅进行后台的技术指导，改变之后，一线客户经理都反映要获得工程师的支持顺利多了，对客户需求反应速度和准确程度明显提高。

四、销售人员指标、数量与薪酬

1. 销售人员指标

销售人员指标主要指考核或评价销售人员的具体要求指标，包括以下四方面。

（1）销售业绩指标

① 销售量（销售额）。销售量是最主要的销售业绩指标。规定销售人员月、季、年需完成的销售任务。

② 回款额。一般用回款率说明，回款率＝回款额/销售额。

③ 费用控制。一般用销售费用率说明，销售费用率＝销售费用/销售额。销售费用一般包括差旅费、促销费、礼品费、招待费等。

（2）客户增长指标

① 销售增长率。销售增长率＝（本期销量－上期销量）/上期销量，考核销售业务员的进步发展情况，能力增长情况。

② 市场覆盖率。即产品覆盖了多少个门市、覆盖了多少个二级渠道、覆盖多宽的区域市场。市场覆盖率反映企业产品对市场的影响。

（3）客户满意指标

客户对公司及业务员满意，就可能持续购买，并为企业介绍新的客户。许多企业经常开展客户满意度调查，企业可以通过问卷调查、客户投诉、企业派人员调查等方式，了解客户对企业产品及相关情况的满意度。

（4）管理要求指标

管理要求指标为有效地管理控制销售队伍提供了管理制度上的保障。比如出勤率、填写管理报表、收集市场信息、参加销售例会及参加工作述职等。

案例 1-11　销售业务员小唐对销售目标的分解

小唐是宏昌公司销售业务员，负责南宁市周边的横县、宾阳、上林三个县级市场产品的销售，其一季度销售总任务为 80 万元，小唐共销售 A、B、C 三类产品，小唐在经理的指导下，把所辖区域市场第一季度回款任务进行如下分解。

首先，把所辖区域市场的任务按季度、按月份分解到每地客户。

	横县	宾阳	上林	合计
1 月份	10 万元	8 万元	10 万元	28 万元
2 月份	12 万元	6 万元	12 万元	30 万元
3 月份	8 万元	6 万元	8 万元	22 万元
合计	30 万元	20 万元	30 万元	80 万元

同理，小唐可以对其所辖区域市场其他季度任务进行分解。

然后，把每个客户任务按季度、按月份落实到每个产品上。例如：小唐所辖上林客户一季度任务为 30 万元。分解如下。

	产品 A	产品 B	产品 C	合计
1 月份	4 万元	3 万元	3 万元	10 万元
2 月份	5 万元	4 万元	3 万元	12 万元
3 月份	3 万元	3 万元	2 万元	8 万元
合计	12 万元	10 万元	8 万元	30 万元

其他客户按类似的方法分。

2. 销售人员数量

企业的销售任务目标是销售人员共同完成的，企业总的销售任务目标一般是按照产品的销售区域通过层层分解的办法落实。无论是整个销售市场还是某区域市场，都需要确定销售人员数量。销售人员数量过多，一方面，企业成本大，还可能会出现职责不明、相互扯皮情况；销售人员数量太少，人不够用，难以完成销售任务。所以，要合适。确定销售人员数量方法很多，如工作量小时法、比较法、销售人员经验法、专家意见法等。

案例1–12　T公司区域市场销售人员数量的确定

T公司采用工作量小时法确定区域市场销售人员数量，其实施步骤如下。

第一步，明确区域市场销售量指标任务。

第二步，推算区域市场所需各个不同量级客户的数量。推算要完成该区域的销量需要多少各种量级的客户，比如完成某区域市场的销售任务需大客户10个、中客户25个、小客户100个。

第三步，估算每类客户开发的时间。比如，开发一个大客户需要150小时、一个中客户需要120小时、一个小客户需要80小时。

第四步，估算维持和服务时间。比如：一个大、中、小客户维持与服务支持时间依次为50小时、30小时、20小时。

第五步，估算事务性工作时间。如填写报表、开会、培训、内部沟通等，总共需要多少小时的时间。假设这部分时间为上述总时间的1/5。

如果业务员每天有效工作6小时，一年工作按250天计算，根据上面相关数据，可以确定企业销售人员数量。

3. 销售人员薪酬

销售人员的薪酬制度形式有：底薪＋提成、纯提成、固定薪金制等。

设计销售人员的薪酬应遵循以下原则。

（1）既要调动积极性又要考虑企业的成本

销售人员工作压力大，所以，要有较高收入水平；但又要考虑公司的成本。

（2）比较市场薪资水平

在同一个销售区域，属于同一个行业，薪资水平应该相差不大，如果相差太大员工就会跳槽。但在不同的行业，不存在可比性，比如：快消品、机械、房地产、保险、汽车、餐饮等行业肯定是不一样的。

（3）控制薪资差距

快消品行业销售人员之间的收入差距应该大一点，因为公司给业务员与客户提供的资源支持基本相当，业绩差异基本都是个人能力与努力的结果。产业用品行业销售人员之间的收入差值就不宜太高，因为产品差异大、面向的客户群差异可能大，公司提供的资源支持差异也可能大，业绩差异可能是由这些差异造成。

（4）考虑区域差异与市场策略

不同地区经济发展水平不同、购买力不同、市场需求与竞争不同，销售难易程度不同，市场策略不同，薪酬标准也应该不同。

单元四 销售心理、销售模式与销售流程

一、销售心理

销售心理是指在销售活动过程中的客观现实在销售人员与顾客头脑中的反映。销售心理与其本人过往的知识经验相关，也与当时双方交流所产生的印象和看法相关。销售心理对交易能否成功产生重要的影响。

销售心理包括销售人员的销售心理与顾客的购买心理。

1. 销售人员的销售心理

销售人员能否实现产品的销售，与其心理品质密切相关。销售人员心理品质主要由三部分构成：一是情感品质，包括美感、理智感、道德感；二是意志品质，包括自觉性、果断性、坚毅性、自制力；三是能力品质，能力品质是运用相关知识解决销售实际问题的能力，它包括众多要素。销售人员应具备良好的销售心理品质，才有可能实现产品的销售，创造良好的销售业绩。此外，销售人员还应具有良好的职业心理，如服务心理、交际心理、宽容心理等。

总之，销售人员应具有良好的素质与能力，具有良好的销售心理品质与良好的职业心理，才能承受企业的重托和厚望，成为一名卓越的销售人才。

2. 顾客的购买心理

（1）顾客的购买动机

动机是激发和维持个体进行活动，并导致该活动朝向某一目标的心理倾向或动力，也就是直接推动个体进行活动的内部驱动力。动机具有三种功能：激发功能、批向功能、维持和调节功能。

顾客购买动机的产生来源于需求，购买动机分为一般性购买动机和具体性购买动机。一般性购买动机可从马斯洛需要层次论得到明确的体现。

第二次世界大战后，美国行为科学家马斯洛提出了需要层次论。他将人类的需要分为由低到高的5个层次，即生理需要、安全需要、社交需要、自尊需要和自我实现需要（如图1-3所示）。

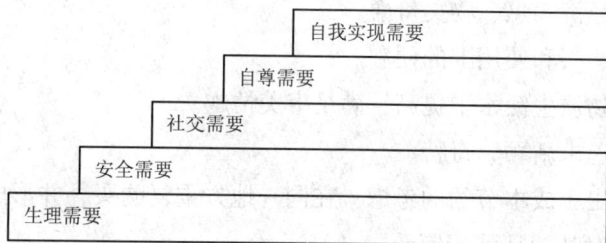

图 1 - 3　需要层次图

生理需要。指为了生存而对必不可少的基本生活条件的需要。如由于饥渴冷暖而对吃、穿、住产生需要。

安全需要。指维护安全与健康的需要。如为了人身安全和财产安全而对防盗设备、保安用品、人寿保险和财产保险产生需要；为了维护健康而对医药和保健用品产生需要等。

社会需要。指参与社会交往，取得社会承认和归属感的需要。如为了参加社交活动和取得社会承认而对得体的服装和用品产生需要；为了获得友谊而对礼品产生需要，等等。

自尊需要。指在社会上受人尊敬，取得一定社会地位、荣誉和权力的需要。如为了在社交中表现自己的能力而对教育和知识产生需要，为了表明自己的身份和地位而对某些高级消费品产生需要，等等。

自我实现需要。指发挥个人的最大能力，实现理想与抱负的需要。这是人类的最高需要，满足这种需要的产品主要是思想产品，如教育与知识等。

马斯洛需要层次论将需要概括为两大类，第一大类是生理的、物质的需要，包括生理需要和安全需要；第二大类是心理的、精神的需要，包括社交需要、自尊需要和自我实现需要。马斯洛认为，一个人同时存在多种需要，但在某一特定时期每种需要的重要性并不相同。人们首先追求满足最重要的需要，即需要结构中的主导需要，它作为一种动力推动着人们的行为。当主导需要被满足后就会失去对人的激励作用，人们就会转而注意另一个相对重要的需要。一般而言，人类的需要由低层次向高层次发展，低层次需要满足以后才追求高层次的满足。例如，一个食不果腹、衣不蔽体的人可能会向人乞讨而不考虑社会需要和尊重需要，也可能会铤而走险而不考虑安全需要。

马斯洛需要层次论在企业管理中，早期用来分析如何满足企业员工的多层次需要以调动其工作积极性，后来被用于市场营销中分析多层次的消费需要，并提供相应的产品予以满足。例如，对于满足低层次需要的购买者要提供经济实惠的商品，对于满足高层次需要的购买者应提供能显示其身份地位的高档消费品，还要注意需要层次随着经济发展而由低级向高级的发展变化。

顾客具体购买动机形式多样，举例如下。

习俗购买动机：由种族、宗教信仰、文化传统和地理环境等因素决定的思想观念和生活方式在消费需求上的反映。

求实购买动机：经济实惠、物美价廉。

便利购买动机：购买和使用上的便利。

审美购买动机：物质生活水平提高，满足审美情趣。

好奇购买动机：追求新颖、奇特。

惠顾购买动机：出于成本节约的考虑，在同一地方重复购买，并形成购买习惯。

偏爱购买动机：对某种品牌的偏爱。

从众购买动机：赶时髦，追求时尚，随大流。

求名购买动机：显示身份和社会地位。

特殊购买动机：融入或适应某种环境。

销售人员的根本任务是针对顾客的购买动机，采用适当的销售语言与行为，诱导顾客，从而使其产生购买欲望并实施购买行动。诱导顾客的方式多种多样，如证明性诱导、转化性诱导、建议性诱导等。

案例1-13　乔·吉拉德的一次销售失败

乔·吉拉德向一位客户推销汽车，交易过程十分顺利。当客户正要掏钱付款时，另一位推销员跟吉拉德谈起昨天的篮球赛。吉拉德一边跟同伴津津有味地说笑，一边伸手去接车款，不料客户却突然掉头而走，连车也不买了，吉拉德苦思冥想了半天，不明白客户为什么对已经挑选好的汽车突然放弃。夜里十一点，他终于忍不住给客户打了个电话，询问客户突然改变主意的理由，客户不高兴地在电话中告诉他："今天下午付款时，我同你谈到了我们的小儿子，他刚考上密西根大学，是我们家的骄傲，可是你一点也没有听见，只顾跟你的同伴谈篮球赛。"

案例1-14　察言观色

美国有位汽车销售员应一个家庭电话的约请前往销售汽车，销售员进门后只见这个家里坐着一位老太太和一位小姐，便认定是小姐要买汽车，销售员根本不理会那位老太太。经过半天时间的销售面谈，小姐答应可以考虑购买这位销售员所推销的汽车，只是还要最后请示那位老太太，让她作出最后的决定，因为是老太太购买汽车赠送给小姐。结果老太太横眉怒目，打发这位汽车销售员赶快离开。后来又有一位汽车销售员应约上门推销，这位销售员善于察言观色，同时向老太太和小姐展开攻势，很快就达成交易，凯旋而归。

案例1-15　善用顾客心理

大名鼎鼎的销售行家阿玛诺斯由于善于销售，业绩极佳，不到两年，就由小职员晋升为主任。下面看看他是如何进行销售活动的。

现在要推销一块土地，阿玛诺斯并不依照惯例，向顾客介绍这地是何等的好，如何的富有经济效益，地价是如何的便宜，等等。他首先很坦率地告诉顾客："这块地的四周有几家工厂，若拿来盖住宅，居民可能会嫌吵，因此价格比一般的便宜。"

但无论他把这块地说得如何不好，如何令人不满，他一定会带顾客到现场参观。当顾客来到现场，发现那个地方并未如阿玛诺斯说得那样不理想，不禁反问："哪有你说的那样吵？现在无论搬到哪里，噪声都是无可避免的。"因此，在顾客心目中都自信实际情况一定能胜过他所介绍的情形，从而心甘情愿地购买了那块土地。

（2）顾客购买行为

购买行为是指顾客为满足自己物质和精神需要，在某种动机的驱使和支配下而发生购买商品的实际活动。

顾客的购买行为受多种因素的影响，如：传统文化和社会阶层的影响，各种参照群体社会因素的影响，家庭成员的家庭因素的影响，个人的年龄、收入、职业、个性与生活方式的影响，动机、感觉、学习、信念与态度的影响。

顾客的购买决策过程一般经过5个阶段：确认需要—信息收集—方案评价—购买决策—购后行为。

销售人员通过分析了解影响顾客购买行为的因素及顾客的购买决策过程，采取有效的营销及销售方式，积极影响顾客的购买心理与行为，从而实现产品销售的目的。

顾客购买行为与销售策略分析如下。

① 性格与购买行为。

理智型：深思熟虑，从识别、挑选、购买商品都受理智控制，在了解市场、权衡利弊情况下才购买商品。

情感型：感情外露，想象力丰富，易受各种外因（如产品外观、广告、促销人员等）影响，追求流行色彩、款式，对价格却不太重视。

选价型：讲究实用，高价高质量，耐用；低价实惠。

习惯型：偏爱心理，过去用过的东西，就一直买这类。

疑虑型：难以决策，考虑问题很多。

随意型：没有主见，很容易被他人意见左右。

② 气质与购买行为。

兴奋型：热情、直率、外向，态度表现外露，热情服务易成交，态度欠佳易口角。

抑郁型：孤僻、多疑、挑选仔细、认真，能发现一般人不易发现的毛病，退货较少。

活泼型：善交际、朋友多，信息来源广，看什么都好，缺乏深思熟虑，退货也多。

沉静型：稳重，语言不多，商品选择慎重，决策过程慢，一经购买，退货较少。

③ 年龄与购买行为。

少年：缺乏独立购买力，兴趣购买由家长实现（如玩具柜现场演示，促成交易）。

青年：发展阶段，自我意识强，兴趣广泛，求新、美、名贵，是新产品的试用者和传播者。销售中应着重介绍商标和款式特点。

中年：心理成熟，目的性强，注重适合年龄。应主动帮助挑选，解除心理障碍，引导消费。

老年：力不从心，怕年老体衰及疾病，对保健品、药品和服务兴趣浓厚。

④ 性别与购买行为。

女性顾客：主持家政，不光给自己买，还要给家庭其他成员购买。喜欢花钱，即使没有明确的购物目的，也喜欢经常上街、逛商店，如有中意或合适的，会毫不犹豫地花钱购买。精打细算，讲究实用，价格便宜，价廉物美。情感细腻，喜欢触摸产品，比较选择，仔细认真，购物时间较长。

男性顾客：果断，对大宗物品或贵重物品购买决策果断。自信，受传统的男主外观念影响，或具有一定的社会地位，不愿意表现得过于讲究或仔细，一旦认定后，对自己的选择充满自信。怕麻烦，不太注重细小问题。

⑤ 收入与购买行为。

高收入：这部分消费群体受求名心理、审美心理及有关特殊心理的影响，追求高档、时尚、名牌、享受。消费以汽车、名牌服装、高级化妆品、高品位服务、旅游、休闲等为主。

中收入：这部分消费群体既有追求高档消费的意向，又要从家庭消费的实际需求考虑，因此，既有求名、审美等心理需求，又有从众、求实等现实动机，消费的主要方面从名牌高档产品、耐用品到日常用品、便利品等都有不同层次的需求。

低收入：这部分消费群体由于受家庭经济条件的制约，求实心理特别强，主要消费支出在衣、食、用、住等方面，是中低档产品的主要光顾者。

案例 1-16 刺激购买

在某友谊商店里，一对外商夫妇对 1 枚标价 8 万元的翡翠戒指很感兴趣。售货员作了介绍后说：某国总统夫人也曾对它爱不释手，只因价钱太贵，没买。

这对夫妇听了此言，欣然买下。顾客的购买动机不尽相同：有讲究"实惠"的，有追求"奇特"，还有出于"炫耀"、"斗胜"的。显然，在售货员的刺激下，这对夫妇以此表明自己比总统夫人更阔气。

需要指出的是，以上所阐述的顾客购买心理、购买动机与行为主要是指消费者个人或家庭之类的顾客。至于产业用品顾客、中间商顾客、非营利组织顾客，其购买心理、购买动机与行为与消费者个人有明显的不同。产业用品顾客，购买产品主要考虑品牌、质量、价格、服务等；中间商顾客购买产品主要考虑产品市场需求水平、产品价格差、销售支持等。那么，面向不同顾客群体销售产品，其销售策略应该不同。

二、销售模式

销售模式，是指根据销售活动的特点及对顾客购买活动的心理演变所采取的策略，归纳出一套程序化的标准销售形式。

1. "爱达"模式（AIDA模式）

"爱达"模式的实施分为四个步骤：引起顾客注意、唤起顾客兴趣、激起顾客购买欲望、促成顾客购买行为。由于注意、兴趣、欲望、购买4个英文单词的第一个字母分别是A、I、D、A，所以被称为AIDA（爱达）模式。

该模式比较适用于店堂的销售，如柜台销售、展销会销售；适用于一些易于携带的生活用品与办公用品的上门销售，也适用于新推销人员及首次接触顾客的销售。

（1）引起顾客注意

引起注意是指销售人员通过销售活动刺激顾客的感官，使顾客对销售人员和产品有一个良好的感觉，促进顾客对销售活动有一个正确的认识和有利于销售的正确态度。销售人员通过积极努力，强化刺激，唤起顾客的有意注意，使顾客愿意把注意力从其他事情转移到销售上来。吸引顾客注意的方法主要有形象吸引法、语言吸引法、动作吸引法、产品吸引法、现场广告吸引法等。销售人员要因人因地而采取不同的方法。

（2）唤起顾客兴趣

唤起顾客兴趣，是指唤起顾客对销售活动及产品的兴趣，或者说是诱导顾客的积极态度。兴趣与注意有着密切的关系。兴趣是在注意的基础上发展起来的，反过来又强化注意。兴趣也与需要有密切的关系。顾客的兴趣都是以他们各自的需要为前提的。因此，要很好地诱导顾客的兴趣，就必须深入分析顾客的各种需要，让顾客看到购买所能带来的利益。销售人员要利用各种方法向顾客证实产品的优越性，以此引导他们的购买兴趣。一般来说，诱导顾客兴趣最基本的方法是示范和表演。

（3）激起顾客的购买欲望

激起顾客购买欲望是指在激起顾客对产品的兴趣后使顾客产生对产品强烈拥有的愿望，从而导致顾客产生购买的欲望。刺激顾客的购买欲望可分为三个步骤进行：首先提出购买建议，在得到顾客反映之后，找到症结所在；然后有针对性地进行理由论证，多方诱导顾客的购买欲望；直至达成交易。

（4）促成交易

顾客从产生购买欲望，到采取购买行动，还需要销售人员运用一定的成交技巧来施加影响，以促成顾客尽快作出购买决策。如何有效促成交易，在以后的章节中将有详细论述。

案例 1－17　出奇制胜

美国雷顿公司总裁金姆曾当过销售员。在一次定货会上，规定每人有 10 分钟登台销售的时间。金姆先将一只小猴装在用布蒙住的笼子里带进会场，轮到他上台时，他将小猴带上讲台，让它坐在自己肩膀上，任其跳窜，一时间场内轰乱。不一会，他收起小猴，场内恢复平静，金姆只说了一句话："我是来推销'白索登'牙膏的，谢谢。"说完便飘然离去，结果他的产品风靡全美。金姆采用的陪衬推销法，独出新裁，别具一格，短短一句话给人留下极深刻的印象，达到了最佳的广告宣传效果。

2. "迪伯达"模式（DIPADA 模式）

"迪伯达"是 6 个英文字母 DIPADA 的译音，这 6 个字母为 6 个英文单词的第一个字母。而 6 个单词表达了迪伯达公式的 6 个销售步骤。

（1）发现顾客需要

销售人员在与顾客面谈过程中，通过不断提问的方式发现顾客的需求及对产品的要求。

（2）把顾客的需要与所销售的产品联系起来

在发现顾客的需要后，再向顾客介绍产品，并把产品与顾客需要联系起来，自然地引起顾客的兴趣。

（3）证实产品符合顾客所需

通过讲解、演示、事实与案例说明等方式证明所销售的产品正是顾客需要的产品。

（4）促使顾客接受所销售的产品

顾客在明白销售人员所销售的产品适合自己的需要后，还需要引发顾客的兴趣，从而接受该产品，这就要求销售人员用产品特点与优点打动顾客，促使其接受产品。

（5）刺激顾客的购买欲望

销售人员用产品价值与利益刺激顾客产生购买欲望。

（6）促使顾客采取购买行动

销售人员通过正确运用达成交易的方法如直接法、选择法、利益总结法等方法促使顾客采取购买行动。

"迪伯达"模式适用于产业用品的销售，适用于组织单位购买的销售。

3. "费比"模式（FABE 模式）

"费比"模式是由美国奥克拉荷马大学企业管理博士、台湾中兴大学商学院院长郭昆漠先生总结并推荐的推销模式。费比模式将推销活动分为四个步骤。

（1）产品特点介绍

产品特点是销售人员所销售的产品在成分、结构、材质、尺寸、性能、构造、作用、使用的简易及方便程度、耐久性、经济性、外观、结构、款式、颜色、包装等方面所具有的特点。销售人员在销售过程中，如果上述内容多而难记，应事先打印成广告式的宣传材料或卡片，以便在向顾客介绍时将其交给顾客。因此，如何制作好广告材料或卡片便成为费比模式的重要特色。

（2）产品优点介绍

销售人员所销售的产品，与竞争对手产品相比较或与老产品相比较，具有什么样的优点？在比较时，避免与某个企业进行直接的比较，而是间接地比较，让顾客知道你这个企业的产品比人家要好，产品优点其实就是产品的差异化。产品差异化可表现在许多方面，如产品的功能、品质、价格、付款条件、服务等。产品只有具有相应的优点，才能真正吸引顾客。

（3）产品给顾客带来的利益介绍

特点和利益是不同的概念，既相互区分，彼此又有密切的联系。

特点是指产品本身固有的特征，如成分、结构、材质、尺寸等；利益是指客户从购买的产品上得到的价值，也就是产品的特点能给客户带来哪些方面的好处。

重点是陈述利益，销售业务员在做销售陈述时，应侧重介绍产品能给客户带来的利益，而不是产品的特点。

很多销售人员有一个共同的误区，认为只有把特点尽量多地展示出去，客户才能更全面地了解产品，认识到该产品的好处。销售人员一般对产品非常了解，甚至可能是某一产品的专家，知道某一个特点会带来一些相关的利益，但是客户未必知道某一特点必然会带来相关的某种利益，所以销售员不能想当然地假设客户是专家。实际上客户关心的是利益而不是特点，因此销售人员应把产品的特点转化成客户所能得到的利益，从对方的利益这一角度展开销售陈述。

（4）提供证据

销售人员在销售过程中要避免用"最便宜""最划算""最耐用"等语句，因为这些词语会令顾客反感而显得无力。因此，销售人员应收集真实的数字、案例、实物等证据，让证据说话，解决顾客的各种异议与顾虑，促成顾客购买。

费比模式的突出特点是：事先把产品特征、优点及带给顾客的利益等列出来印在卡片上，这样就能使顾客更好地了解有关内容，节省顾客产生疑问的时间，减少顾客异议的内容。正是由于费比模式具有这一特色，它受到了不少销售人员的推崇，帮助不少企业取得了销售佳绩。

案例1-18 销售野生蕨菜

浙江省文成县有丰富的野生蕨菜资源，某企业率先把它开发成开袋即食的方便食品，但如何把产品推向市场，为广大消费者接受？企业开始了艰苦的探索和努力。在推销之初，推销员只是机械地寻找各地的中间商请求经销该产品，在集贸市场设点搞有奖销售，还挨家挨户地上门推销。虽然，也有顾客购买，但由于缺乏对产品的认识，购买的目的只是把它当做普通的野菜尝鲜，销售量非常有限。后来，经过总结和思考，企业调整了自己的思路。

首先，请专家对野生蕨菜的营养成分及保健，药理作用作出鉴定，然后根据信息反馈，对产品的口味和包装作出改进，在以后的推销过程中，推销人员注重宣传野生蕨菜无污染、降脂减肥等特点和功效，并向顾客提供专家的鉴定意见。结果，广大的消费者对野生蕨菜刮目相看，中间商也争相经销，一些肥胖者、高血脂病患者将它作为保健食品，长期食用。产品甚至打进了人民大会堂，成为国宴上的一档风味佳肴，于是产品身价倍增，销量大大增加。随着推销的成功，产品顺利地进入市场，企业获得了较好的经济效益。

4. SPIN 模式

SPIN 模式是一种开发客户需求的模式，尤其适合大客户需求的开发。

客户有时候并不清楚自己的需求，或者知道但很少会主动告诉业务员自己有什么样的需求，因为这样他会觉得自己很被动。在这种情况下，销售人员怎么办？

有一些销售人员会喋喋不休地把自己的公司、产品的方方面面给客户以全面的介绍，结果呢，客户可能听不到一半就打断了业务员的"演讲"，讲这么多干什么？你的产品对我有什么用。

有经验的销售人员会围绕产品的某些特征、优点按照一定的顺序提出一些有针对性的问题，把客户的需求和产品的特性、优点紧紧地结合起来，促使客户感觉到需求，而业务员的产品正好能很好地满足客户的需求。

SPIN 开发客户需求模式根据顾客逻辑思维习惯，一步一步引导客户，让顾客明确需求，最终实施购买行动。SPIN 模式开发客户需求按照以下四个步骤。

（1）背景问题
销售人员通过与顾客面谈，了解顾客现实情况，指出顾客缺少某种产品。

（2）难点问题
提出顾客因缺少某种产品使自己的利益受损。

（3）暗示问题
销售人员向顾客暗示本公司有这种产品。

（4）效益问题
说明购买本公司的产品，可以给客户带来好处、利益。

5. "埃德帕"模式（IDEPA 模式）

"埃德帕"模式是"迪伯达"模式的简化形式，它适用于有着明确的购买愿望和购买目标的顾客。在采用该模式时不必去发现和指出顾客的需要，而是直接提示哪些产品符合顾客的购买目标。这一模式比较适合于零售推销。"埃德帕"模式把销售过程概括为五个阶段。

① 把所销售的产品与顾客的愿望联系起来。

② 向顾客示范合适的产品。

③ 淘汰不宜销售的产品。

④ 证实顾客已作出正确的选择。

⑤ 促使顾客购买销售人员所推荐的产品。

案例 1-19　服饰销售

　　某大百货商店老板曾多次拒绝接见一位服饰销售员，原因是该店多年来经营另一家公司的服饰品，老板认为没有理由改变这固有的使用关系。后来这位服饰销售员在一次销售访问时，首先递给老板一张便笺，上面写着："你能否给我十分钟就一个经营问题提一点建议？"这张便条引起了老板的好奇心，销售员被请进门来。拿出一种新式领带给老板看，并要求老板为这种产品报一个公道的价格。老板仔细地检查了每一件产品，然后作出了认真的答复。销售员也进行了一番讲解。眼看十分钟时间快到了，销售员拎起皮包要走。然而老板要求再看看那些领带，并且按照销售员自己所报价格订购了一大批货，这个价格略低于老板本人所报价格。

6. "吉姆"模式（GEM 模式）

　　"吉姆"模式旨在帮助培养销售人员的自信心，提高说服能力。其关键是相信，即销售人员一定要相信自己所销售的产品（G），相信自己所代表的公司（E），相信自己（M）。

　　（1）相信产品

　　一般来说，任何产品都具有相对的竞争优势，销售人员不必因为自己的产品没有知名度，没有品牌影响力或其他原因而失去对产品的信心，销售人员要把本企业的产品与竞争产品相比较，看到自己产品的长处，对其充满信心。而销售人员对产品的信心会感染顾客。

　　（2）相信公司

　　销售人员要相信自己公司是一个卓越的公司，在公司实力、信誉、管理、发展前景等方面应该具有相对的竞争优势，销售人员本着热爱公司的态度，相信公司，能成为公司的一员而拥有自豪感。销售人员相信公司及公司的产品，能激发自己的自信和顾客的购买动机。

　　（3）相信自己

　　推销人员要有自信。推销人员应正确认识推销职业的重要性和自己的工作意义，以及未来的发展前景使自己充满信心，这是推销成功的基础。

　　总之，推销人员在推销过程中应深入研究顾客对推销的心理认识过程，同时十分注重自己的态度与表现，才能成功地进行推销。

三、销售流程

　　销售流程是指销售人员销售产品的基本步骤或过程。销售的形式有多种，如上门销售、店堂或柜台销售、电话销售、会议销售等，在此所阐述的销售流程主要是指上门销售，其他销售形式一般有固定的销售地点。

销售流程一般包括以下步骤。

1. 寻找与接近顾客

销售人员销售产品，首先要寻找到目标顾客，寻找顾客的方法有多种，如：走访寻找法、介绍寻找法、中心开花寻找法、委托助手寻找法、广告拉引法、资料查阅寻找法等。

销售人员寻找到相应的目标顾客后，需要对顾客资格进行审查，这是顾客的鉴定筛选过程。审查的内容、方法主要有：购买需求审查、顾客支付能力审查、购买资格审查等。

销售人员在锁定目标顾客后，向目标顾客销售产品，需要对顾客进行约见，争取见面的机会以接近顾客，接近顾客的方式有多种，如介绍接近方法、产品接近法、好奇接近法、利益接近法、震惊接近法、戏剧化接近法、赞美接近法、讨论接近法、调查接近法、求教接近法、搭讪与聊天接近法、馈赠接近法等。

2. 销售洽谈

销售人员与顾客见面后，一般来说，首先需要了解顾客的需求及对产品的要求，销售人员通过提问的方式对顾客的需求及要求加以了解。

在明确顾客的需求与要求后，销售人员按照一定步骤对产品进行合理的销售陈述，促使顾客认识了解所销售的产品。

顾客购买产品最为关注的是产品的质量与价格，顾客认可了产品，说明销售人员所销售的产品品质符合其要求，关键是价格问题需要与顾客进行商讨与谈判。销售人员需要了解所销售的产品价格构成及顾客的心理价格，采取合理的价格策略，运用适当的报价方法，与顾客进行有效的讨价还价。

销售人员需要了解与熟悉的定价策略主要有：低价定价策略、高价定价策略、阶段定价策略、折扣定价策略、心理定价策略等；需要了解与熟悉的报价方法主要有：成本核算法、需求导向法、产品比价法、分解价格法、优质优价法、观察报价法等，同时，需要了解与熟悉讨价还价策略与让步策略。

3. 处理顾客异议

销售人员在销售产品过程中，顾客会提出各种不同意见，即顾客异议。销售人员需要了解与分析顾客异议的原因，遵循处理顾客异议的基本原则，采取合理的处理顾客异议的方法与策略。

处理顾客异议的方法有多种，如直接否定法、间接否定法、沉默处理法、抵消处理法、利用异议法、问题引导法、预防处理法等。

顾客异议来源于多个方面：如业务员的原因；公司的品牌、知名度、价格、品质、货源等方面的原因；还有顾客自己方面的原因，诸如财力、合作者、库存、权力、时间、情绪等方面的原因。销售人员应该能针对顾客异议的原因，采取有针对性的处理顾客异议的策略。

4. 达成交易

达成交易是销售流程最后一个环节，销售人员应掌握达成交易的原则与方法，采取正确的达成交易方法与顾客达成交易。与顾客达成了交易，就可以拿到客户订单，与客户签订合同，成功实现产品销售。

成交的方法有多种，如请求成交法、假定成交法、选择成交法、小点成交法、从众成交法、机会成交法、异议成交法、保证成交法等，销售人员要善于灵活运用这些方法。

与客户签订了合同，有时，客户由于各种原因，不能及时地履行合同，不能按时支付货款，销售人员还需要学会讨债技巧。

销售人员开发出客户后，需要对客户进行管理与维护，尤其是中间商客户，他们是持续性的购买，需要销售人员经常性对客户进行拜访，完成相应的拜访任务，维持良好的感情，同时，协助中间商铺货与促销，对窜货及客户风险等方面进行有效管理与防范。此外，销售人员要做好内部事务工作，做好各方面沟通与协调工作，提高销售业绩。

单元五　销售制度

俗话说："没有规矩，不成方圆"。一般来说，公司为了加强对销售人员及中间商的管理，都会制定一些相应的规章制度。作为销售人员来说，就应该了解公司对自己的管理办法和对中间商的管理办法，以适应工作环境，而不是自己随心所欲。一个规模大、制度健全的公司，其销售规章制度很多、很细，就销售人员而言，由于其销售人员的身份，对每一种规章制度都加以了解与消化，是难以做到的，也可以说是不必要的。因此，销售人员了解与自己工作密切相关的销售规章制度就可以了。

常见的销售制度有：经销合同书、经销商管理办法、特许连锁专卖店规章制度、货款回收办法、市场管理公约、销售人员目标激励方案、大区（办事处）经理综合考评方案等。各种销售制度格式及内容有相应的要求，在此参见宏昌公司经销合同书和经销商管理办法。

宏昌公司经销合同书

合同编号：_____　　签约地点：_____

供货方全称：_____以下简称甲方。

经销商全称：_____以下简称乙方。

经甲乙双方平等、充分协商，订立合同如下：

第一条　*经销形式*

就_____地区（含_____县），甲方授予乙方"_____"系列产品总经销，即总经销商，试合作期_____个月，在此期限内，乙方应该为甲方产品开发_____家分销商（即每一个市、县城仅一家分销商）。产品铺市率达到_____%，即：A类商场_____家；B类商场_____家；C类商场_____家；D类商场_____家。乙方每月向甲方付（回）款应当超过_____万元，并且承诺每过一个月付（回）款增长_____%，到期自动转为正式总经销商，从此甲方不得直接供货给该地区其他单位或个人。

乙方自动转为正式总经销商半年内承诺产品铺市率达到_____%，并且承诺每过一个月付（回）款增长_____%。

乙方首次现款提货最少达_____万元。

第二条 订货及确认

甲方在收到乙方的书面订单或传真后（双方业务往来公函、文件等均需签章方为有效，下同）两个工作日内书面回复或传真确认货物品名、规格、数量及发货日期；若出现产品种类、规格存货不足情况，甲方应在收到乙方订单两个工作日内通知乙方，双方协商调配后再行确认并供货；货物品名、规格、数量及发货日期以甲方书面回复或传真确认为准。

为便于甲方组织运输，乙方每张订单的最低产品数量为_____箱。

第三条 质量要求

甲方确保"_____"系列产品符合同类产品国家标准。

第四条 供货价格

按甲方_____号价目表执行（价目表附后）。乙方享有经销价。甲方有权调整价格，但提价时需要提前30天通知乙方，降价时根据乙方上批实际进货数量，用产品对乙方进行"差价补偿"，补偿额度为差价的一半。

第五条 付款

实行款到发货，付款方式采用电汇或汇票方式付款，同时票据上一定要填写甲方账户名称；特殊情况经甲方书面同意，可以现金支付。当甲方派人上门收款时，凭甲方开具的收款委托书向乙方收款；甲方收款人员必须当面在委托书上复签后将委托书交乙方核对并保存（作为收款人的权限证明），同时交验身份证；货款收妥后由甲方财务开具收据，作为增加存货或冲减应付账款凭证，如乙方未按上述规定办理相关手续并把关，由乙方承担全部损失。

第六条 交货地点及费用

交货地点为乙方指定_____车场，运输费用由甲方承担。

第七条 验收方式

甲方货物到达约定地点后，乙方应当立即验收并由指定人员签署收货回执（即收货清单）给送货人；如果发现甲方货物在运输途中出现损坏或短少现象，或者发现甲方货物存在内在质量问题，乙方应在24小时内以传真等方式书面通知甲方，同时通知甲方在当地的相关人员，否则视为甲方产品完好无损交付给乙方；运输中甲方货物出现损坏或短少的赔付办法如下：A. 由甲方送货的，由甲方承担；B. 由乙方自动提出自运的，由乙方承担。

乙方授权货物验收人

姓名：_____ 身份证号码：_____

甲方送货单（发货清单）或者乙方收货回执（收货清单、验收单等）有上述人员之一签名，或者盖有乙方公章、财务专用章、合同章、收货章等相关印章，即表明甲方已将货物交付乙方指定地点并验收完毕，乙方对上述授权人之收货与验收行为承担全部责任；如乙方授权人有变动，应及时书面通知甲方，否则甲方有权拒绝卸货，往返运杂费由乙方承担。

第八条　预报订单、库存通报及对账

乙方应当在每月15日向甲方发出书面预报订单，并向甲方书面通报截止日的甲方产品库存明细（乙方库存和市场销售大户库存），以便甲方提前安排生产，使乙方订单要求的品种及规格能够得到最大限度的确认。乙方承诺：每月末由乙方财务人员签章，向甲方发出书面对账单（一式两份），甲方收到后发现问题及时沟通解决，核对无误后签章确认并返给乙方一份。

第九条　产品调剂之规定

某一区域市场需要产品，甲方库存不足而乙方库存相当充裕时，乙方应当予以支持，尽可能地按甲方的产品调剂单（加盖甲方业务和财务专用章方为有效）将相应品种规格的产品发往甲方指定地点或收货人，相应运杂费由甲方承担。

第十条　产品退换之规定

我公司实行产品退换制，凡属于下列情况者：

凡消费者使用一两次以后有质量问题退回的产品给予退换，且运输费由甲方承担。

因运输受损的产品（含包装受损）给予退换且运费由甲方承担。

其他情况一律不退。

第十一条　广告促销之规定

甲方根据销售和利润等情况有计划地对自身产品进行广告宣传及促销活动，所以广告宣传及促销活动由甲方自己办理；乙方未经甲方书面确认而进行的广告宣传活动，甲方不承担任何费用。

第十二条　店铺装修之规定

经销商和各级分销商的店面均要挂上××招牌。

第十三条　销售员、导购员配备

甲方为相应市场配备一定数量的销售员、导购员，甲方负责培训，由甲方驻当地主管统一管理，费用由双方承担（见销售人员协议书、导购人员协议书），乙方协助甲方监督和管理；甲方可根据情况撤销或调换人员。

第十四条　违约责任

甲方：

1. 甲方绕过正式的总经销商，直接供货给本合同第一条规定的地区其他单位或个人，按货值的15%向乙方支付违约金。

2. 延迟发货，从书面确认的发货日期起算，每延迟一天按货值的千分之一向乙方支付延迟发货违约金（但因天气、道路等非甲方所能左右的特殊原因导致延迟发货时，免除甲方责任）。

乙方：

1. 低价冲货，依据甲方_____号价目表，乙方任何时候（包括双方终止合同后）不按价目表后的相应价格销售甲方产品时，应当在货款之外另行支付违约金和赔偿甲方市场损失费（见《市场管理公约》），甲方有权中止或终止或合同。

若乙方应合同终止或其他原因需要低于经销商售价时，应事先征得甲方书面同意，甲方有权按合同第十条之规定办理退货。

2. 未达指标，乙方未能完成本合同第一条规定的指标，甲方有权取消乙方总经销资格。

3. 乙方违反本合同第五条和第六条的付款时间和方式的约定，甲方有权暂停发货，且乙方必须对未清偿部分货款按每日千分之一计算，向甲方支付延迟付款违约金。

第十五条 解决纠纷方式

协商不成时向"因对方违约而蒙受损失的一方"所在地法院起诉。

第十六条 甲方相关经办人员之规定

1. 甲方相关经办人员（包括经理，下同）一切代表公司的行为均以公司的授权书为准，不存在职务代理。

2. 根据甲方内部规定，甲方作为纪律规定相关经办人员不得以任何名义向乙方借款借物，如有发生此类事情，纯属乙方与甲方相关经办人员个人之间的行为，甲方不承担任何责任和损失。

3. 甲方相关经办人应当自觉维护公司形象，不得利用工作之便向乙方提出涉及个人利益的无理要求。

附件：（1）《市场管理公约》；（2）《销售人员协议书》；（3）《导购人员协议书》

本合同一式四份，甲乙双方各执两份，经双方代表签字并由单位盖章后生效，有效期自____年__月__日至____年__月__日止，本合同附件是本合同的一部分，具有同等法律效力，此前的一切相关合同、协议、承诺、备忘录等同时终止（其确定的权利或义务经双方共同核对均已行使或履行完毕）。未尽事宜，双方友好协商处理。

甲方全称：_____　　乙方全称：_____

单位盖章：_____　　单位盖章：_____

代表签字：_____　　代表签字：_____

法定代表人：_____　　法定代表人：_____

宏昌公司经销商管理办法

为了更好地搞好本公司产品的销售和推广工作，本着共同开发市场、共同承担风险的原则，规范市场运作与管理，实现经销商与公司双赢的目的，特制定本办法。

（一）总则

全国以省为单位设立办事处，实行办事处经理负责制，原则上不设省级总经销，只以地级市为单位设立总经销商。每个地级市只设一个总经销商，总经销商由办事处经理直接管理，地区总经销商下面以县为单位设立分销商，一个县仅设一个分销商，由办事处片区经理直接管理。

（二）契约

1. 凡要成为我公司产品总经销商的客户，必须与公司签定经销协议书，协议内容见《经销协议书》。

2. 契约的重要原则

① 款到发货，明确付款方式。

② 批零价格必须按照我公司规定的价格执行。

③ 界定销售范围和销售目标。

④ 向公司提供营业执照，税务登记证，法人代表身份证复印件或法人委托书等。

（三）抵押及担保

1. 合作期在半年以上，信誉好，市场发育快，运作好的经销商可以享有一定数量的铺底货或一定信用额。

2. 所有享有铺底货或一定信用额信用期的经销商原则上要求交付不低于同等货值（信用额）抵押物品（如房产）或委托有实力的法人担保（需要我公司评估并认定），无论担保还是抵押均通过法律程序。

（四）价格控制和冲货控制

任何类型的经销商必须按照公司规定的批零价格销售，且只能在本辖区内销售，不得以低于公司规定的批零价格向其他市场供货，见《市场管理大纲》。

（五）交易

交易必须按合同执行，不到款不发货，不足整车原则上不发货，特殊情况需总经理特批。

（六）退货规定

为保证经销商的利益，我公司实行退换制度。

1. 凡消费者因有质量问题退回的产品，可以退换且运输费由我公司承担。

2. 因运输受损的产品（含包装受损），可以退换且运输费由我公司承担。

3. 非上述因素导致损坏产品的内外包装一律不退。

（七）奖罚制度

1. 高额让利制度，详情见我公司产品价格表。

2. 实行丰厚的年终奖金制度：最高点数为销售回款总额的 4% ~ 6%，具体奖励数由公司考核后确定，考核的指标为是否达到该年销售回款指标、分销指标、是否冲击他人的市场、是否按照公司规定的价格销售。

（八）特殊规定

1. 凡在规定的时间内没有达到开发目标与销售目标，我公司有权取缔其经销权，经销商不得有异议。

2. 我公司不赋予任何经销商广告、促销、公共关系合同签订权和媒体投放权。

（九）年终奖励办法

年回款达到指标给予 5% 的年终奖；年回款未达指标给予 4% 的年终奖，年回款超指标给予 6% 的年终奖。

说明：年终奖按该经销商该年度总回款的百分比计算，并以货款的形式返给，具体返点见《经销合同》。

考核内容（随时检查之结果）：

1. 铺货率（老市场：Ⅰ类：1 000 m 以上大型商场达 95% 以上；Ⅱ类：50 ~ 1 000 m² 达 70% 以上；Ⅲ类：50 m² 以下商店达 25% 以上。新市场：Ⅰ类：达 85% 以上；Ⅱ类达 50% 以上；Ⅲ类达 10% 以上）；

2. 客户管理（客户档案是否齐全、标准）；最高奖励为年回款额的 0.5%；

价格控制（是否按照本公司规定的批零价格销售）；是否冲击他人市场（以低于公司规定的批零价格销往他人市场）；最高奖励为年回款额的 0.5%；

3. 年销售量达到本地区年计划目标 98% 以上者，最高奖励为年回款额的 0.5%；

4. 根据全年现款现货的额度，最高奖励为年回款额的 0.5%；

5. 凡欠款 45 天以上的经销商，一律不再供货；

6. 特别规定

（1）特大型、大型商场、超市，总经销商不得进入由本公司直接洽谈开发或委托另外的经销商开发。

（2）公司不赋予任何经销商广告、促销、公共关系合同签订权和媒体投放权。需增加计划外宣传费，必须提高相应的销售任务，并提前一个月申请。

实　训

一、基本概念解释

销售、销售要素、销售原则、销售渠道、销售渠道长度、销售渠道宽度、经销制、直营制、销售心理、动机、购买行为、销售模式、AIDA 模式、DIPADA 模式、IDEPA 模式、

GEM 模式、FABE 模式、SPIN 模式、销售流程。

二、判断题

1. 一切说服活动都可视为销售活动。（　　）
2. 狭义的销售本质是促成购买行为的发生。（　　）
3. 销售对象就是消费者，销售品就是商品。（　　）
4. 产业用品的销售以间接销售为主。（　　）
5. 现实中，优秀销售人员比例及企业销售业绩体现二八原则。（　　）
6. 企业产品的销售应借助中间商力量，促使产品打入广阔的市场。（　　）
7. 销售渠道长度是越长越好，宽度是越宽越好。（　　）
8. 对于重量重、体积大、易腐、技术复杂、流程性的产品渠道要长。（　　）
9. 日用品宜采用独家分销。（　　）
10. 产品销售区域广，顾客分布区域广的产品销售宜采用直营营制。（　　）
11. 生产快速消费品的企业适合采用区域型销售组织模式。（　　）
12. 产品种类繁多，技术复杂，面向多个行业销售，宜采用客户型销售组织模式。（　　）
13. 对销售人员的考核只考核其业绩指标。（　　）
14. 重点介绍产品特点、优点、利益并提供证据的销售模式是费比模式。（　　）
15. 销售流程首要环节是寻找目标顾客。（　　）

三、选择题

1. 单选题

（1）"三维度评价法"评价一个人是否适合从事销售工作最重要的因素是（　　）

A. 个性　　　　　　B. 动力　　　　　　C. 能力　　　　　　D. 外表

（2）快速消费品的渠道特点是（　　）

A. 短而窄　　　　　B. 长而宽　　　　　C. 短而宽　　　　　D. 长而窄

（3）品质高价格昂贵的产品销售适合（　　）

A. 密集分销　　　　B. 独家分销　　　　C. 选择分销　　　　D. 都可以

（4）评价单个渠道成员最核心的因素是（　　）

A. 平均存货水平　　　　　　　　　　B. 对损坏和遗失品的处理

C. 情报报告情况　　　　　　　　　　D. 服务情况

E. 销售配额完成情况　　　　　　　　F. 与制造商促销与培训的合作情况

（5）放宽信用条件是一种（　　）

A. 物质激励　　　　B. 精神激励　　　　C. 合作激励　　　　D. 负面激励

（6）经销商需要全部或者部分现款从厂家进货，厂家提供宣传、促销支持，经销商对

市场运作处于绝对控制地位是一种（　　　）

A. 直营制　　　　　B. 经销制　　　　　C. 助销制　　　　　D. 经销制 + 直营制

（7）产品种类繁多，技术性能复杂、差异性大宜采用（　　　）销售组织模式

A. 区域型　　　　　B. 产品型　　　　　C. 客户型　　　　　D. 矩阵型

（8）考核销售人员应以（　　　）为核心

A. 销售业绩指标　　　　　　　　　　B. 客户增长指标

C. 客户满意指标　　　　　　　　　　D. 管理要求指标

（9）快速消费品行业，销售人员薪酬特点是（　　　）

A. 底薪高提成高　　　　　　　　　　B. 底薪高提成低

C. 底薪低提成高　　　　　　　　　　D. 底薪低提成低

（10）大客户需求的开发最适合的模式是（　　　）

A. AIDA 模式　　　　　　　　　　　B. DIPADA 模式

C. IDEPA 模式　　　　　　　　　　　D. SPIN 模式

E. FABE 模式　　　　　　　　　　　F. GEM 模式

（11）比较适用于店堂的销售，如柜台销售、展销会销售是（　　　）

A. AIDA 模式　　　　　　　　　　　B. DIPADA 模式

C. IDEPA 模式　　　　　　　　　　　D. SPIN 模式

E. FABE 模式　　　　　　　　　　　F. GEM 模式

2. 多选题

（1）对销售的理解正确的是（　　　）

A. 销售既是卖的过程，又是买的过程　　B. 销售的手段是说服与帮助

C. 销售的目的是促成购买行为　　　　　D. 销售仅指卖有形的产品

（2）销售对象包括（　　　）

A. 消费者　　　　B. 生产用户　　　　C. 中间商　　　　D. 非营利性组织

（3）销售要素包括（　　　）

A. 销售单位　　　　B. 销售人员　　　　C. 销售对象　　　　D. 销隽品

（4）销售应遵循的原则主要有（　　　）

A. 市场导向原则　　　　　　　　　　B. 互惠互利原则

C. 诚信为本原则　　　　　　　　　　D. 说服诱导原则

（5）对生产企业而言，销售渠道的作用主要有（　　　）

A. 使企业产品能打入广阔的市场　　　B. 节约企业的资金，迅速收回货款

C. 传递信息　　　　　　　　　　　　D. 为企业承担风险

（6）选择渠道成员，需考虑（　　　）

A. 成本　　　　B. 资金　　　　C. 信誉

D. 经营时间　　　　E. 地理位置

（7）销售渠道变化呈现以下趋势有（　　　）

A. 渠道结构扁平化

B. 市场重心下沉

C. 讲究长期合作

D. 多种销售模式可能同时存在于一个企业当中

（8）经销制优点有（　　　）

A. 充分利用经销商的资金

B. 有关分销、陈列、促销等销售工作也能迅速地落实到位

C. 充分利用经销商的网络与关系资源，降低资金风险

D. 企业能够据此及时地作出科学合理的决策

（9）影响销售渠道网络模式选择的需考虑的因素有（　　　）

A. 产品的销售区域与目标顾客群体的选择情况

B. 企业的销售管理水平情况

C. 经销商自身情况

D. 区域市场的消费者集中与分散情况

E. 产品寿命周期阶段

（10）设计销售人员的薪酬应遵循的原则有（　　　）

A. 既要调动积极性又要考虑企业的成本　　B. 比较市场薪资水平

C. 控制薪资差距　　　　　　　　　　　　D. 考虑区域差异

E. 考虑市场策略

（11）销售流程包括的环节主要有（　　　）

A. 寻找与接近顾客　B. 销售洽谈　　　　C. 处理顾客异议　　D. 达成交易

四、简述题

1. 简述销售要素的构成。

2. 销售人员销售产品应遵循哪些原则？

3. 简述销售的作用。

4. 销售人员应具备哪些素质？

5. 试述销售渠道管理基本内容。

6. 试述经销制与直营制的含义、优点与缺点。

7. 选择销售渠道网络模式需考虑哪些因素及如何考虑相关因素？

8. 销售组织有中有哪些模式？各种模式的含义、组建思路及适应的企业。

9. 考核销售人员的指标有哪些？其中最核心的指标是什么？

10. 设计销售人员薪酬一般需遵循哪些原则？

11. 顾客的购买动机有哪些？顾客的性格、气质、年龄、性别、收入等方面如何影响顾

客的购买行为？

12. 简述 AIDA 模式、DIPADA 模式、SPIN 模式、FABE 模式的操作流程，并指出各适合何种类型产品的销售？

13. 简述销售一般流程。

五、项目实训

项目实训 1

内容：销售要素包括销售人员、销售对象、销售品，运用发散思维方式，尽可能多地列举销售人员组织类别、销售对象类别、销售品类别。此实训有助于同学们了解将来从事销售工作可能涉及的行业、可能销售的产品、可能向谁开展销售。

实训形式与组织：小组讨论，形成统一意见，小组选取一名代表上台发言，本组其他成员补充。同学评议，老师点评。

项目实训 2

内容：试运用"三维度评价法"即从个性、动力、能力三方面评价某同学是否适合从事销售工作。

实训形式与组织：从小组中选取 2 名同学，2 名同学进行互评，评价对方是否适合从事销售工作，本组其他同学进行补充。

项目实训 3

内容：请同学们就站姿、坐姿、行姿、微笑、握手、接听电话、交换名片、介绍、迎送与拜访等模拟。

实训形式与组织：从小组中选取 2 名同学就上述礼仪场景进行模拟，辅以适当的语言。同学评议，老师点评。

项目实训 4

内容：某生产快速消费品的企业，生产地点在南宁，产品在全国销售，试为该企业设计产品销售渠道模式。

实训形式与组织：小组讨论，形成统一意见，小组选取一名代表上台画产品销售渠道结构图，并解释，本组其他成员补充。同学评议，老师点评。

项目实训5

内容：经销制与直营制各有何优点与缺点？各适合什么条件？

实训形式与组织：小组讨论，形成统一意见，小组选取一名代表上台发言，本组其他成员补充。同学评议，老师点评。

项目实训6

内容：试画出区域型、产品型、客户型销售组织结构图，并指出各销售组织结构其构建思路及适应的企业。

实训形式与组织：小组讨论，形成统一意见，小组选取一名代表上台画销售组织结构图，并解释，本组其他成员补充。同学评议，老师点评。

项目实训7

内容：分析顾客的性格、气质、年龄、性别、收入等方面的不同各有何购买行为特点？分别可能对应的购买动机是什么？

实训形式与组织：每小组从（性格、气质、年龄、性别、收入）选取一种加以分析，小组讨论，形成统一意见，小组选取一名代表上台发言，本组其他成员补充。同学评议，老师点评。

项目实训8

内容：试讨论分析AIDA模式、DIPADA模式、SPIN模式、FABE模式的操作流程，并指出各适合何种类型产品的销售？

实训形式与组织：每小组从（AIDA模式、DIPADA模式、SPIN模式、FABE模式）选取一种加以分析，小组讨论，形成统一意见，小组选取一名代表上台发言，本组其他成员补充。同学评议，老师点评。

六、案例分析与讨论

案例1　陈乙销售电脑的失败与成功

电脑销售员陈乙，一次向一家规模不小的公司推销电脑。竞争相当激烈，但是由于跑得勤，功夫下得深，深得承办单位的支持，成交希望非常大，到最后，只剩下两家厂牌，等着做最后的选择。承办人将报告呈递总经理决定，总经理却批送该公司的技术顾问——电脑专家陈教授咨询意见。于是，承办人员陪同陈教授再次参观了两家厂牌的机器，详细地听取了两家的示范解说，陈教授私下表示，两种厂牌，各有优缺点，但在语气上，似乎对竞争的那一家颇为欣赏，陈乙一看急了，"煮熟的鸭子居然又飞了？"于是，又找个机会去向陈顾问推销。使出浑身解数，口沫横飞地辩解他所代理的产品如何地优秀，设计上如何地特殊，希望借此纠正陈顾问的观念。最后，陈顾问不耐烦地冒出了一句话："究竟是你比我行，还是我比你懂？"此话一出，这笔生意看样子是要泡汤了。

陈乙垂头丧气，一位推销专家建议："为什么不干脆用以退为进的策略推销呢？"并向他说明了"向师傅推销"的技巧。

"向师傅推销"，切记的是要绝对肯定他是你的师傅，抱着谦虚、尊敬、求教的心情去见他，一切的推销必须无形，伺机而动，不可勉强，不可露出痕迹，方有效果。

于是，陈乙重整旗鼓，到陈教授执教的学校去拜访，见了面，如此这般地说："陈教授，今天，我来拜访您，绝不是来向您推销。过去我读过您的大作。上次跟老师谈过后，回家想想，觉得老师分析很有道理。老师指出在设计上我们所代理的电脑，确实有些特征比不上别人。陈教授，您在××公司担任顾问，这笔生意，我们遵照老师的指示，不做了！不过，陈教授，我希望从这笔生意上学点经验。老师是电脑方面的专家，希望老师能教导我，今后我们代理的这种产品，将来应如何与同行竞争，才能生存？希望能听听老师您的高见。"陈乙说话时一脸的诚恳。

陈教授听了后，心里又是同情又是舒畅，于是带着慈祥的口吻说道："年轻人，振作点。其实，你们的电脑也不错，有些设计就很有特点。唉，我看连你们自己都搞不清楚，譬如说……"于是，陈教授讲了一大通。"此外，服务也非常重要，尤其是软件方面的服务，今后，你们应该在这方面特别加强。"陈教授谆谆教导，陈乙洗耳恭听。

这次谈话没过多久，生意成交了。对这次推销，帮忙最大的，还是陈教授，他对总经理说，这两家公司的产品大同小异，但他相信陈乙公司能提供更好的服务，最后，总经理采纳了陈顾问的意见，一笔快泡汤的生意又做成了。

分析与讨论：

1. 陈乙销售失败与成功的原因是什么？
2. 陈乙第二次接近陈教授采用的是什么方法？
3. 此案例给你什么启示？

案例2 培训的推销

销售员：迪尔先生，我这次来主要目的是想向你了解一下商店的销售情况，我能向您提几个简短的问题吗？

顾　客：可以，你想了解哪方面的情况？

销售员：您本人是一位出色的销售员。

顾　客：谢谢您的夸奖。

销售员：我说的是实话，只要一看商店的经营状况，就知道你是一位出色的销售员。不过，你的职员怎么样？他们的销售业绩与你一样吗？

顾　客：我看还差一点，他们的销售成绩不太理想。

销售员：完全可以进一步提高他们的销售量，你说呢？

顾　客：对！他们的经验还不丰富，而且他们当中的一些人现在还很年轻。

销售员：我相信，你一定会尽一切可能帮助他们提高工作效率，掌握推销技术的，对吗？

顾　客：对，但我们这个商店事情特别多，我整天忙得不可开交，这些你是知道的。

销售员：当然，这是难免的。假如，我们帮助你解决困难，为你们培训商店职员，你有什么想法？你是否愿意让你的职员学习和掌握：怎样制定销售计划，赢得顾客，增加销售量，唤起顾客的购买兴趣，诱导顾客做出购买决定等技巧，使他们像你一样，成为出色的销售员？

顾　客：你们的想法太好了，谁不愿意有一个好的销售班子。不过如何实现你的计划？

销售员：迪尔先生，我们厂为你们这些零售商店的职员开办了一所推销技术学校，其目的就是训练这些职员掌握你希望他们掌握的技能，我们特别聘请了一些全国有名的推销学导师和高级推销工程师负责学校的培训工作。

顾　客：听起来不错，但是我怎样知道他们所学的东西正是我希望他们学得呢？

销售员：增加你的销售量符合我们的利益也符合你们的利益，这是其一；其二，在制定训练计划时，我们非常希望你能对我们的教学安排提出宝贵的意见和建议。

顾　客：我明白了。

销售员：给，迪尔先生，这是一份课程安排表，我们把准备怎样为你培训更好的销售人员的一些设想都写在这份材料上，您是否把材料看一下？

顾　客：好吧，把材料交给我吧。（销售员向迪尔介绍了计划）

销售员：我已经把你提出的两条建议都记下来了，现在，你还有什么不明白的问题吗？

顾　客：没有了。

销售员：迪尔先生，你对我们这个计划有信心吗？

顾　客：有信心，办这所学校需要多少资金，需要我们分摊吗？

销售员：你只需要负担受训职员的交通、伙食、住宿费用，其他费用，包括教员的聘金、教学费用、教学工具等，统统由我们包了，我们初步计算了一下，每培训一个销售员，你最多支付45英镑，为了培养出更好的销售员，花费45英镑还是值得的，你说呢？假如经过培训，每个受训职员的销售量增加5%，你很快就可以收回所支付的这笔费用了。

顾　客：这是实话，可是…

销售员：假如受训职员的推销水平是你的一半…

顾　客：那就很不错了。

销售员：迪尔先生，我想你可以先派3个有发展前途的职员参加第一届训练班，这样，你就知道训练的结果如何了。

顾　客：我看还是先派两个吧。目前我们这里的工作也比较忙，不能多派了。

销售员：那也是，你准备先派哪两位去受训呢？

顾　客：我初步考虑一下，不过，我还不能最后决定，需要我马上作出决定吗？

销售员：不，你先考虑一下，下周一告诉我，好吗？我给你留两个名额。

顾　客：行，就这么办吧。

分析与讨论：

1. 该销售员运用了什么销售模式？

2. 他是如何使用该种销售模式取得成功的？

案例3　销售组织，与时俱进

　　T公司是南方一个大型上市公司，1995年主要生产银行使用的电脑终端类产品。当时它把全国分成九个大区，采用简单的区域划分市场的方式。

　　随着公司的发展，1996—1997年，该公司和另外一家公司强强联合，开发了打印机、银行刷卡机等新产品。随着产品线的不断增多，各个产品之间的差异性也越来越明显，公司改变了原来简单的按区域划分的方式，改变为按产品划分。

　　在每个销售办事处，分别有不同的销售小组，针对银行客户推销各自的产品。这时的市场组织方式是：销售一部负责终端类产品，销售二部负责打印机，销售三部负责金融卡具产品。也就是说，三个销售小组的销售人员分别拿着不同的产品面对同一个客户进行推销。

这个模式运行不到一年就出现了以下问题：首先，客户会觉得 T 公司管理不规范，翻来覆去，总是你们公司的人，而且各有各的说辞；其次，一部分客户会从中借力，用一部产品的条件压二部，二部再压三部，三部再压一部，也就是两边比着要条件。客户此时的说法是："你们都是一个公司的，打印机产品可以先使用后付款，终端产品为什么不行？"另外，在这种以产品为导向的市场划分方式下，公司的销售费用增长迅速，人员利用也不充分，公司也在重复投入资源，因为每个产品都要走一个接触、洽谈、公关、运作、招投标的过程。

意识到市场上有问题，再对上述产品导向模式进行改革。新模式采用以客户群为向导的市场划分方式，即 A 这支销售队伍负责工商银行，B 队伍负责农业银行，C 队伍负责建设银行……按不同的银行来分，每个银行的销售代表负责所有产品，包括终端类产品、打印机、金融卡具，等等。这个规划的思路确实是不错的，但是忽略了一个问题，就是一名业务员要想吃透这些产品的技术指标和不断变化的市场策略，需要相当长的时间，并且对业务员的基础素质要求也非常高。1999 年推行的客户群导向方式，进行了不到一年，效果仍然不理想。当时市场上所面临的状况是：老产品卖得不错，因为大家熟悉；新产品总是卖不上量，因为绝大多数业务员对新产品不了解，自然就"卖熟不卖生"。

为了解决上述问题，T 公司做了进一步的改革，引进了一个非常重要的岗位即产品经理。具体做法是仍然以客户为导向来分市场，但是公司在大区一级的机构设置了产品经理职位，其职责就是负责某一个产品线在本大区所有的销售，以及相关的技术支持活动。

产品经理具体做什么呢？简而言之，有三件事情：第一件事情就是经常给一线的销售队伍进行培训，帮助销售队伍熟悉各个产品；第二件事情是帮助一线销售人员进行销售推动，尤其是涉及比较复杂的技术问题和解决方案，销售人员无法解答时，产品经理负责跟技术人员一道帮助销售人员进行解答并出具针对性的解决方案；第三件事情就是制定相关产品的市场或订单策略，特别是在价格、服务承诺、推荐型号等方面，产品经理甚至拥有比直线管理经理更大的权力。

增加产品经理这个职位以后，再配合以客户为导向的销售模式，T 公司的销售状况逐渐好转，不仅各条产品线的销售业绩均衡增长，而且公司资源的投入也日趋合理。

分析与讨论：
1. 销售组织模式有哪几种？各种模式设计思路是什么？
2. T 公司销售组织模式有哪几种？设计销售组织模式主要需要考虑哪些方面？

案例4　三个典型行业产品销售渠道

一、家电行业销售渠道

我国家电销售渠道的发展可以分为三个阶段。

第一、批发、代理主控阶段。生产企业将自己的产品卖给批发商或给代理商进行代理，然后，由批发商或代理商将家电产品向传统的百货商店、家电小门市、批发市场、二级或三级市场等铺货。产生的时间为改革开放到1995年前后。这种方式对家电企业的好处：降低营销费用与管理费用，生产企业没有必要花精力做终端，企业营销队伍规模小。这个阶段产生的背景是家电产品供不应求，生产企业只要有产品均能卖掉。这个阶段是中国家电史上唯一的生产企业与经销商真正实现"双赢"，并且和平共处的阶段。

第二、混合渠道阶段。传统的大商场（如百货商店等）、批发代理、家电专卖店、国内家电连锁、国外综合性连锁（如沃尔玛等）、生产企业自建渠道等形式共生共荣阶段。产生的时间为1996年到2001年前后。产生的背景是家电行业进入供求平衡和供大于求的时期。

第三、全国家电连锁主控阶段。2001年至今，全国性以及区域性家电连锁的崛起迅速改变了家电销售渠道的格局，以及家电制造商与经销商的关系。从战略方面而言，家电连锁是典型的成本领先战略。家电连锁企业低价主要来源于巨大的销售量，从而可以从制造商处得到更低的价格、政策、费用等。同时，通过统一品牌运作、统一管理，使得消费者逐渐形成了"买家电，到连锁"的意识。

二、房地产行业产品销售渠道

我国房地产市场产品销售渠道主要有：

一是房地产企业直接销售策略，指房地产企业利用自己的销售部门对房地产商品进行直接销售，目前，我国大部分房地产开发商是采用这种形式。二是委托代理渠道策略，是指开发商委托房地产代理商寻找顾客，顾客经过代理商的介绍而购买房产。相对前面的直销模式，代理商分散了开发商的风险，另一方面，由于代理商专门研究，如何对消费者心理把握更好，更有经验，对目标顾客了解更清楚，所以更有利于销售。三是网络营销渠道，是指房地产企业利用网络将企业有关信息公布在网上，消费者通过网络了解该房地产公司情况，作出相应的购买决策。由于其发布信息的广泛性和详细性，可以拓宽销售范围。

三、小汽车行业产品销售渠道

我国小汽车产品销售主要是通过4S店销售。

1.4S店。4S是指整车销售、零配件、售后服务、信息反馈。4S店是一种"四位一体"的汽车特许经营模式。4S店是1998年以后才逐步由欧洲传入中国的，它的操作大体是这样的，汽车生产厂家某一品牌在某个区域选择一个或几个等距离的4S店，

4S 店并不是汽车厂家兴建，而是想经销汽车的商家投资兴建。

2. 进入 4S 市场的"通行证"。想开 4S 店并非易事，它需要满足一定的条件，其条件主要有四个方面：一是 4S 店要做到差别化，4S 店要按照生产厂家的要求，统一店外设计；二是资本要求，一般情况下，建一家中高档轿车的 4S 店，固定资产投资在 2 000 万元左右，建一家经济型轿车的 4S 店最少也要 1 000 万元以上，而且要维持正常的运转，其流动资金大概要 1 000 万元；三是要考虑与规模无关的成本，4S 店的选址与土地投资及宣传可能会增加另类成本；厂家授权，目前没有得到厂家授权的二三级经销商有 50% 以上，这样会严重影响汽车厂家的品牌形象与服务质量。

3. 厂家绝对的强势地位。一是洛阳纸贵，由于国内巨大的汽车市场容量，使得中国成为世界上独一无二的厂家强势市场。国产宝马汽车，曾经想发展 24 个经销商，结果有 2 000 多家经销商争夺。二是厂家仗势欺人，一些 4S 店为了按时得到汽车生产企业的汽车，不得不服从汽车生产企业的过分要求，比如：汽车生产企业不能按合同规定时间取得汽车，甚至厂家向 4S 店搭售滞销车；三是审核制度，厂家与经销商的合同一般是一年签订一次，有些厂家还采用末位淘汰制，如果 4S 店不符合厂家心意，就可能被收回经营权。

4. 4S 店面临的环境。一是由过去的卖方市场已转为买方市场，客户持币待购，4S 店产品由好卖变为难卖。二是替代品的威胁，一些大卖场已经做汽车销售，它们经营成本低，经营的汽车品种多，定价灵活，这无疑对 4S 店极为不利。三是汽车连锁经营模式，它们规模巨大，提供的服务项目多，汽车销售、保养、维修、美容、零配件供应等一条龙服务。4S 店如何与其抗衡？

4S 店曾经风光一时，也是暴利行业，现在的 4S 店由于其投资巨大、经营品种单一、转换成本高、还有客观环境的一系列不利因素，4S 店路在何方？

分析与讨论

预计家电行业、房地产行业、小汽车行业的产品销售渠道模式？并说明理由。

2 模块二

寻找与接近顾客

学习目标

通过本模块的学习，要求学生了解并掌握目标顾客选择与顾客资格审查、寻找顾客、联系顾客、接近顾客等相关知识；具有目标顾客选择与顾客资格审查的能力，寻找、联系、接近顾客的能力。

单元一　目标顾客选择与顾客资格审查

在高度市场化的今天，任何一家企业和任何一种产品的目标顾客都不可能是所有的消费者群体。每个企业都因为行业特点、市场状况及自身实力的制约而只能选择其中有限的目标顾客。为此，寻找和选择目标顾客就成为企业开发目标市场、实施销售活动的首要任务。

一、目标顾客选择的标准

成功销售的基本法则是：销售员向可能购买产品的顾客推销产品，达成销售。向购买可能性很低的客户推销，结果只能是事倍功半；劝说无购买欲望或无购买能力的客户购买产品，无疑是对牛弹琴。销售员通过各种途径和方法寻找的众多潜在顾客，并非每一个都符合购买产品条件的合格的顾客。因此，销售人员在寻找到许多潜在客户后，不要急于开展实际推销，而应采取一定的标准对顾客进行系列分析，把那些不符合目标顾客条件的客户剔除掉，筛选出重点顾客，然后将主要精力集中在重点顾客身上，通过有针对性的销售大幅提高整个销售工作的效率。表2-1描述了顾客选择的一般模型。

表 2 - 1 顾客选择模型

选择层次	选择标准	问题分析	选择结果
初选	顾客需求	哪些顾客有需求	全部顾客
二选	顾客购买力	哪些顾客具备购买能力	一般顾客
三选	顾客购买资格	哪些顾客适合购买	种子顾客
四选	顾客购买决定	哪些顾客拥有购买决定权	重点顾客

从上表中可以看出，选择顾客的标准主要包括顾客的需求审查、购买力评价、购买资格审查和购买决定权的评定四个方面，而这恰恰是对顾客资格进行审查的关键内容所在。

二、目标顾客选择的程序

1. 明确市场定位

销售人员在确定目标顾客时，首先要研究目标顾客的需求特征，认真分析他们的价值取向，寻找形成其需求偏好、影响其需求偏好及购买行为的主要因素。此外，还要研究竞争者的市场定位，特别是主要竞争者的服务项目及经营特色。在分析目标顾客、竞争者及本企业三者之间战略关系的基础之上，寻求自己在目标顾客心目中的理想位置，进而确定自己的品牌、服务项目及经营的主要特色，从而具体、准确地确定自己的市场定位。这是选择目标顾客的先导性工作。毕竟，企业所有的营销活动（包括顾客关系管理）都源自于准确的市场定位。而随着竞争日益加剧，市场被划分得越来越细。企业的销售人员只有从其"微观细分市场"出发，才能科学甄别、认真选择出适合的目标顾客，形成区隔到位、细分有度的差异化定位，并从中获得丰厚的回报。正所谓"我的顾客，是我的，就是我的，总是我的"。

案例 2 - 1　美国《体育书刊》

美国《体育书刊》（Sport Illustrated）杂志把读者分为四个读者群：纯粹想打发时间的读者；希望了解体育运动的读者；喜欢收集各式收藏品的读者；需要运动指南的读者。之后，《体育书刊》又会以专业书籍、录像带、光盘、儿童杂志及旅游等为细分标准对上述每一类读者群再进一步细分，"套牢"了目标读者群阅读的兴趣。

案例 2 - 2　可口可乐公司"酷儿"的成功销售

素有"饮料教父"之称的可口可乐公司将"酷儿"在新加坡、中国台湾、韩国等地热销的背景下登陆中国内地，"酷儿"的成功在于它对目标顾客定位的准确上。5～12岁喜欢酷文化的儿童，透过线条简单的蓝色虚拟人物（个性快乐、喜好助人、爱模仿大人却又经常犯一些小错误）发现自己的影子，从而深深喜欢上这一品牌。产品亲和力来自于对这个年龄段儿童心理层次的判断与选择，因为这种虚拟人物与商品的融合使得顾客变得十分忠诚。

2. 选择目标顾客

在找到目标市场后，企业的销售人员还必须回答两个问题：目标顾客是否有意与本企业保持密切的关系？本企业需要与所有顾客都保持密切的关系吗？这就需要分析顾客的获利能力。顾客的价值实际上各不相同，因此，销售人员要以获利能力为标准来为顾客打分，如同衡量顾客终生价值一样，并将较多的注意力放在较具价值的顾客身上。在大多数情况下，分析顾客获利能力主要立足于目前和面向未来。而衡量顾客可获利能力的方法很多，其中以销售收益为判断标准的分类方法最为常见，即企业根据潜在顾客和顾客对本企业的价值将其分为四大类。

① 白金顾客（"顶尖"顾客），即与本企业目前有业务往来的前1%的顾客。
② 黄金顾客（"大"顾客），即与本企业目前有业务往来的随后4%的顾客。
③ 铁顾客（"中等"顾客），即与本企业有业务往来的接下来15%的顾客。
④ 铅顾客（"小"顾客），即所剩下来的80%的顾客。

据此，销售人员应该花费更多的时间和精力来接触、服务那些价值较高的潜在顾客。例如，企业决定在每个价值较高的潜在顾客身上花费3美元（如果潜在顾客的总数为20人，那么为他们所花费的资金总额为60美元），为每个价值较低的潜在顾客花费1美元（如果这样的顾客总数为500人，那么在这些顾客身上的总体花费为500美元），这种目标明确的选择顾客的方式会比花同样的费用来邮寄广告册子给所有潜在顾客的效果更佳。当然，顾客的价值并非仅仅根据单次购买来判断，有时甚至需要预测该顾客一生中可能购买的总和，即考虑顾客终生价值。

三、顾客资格审查

顾客资格审查是指销售人员对可能成为顾客的某个具体对象进行审查，以确定其成为准顾客的可能性，又称"顾客评价"。

1. 顾客需求审查

顾客需求审查是指销售人员通过对相关资料的分析，判断并确定将来的推销对象是否对自己所推销的产品具有真正的需求（包括现实需求和潜在需求），以及需求量大小的活动过程。顾客需求审查的目的在于选择对产品有真正需求的准顾客，使推销工作有的放矢，避免盲目性，提高有效性。

人类的需求可以概括为三大类，即生存消费需求、享受消费需求和发展消费需求。销售人员要充分认识到顾客的需求内容及其具体形式，要将顾客需求与销售工作紧密联系起来，坚持以顾客需求为中心的指导原则，对顾客现实的、潜在的需求进行全面审查。顾客购买的主要目的和要求是因为产品能够给购买它、拥有它、消费它的顾客带来某种益处和需求的满足（如表 2-2 所示）。正如 IBM 公司前营销副总裁巴克·罗杰斯所说："人们购买某种产品，是因为该产品能够解决问题，而不是因为产品本身。IBM 不出售产品，它只出售解决问题的办法。"

表 2-2　产品形式与产品益处

产品具体形式	产品益处
海飞丝洗发水	头屑去无踪，秀发更出众
潘婷洗发水	使头发更加健康亮泽
飘柔洗发水	使头发更加柔顺光滑、飘逸
润妍洗发水	使头发更加黑亮

顾客需求不仅包括顾客客观存在并已认识到的现实需求，而且还包括顾客客观上存在但自己尚未认识到的潜在需求。估计顾客对产品存在现实需求和潜在需求的可能性，主要取决于销售人员的销售经验及对产品的特性和顾客需求的认识。顾客需求多种多样，千变万化，销售人员应在把握顾客消费行为和消费心理特征的基础上，对顾客需求进行深入细致的调查研究。分析和把握顾客不使用产品的真正原因：是尚未认识到产品的真正用途，还是受传统习惯或传统观念的影响；是暂无购买财力，还是对处于介绍期或成长期的新产品了解不多，仍处于等待、观望阶段等。因此，销售人员不应简单地以顾客使用或不使用产品为标准来审查顾客需求，而应充分认识到消费者现在不使用产品，不等于将来不使用；表面上不需求，不等于内心里真正不需求，进而采取一定的销售技巧，说服现实需求的顾客，使其相信产品对其需求的满足，挖掘、培育、创造潜在需求的顾客，激发他们的购买欲望，促其坚信对产品确实存在需求。

案例 2-3　甲乙公司的销售员 A 与 B

十多年前的一天，分别来自甲乙两个公司的销售员 A 与 B 来到南太平洋上的一个岛上。甲公司的销售员 A 看到该岛居民都赤着脚，不穿鞋，就断定在这里销售皮鞋是不可能的，于是便给公司老板拍了如下的电报："本岛无人穿鞋，我决定明天即回。"而乙公司的销售员 B 面对岛上的情况，向他的上司拍回了一张截然不同的电报："情况出乎意料的好，该岛无人穿鞋，是个有待开发的大市场，我将在此地进行销售。"之后，乙公司的这位销售人员广泛地走访了该岛居民，大力宣传穿鞋的好处：有利于脚的保护和雅观等，还拿自己的鞋子给他们试穿。经过深入、细致的推销解释工作，大大激发了该岛居民穿鞋的欲望。结果，乙公司鞋的年销售量增加17%，而甲公司鞋的销售量却一日不如一日。

顾客需求审查不仅包括顾客需求可能性的审查，还应对顾客的需求量进行评价。因为有些顾客虽然对产品的需求可能性很大，但需求数量很少且只是一次性购买，前去销售得不偿失，这些顾客便不能成为合格的目标顾客。而那些对产品需求数量大、时期长的顾客，则是销售人员首选的并应将其列为重点的目标顾客。

总之，顾客需求审查要运用全面、系统、发展的观点对其进行动态的、综合的分析，既审查顾客的现实需求，估计现实的需求量，又审查顾客潜在的需求，估计顾客尚未开发的潜在需求量。唯其如此，才能对顾客的需求作出一个客观、正确的评价。

2. 顾客购买力评价

顾客购买力评价是指销售人员通过对市场调查有关资料的分析，确定潜在顾客是否具备购买产品的经济能力，进而确定其是否为合格目标顾客的一种活动过程。在现实的销售活动中，个人或组织的许多消费需求因受购买能力的制约而不能实现或不能立即实现，也存在着由于销售员事先未对顾客购买力进行深入、细致、全面的调查分析，出现产品销售出去、货款回收不良的现象。销售人员必须对顾客购买力进行认真科学的评价，不仅要把产品卖出去，更重要的是要按期按量地收回货款，保障企业和个人的经济利益。

（1）个体顾客的购买能力审查

个体顾客的购买能力审查主要是从影响消费者购买力的各种因素，如实际收入、消费支出、消费储蓄与信贷等方面进行审查。

消费者收入主要是指消费者的实际收入。消费者收入的多少决定消费者市场购买水平的高低。消费者收入的可任意支配部分是影响消费需求构成最活跃的经济因素，也是影响高档耐用消费品、旅游等商品销售的主要因素。这部分收入越多，人们的购买力就越强，人们的消费水平就越高，企业的营销机会也就越多。

除了受消费者收入的影响外，顾客购买力还要受消费者储蓄和信贷因素的直接影响。一方面，居民个人收入在一定时期内不可能全部花费掉，总有一部分以银行存款、公债、股票和不动产等形式储蓄起来，这是一种推迟了的潜在的购买力。当消费者的收入一定时，储蓄数量与现实支出数量呈此消彼长的反比关系。销售人员必须了解影响居民储蓄的因素和储蓄目的的差异，以便准确地预测消费需求的发展趋势和发展水平，寻找市场机会。另一方面，消费者信贷对顾客的购买力影响也很大。经济学家认为，各种形式的赊销、分期付款、延期付款是经济增长的主要动力之一，因为它允许人们购买超过自己现实购买力的商品，可以创造更多的就业机会、收入和需求，也为企业创造更多的营销机会，从而刺激经济增长。

（2）团体顾客的购买力审查

团体顾客是指组织或企业顾客。销售人员对团体顾客购买力的审查涉及其生产状况、经营状况、资金状况、财务状况、信用状况等方面的内容。本部分主要介绍对团体顾客财务报表中短期偿债能力和营运能力部分进行分析，借以评价其财务状况和经营成效，预测未来的经营报酬和风险，为销售人员审查团体顾客购买力提供帮助。

① 短期偿债能力分析。

短期偿债能力又称支付能力，是企业以其流动资产偿还流动负偿的能力，它反映企业偿付日常到期债务的实力。企业能否及时偿还到期的流动负债，是反映企业财务状况好坏的重要标志。企业如果短期偿债能力较弱，供应商将很难甚至无法收回货款。这主要应考虑流动比率、速动比率和现金比率三个指标。

流动比率是流动资产与流动负债的比率，它表明企业每一元流动负债有多少流动资产作为偿还的担保，反映企业运用可在短期内转变为现金的流动资产偿还到期流动负债的能力。一般情况下，流动比率越高，企业短期偿债能力强，债权人的权益保障越好，遭受损失的风险小。通常认为2:1的比例比较理想。

速动比率是企业速动资产与流动负债的比率，是衡量企业流动资产中可立即用于偿付流动负债的重要指标，比流动比率更准确地反映出企业的短期偿债能力。一般速动比率高，企业的短期偿债能力强。经验表明，速动比率1:1较为合适，企业债务偿还具有安全性。

现金比率又称即付比率，是企业现金类资产与流动负债的比率，主要衡量企业即时偿付债务能力，在反映企业短期变现能力方面可以弥补以上两个指标的不足，它能更为稳健地衡量企业的短期偿债能力。一般而言，现金比率在20%以上为好。现金比率越高，说明现金类资产在流动资产中所占比例较大，企业应急能力较强，举债能力则较强。

上述三个指标，都能反映企业短期偿债能力。但企业的经营状况总在不断变化，要科学、合理、准确地评价企业的短期偿债能力，必须将这三个指标有机结合起来，加以综合考量。

② 营运能力分析。

营运能力是指通过企业生产经营资金周转速度的有关指标反映企业资金利用的效率。企业生产经营资金周转的速度越快，表明企业利用资金的效果越好，效率越高，企业短期偿债能力越强。反映企业营运能力的指标主要有应收账款周转率和存货周转率。

应收账款周转率即企业赊销收入净额与应收账款平均余额之比。这一指标用以测定企业在一定时期内收回赊销账款的能力，反映企业应收账款变现速度的快慢。该比率高，表明收账迅速，账龄较短，减少收账费用和坏账损失，资产流动性好，企业短期偿债能力强。

存货周转率是一定时期企业的销货成本与存货平均占用额之比。这一指标用以衡量企业存货资金占用情况，并测定企业的销售状况。正常情况下，存货周转率越高，相应的周转天数则越少，说明存货资金周转快，资金利用效率高。

3. 顾客购买资格审查

对产品具有购买需求和支付能力的顾客若不具备购买资格，也不是合格的目标顾客。因此，销售人员要对潜在顾客的购买资格进行审查，审查购买人是否具有作为市场经营主体的行为能力，以及对产品的购买是否有某些限制。市场经营主体的行为能力是由国家法律赋予的，这种行为能力通过有无国家行政机关颁发的相关证照体现。首先，一切从事经营活动的个人、组织、法人，都须持有国家工商部门颁发的营业执照，无照经营即非法。持照人在营业执照规定的经营范围内从事经营活动，是国家法律赋予持照人的权利能力和行为能力，超越规定经营范围的经营行为是无效的、非法的，且不受国家法律保护。某些特殊行业还必须持有特殊行业经营许可证照或专营证照，一般称为许可证。如食品行业需有卫生主管部门颁发的"卫生许可证"，生产药品的行业要有"药品生产许可证"，卷烟行业必须有"烟草专卖许可证"等。国家对一些行业还进行等级划分和资质规定，如建筑企业、设计企业分为甲级、乙级、丙级、等等，不同等级的企业从事经营活动的资质不同。如按国家规定要求，属于丙级的设计单位，只能承担一万平方米以下的建筑设计任务，不能越级，否则将视为设计资质不合格而带来不良后果。

案例 2-4　鞭炮销售纠纷

河北省某鞭炮厂（原告）与哈尔滨市某总厂（被告）的业务员胡某（其主要业务是承揽加工业务）于某年9月签订了一份鞭炮购销合同。合同规定交货期为同年12月份，收货付款。合同签订后，原告在取得当地工商、公安机关批准的合法手续和证件后，按合同规定条款及时进行鞭炮的生产、运输和销售工作，并于同年12月15日将合同规定的鞭炮按期、按质、按量地送到被告单位。被告单位却以其业务员胡某超越代理权限签订鞭炮合同为由，拒绝收货付款，并报当地公安机关。公关机关以原告违反哈尔滨市烟花炮竹管理规定为由，将鞭炮扣押，原告遂以被告未履行合同为由将其诉讼至法院。法院以被告方业务员胡某越权代理及原告违反国家有关爆炸物品的管理规定为由，判原告败诉，公安机关扣押鞭炮是正确的。

4. 顾客购买决策权评定

顾客是否购头产品，除了取决于其购买需求、支付能力以及购买资格外，还取决于顾客是否有权决定购买。只有拥有购买决策权力的目标顾客才能决定成交。顾客购买决策权的评定，就是评价销售对象的购买决策权状况，旨在缩小潜在顾客的范围，确定明确的销售对象，避免盲目销售，进一步提高销售效率。而顾客购买权力的评价和对于以家庭或个人为消费单位和以企业或组织为消费单位的评价差异明显。

对于家庭或个人来说，购买决策权往往掌握在一家之长手里，同时，每一位家庭成员的意见对最后的购买决定也会产生很大的影响。实际生活中，要正确判断谁是购买决策权的核心人物，并非易事，因为对于不同的文化背景、不同的社会经济发展水平及不同类型的消费品来说，家庭购买决策的权威中心不同。美国社会学家按家庭权威中心的不同，把家庭分为四类：丈夫决定型、妻子决定型、共同决定型、各自做主型。而根据消费品在家庭中的购买决策重心不同，可将其分为三类：丈夫有较大影响力的商品，如汽车、摩托车、烟酒等；妻子有较大影响力的商品，如服饰、洗衣机、吸尘器、餐具等；夫妻共同决定的商品，如住房、旅游等。调查表明，丈夫和妻子对购买决策的影响作用因所购买商品的特性而不同。

对于企业或其他团体组织来说，购买决策权会因其所有制性质与组织结构等方面的不同而各有差异。一般来说，企业购买决策者的购买权限是按不同层次和级别划分的，购买决策者只能在其购买权限范围内购买产品，越权购买的，则必须向上级报请审批，有些项目的购买甚至要高层领导集体讨论后才能做出决策。作为销售人员，仅掌握一定的销售知识和销售技巧远远不够，还需熟悉现代科学管理知识，了解企业或组织的结构框架、人事关系、决策运行机制、规章制度等，以便准确地评价客户的购买权力。

单元二　寻找顾客方法

寻找顾客看似简单，其实并非易事。要找到众多符合条件的准客户，销售人员必须遵循一定的规律，把握有关的原则，采用科学的方法，才能使寻找顾客工作科学化、高效化。

一、寻找顾客概述

寻找顾客就是要寻找潜在可能的准顾客，即有购买产品或服务的潜在可能性且有资格的人或组织。有可能成为准顾客的个人或组织的名称则称为"线索"或"引子"。在销售活动中，销售人员面临的主要问题之一就是把产品卖给谁，即谁是自己的销售目标。成功的销售，有赖于找到最有成交希望和购买可能的潜在顾客。也就是说，销售人员要考虑哪些人可以从所销售的产品或服务中得到好处，然后，据此列出名单并从中找到预选的合格顾客。此外，销售人员还应该注意保持足够的顾客源，在做成了现有交易之后，要知道如何保存和管理顾客的相关信息资料，为建立长期良好的销售伙伴关系作铺垫。对于销售人员来说，应该遵循一定的程序，通过恰当的方法和途径找到真正合格的顾客。而要找到那些真正合格的顾客，就必须先从寻找顾客入手。

寻找顾客是指销售人员在实际的销售工作正式开始前，寻找对所销售的产品或服务可能有需要的所有潜在顾客的活动过程。实际工作中，任何一位销售人员，哪怕是极为优秀的销售人员都无法使销售区域内的所有顾客都成为自己的顾客。对于销售人员来说，他所要寻找的潜在顾客必须具备三大条件，即：存在对销售的产品或服务的某种现实的或潜在的需要；具有现有的或潜在的购买或支付能力；具有购买决策权力。只有具备了上述基本条件的购买者，才可能是销售人员所需要进行积极推销的对象。销售人员明白和掌握上述潜在顾客所具备的条件不难，但事实上，要发现和争取到能建立长期业务联系的合格顾客却很不容易，因为需要做大量的开拓性工作。

二、寻找顾客的基本原则

1. 平均原则

在现实生活中，并非每个人都会或有能力购买销售的产品或服务，如在 10 个人当中，3 个人可能没有需要，3 个人可能没有购买能力，2 个人可能没有决策权。销售人员必须通过大量的精力和时间来全面撒网，才能"重点捕鱼"，找到拟进行推销的潜在顾客。当然，这也要求销售人员必须细心观察，认真分析，勤于走动。

2. 计划性原则

销售人员面对数量繁多而没有头绪的潜在顾客群体时，需要通过制订的寻找顾客计划书来指导具体行动，从而使自身工作有条不紊，富有效率。销售人员可以根据寻找计划来推进工作日程，这样也确保销售人员的工作不至于出现遗漏现象，造成被动局面。

3. 长期性原则

一些顾客由于各种原因会从销售网络中流失，同时，也会有很多顾客的潜在需求变为现实需求，成为新的顾客群，因此，销售人员必须经常进行寻找潜在顾客的工作，以便弥补流失顾客的数量，扩大现有销售网络的规模，尽可能增加销售产品或服务的销售量。

三、寻找顾客的方法和途径

1. 寻找顾客的方法

一个企业或销售员尚未找到目标顾客，就开始进行狂轰滥炸式的销售，其结果只能是大炮打蚊子似的悲哀，劳而无功。所以，寻找顾客是销售工作的重要步骤，也是销售成败的关键性工作。实际上，寻找顾客的过程并不是漫无目的、没有头绪的，销售人员通常需要掌握一定的方法，借助一定的途径，以期用最小的投入换得最大的收获。通过日积月累，销售人员可以学习和总结出很多寻找潜在顾客的方法。但是具体到实际销售工作中，由于每个销售人员面临的销售环境不一样，采用什么样的寻找方法需要视情况作相应的调整和改变。

（1）普访寻找法

普访寻找法简称普访法，是指销售人员在任务范围或者特定区域内，采用上门访问的形式，对预定的目标单位、组织、家庭乃至个人进行全面地寻找并确定潜在顾客的方法。普访法的理论根据是平均法则，即假定在被访问的所有对象中，必定有一定比例的对象是销售人员所要寻找的潜在顾客。在采取此法寻找潜在顾客时，销售人员首先要确定进行普访的具体区域或普访对象的范围。通常由销售人员根据产品或服务的基本使用价值、特性、企业营销策略确定的目标市场等，进行判断与研究，确定一个大致范围。该范围可以是符合企业产品或服务目标市场特征的区域、某类人群或某个行业内的人员等。然后，销售人员再按照圈定的范围进行按部就班的登门拜访。

普访法一向被认为是最可靠、最原始的顾客寻找法。通过销售人员的地毯式拜访，避免因寻找失误或者选择不当而错失顾客。而且，对于销售人员来说，在普访过程中，也是对销售工作加深了解、增加销售经验、学会和不同人群打交道的良好机会。通过接触，销售人员会更加了解顾客、市场和社会，为自己的职业生涯奠定丰富的阅历基础，也就是常常说的"干了销售员，以后从事任何工作也不在话下"。另外，作为产品促销的辅助手段，普访法也是企业开拓市场，进行公关工作的重要方式，能较大范围地在目标公众中提高企业、产品或服务的知名度。但是，普访法的缺点也是显而易见的，比如费时费力、寻找效率低、带有较大盲目性等。同时，没有良好人际关系基础的直接接触可能会遭遇顾客的冷漠、敌视，引起顾客的反感和戒备心理，从而无法达到预期目的，在某种程度上也会给销售人员造成心理负担，影响其和顾客打交道的信心。普访法一般适于销售人员对某一销售区域内的顾客不能确定或无法确定的情况，现多用于日常消费品，如各种家庭洗涤用品、家庭保险、书籍等的销售。

（2）连锁推介法

连锁推介法又称顾客介绍寻找法，是指销售人员请求现有的顾客介绍其认为可能会购买所销售的产品或服务的潜在顾客的方法。连锁推介法依据的是系统法则。只要销售人员找到某系统的一个点，就能寻找到更多的系统点，且所有的点都有类似的共同特点。如销售人员介入某社会网络的某一点，即与其中一个个体建立了良好关系，就可能借助该网络进行销售。运用连锁推介法，可以请现有顾客进行介绍，此法的前提是销售人员必须和老顾客建立良好的人际关系。然后，销售人员在合适的时机，采用一定的奖励手段来激发老顾客的介绍热情，使其介绍新的潜在顾客给自己。当然，这也需要销售人员具有较高的语言艺术和交际能力。

这种通过织网的方法往往能迅速扩大销售成果。介绍的内容包括潜在顾客名单、联系方式、需求形式、购买特点等，并力求具体、详细。销售人员还可请老顾客代为向新顾客介绍产品或服务，传递有关产品或服务的宣传材料，还可以请老顾客写信、打电话、传口信、递名片、写便条等，以便使潜在顾客和自己取得联系。另外，也可采取社交的方式和潜在顾客建立人际关系，如销售人员在聚会或其他公共场合由老顾客自然而然地为自己介绍，这样可淡化双方交往的功利色彩，减少对方的戒备心理，进而迅速了解对方，为后续销售工作做好铺垫。连锁推介法的优点是能极大避免销售人员的盲目性。通过现有老顾客的积极介绍，销售人员可得到有关潜在顾客更准确、详细的信息，并更快接近他们，取得其信任，从而节省时间、精力，有效降低销售成本。连锁推介法被认为是销售人员寻找潜在顾客的最佳方法。但其缺点是过多依靠现有顾客介绍的积极性。现有顾客能否全力介绍、介绍恰当与否直接关系到销售工作成败。连锁推介法也具有连带性，由于消费者的社会性，同一相关群体具有相似的消费行为，如果销售人员向甲顾客销售失败，很有可能导致其向乙、丙顾客销售的失败，因为甲、乙和丙处于同一相关群体，其消费行为类似且相互影响。连锁推介法适用范围较大，一般产品或服务的销售过程均可采用，尤其是大品牌、信誉好、专业性强的产品和服务。

（3）中心开花寻找法

中心开花寻找法是指销售人员在选定的特定销售对象中，寻找并争取有较大影响力的中心人物（意见领袖），然后利用其影响和帮助，将其影响范围内的人发展成为自己的潜在顾客的方法。中心开花法的关键是要取得领袖人物对销售人员的信赖和对产品或服务的高满意度，进而配合产品或服务销售工作，以取得良好效果。

中心开花法的一个理论依据是心理学中的"光晕效应"，某些人群中有影响的领袖人物的购买行为和消费行为，会在其他成员中形成示范效应和先导效应，引发这些人的追随和效仿。销售人员发现并确定此类领袖人物，并使其成为现实的满意的顾客，就有可能发展其影响力下的潜在顾客。中心开花法的另一理论依据是社会学中的"顺从"理论，即人们对自己心目中有威望的人物十分信服和顺从，因而销售人员可以争取这些特殊顾客使其产生示范效应。中心开花法的优点是能节省销售人员的时间和精力，把没有头绪的销售工作变为针对领袖人物的寻找和耐心细致的说服销售。如果领袖人物是公众人物，还可以利用其知名度和美誉度，提高产品或服务的市场形象。其缺点是过多地把希望寄托在领袖人物身上，不利于降低销售风险。另外，对领袖人物的发现也有一定难度，销售人员必须对其有着敏感的触觉。同时，领袖人物的个人形象和产品或服务要树立的形象应该一致，以实现四两拨千斤之效。

（4）查寻资料法

查寻资料法是指销售人员通过查阅现有文献资料发现和找到潜在顾客的线索，进而寻找顾客的方法。现代社会信息资源极其丰富，获取信息的难度大大降低，但令人烦扰的问题是容易被大量的信息所淹没，迷失了方向。对于销售人员来说，最重要的是在浩如烟海的信息中找到具有商业价值的信息。销售人员查询的资料来源数不胜数，例如经济年鉴、通讯目录、工商企业名录、专业期刊、报纸、杂志、专业协会及联谊会名录、城市电话大黄页、市场研究报告、行业公报等。使用现有信息，最大好处是降低获取信息的成本，节省销售流程的时间和精力。特别是由权威部门如银行、主管部门、统计部门提供的信息可信度高，能减少寻找顾客的盲目性，信息的整理和搜集也较方便。但是，历史资料的信息时效性较差，重要信息的搜集存在一定障碍。这种方法要求销售人员掌握信息检索技术，并懂得归档、整理、编码的常规方法，并能从中提炼出有利于销售工作的信息。

（5）市场观察寻找法

市场观察寻找法是指销售人员根据个人对生活和周围环境等信息的直接观察、思考、联想与判断，从而发现和寻找潜在顾客的方法。其根据是交易双方信息不对称理论，即在市场经济相当成熟的社会，对商品或服务处于渴求状态的需求方，为满足自己的需求而搜寻信息，而供给方为卖出产品或服务在寻找合适的买主，这为销售人员的工作提供了有利空间。市场观察法主要依赖销售人员的职业素质。销售人员在工作中要善于观察，对各种需求信息反应灵敏，勤思善思，能够及时发现潜在顾客的存在，并同其取得联系。

市场观察法的具体操作方法主要有三种：一是走动观察法，销售人员如果了解到潜在顾客的居住区域，就可经常到潜在顾客所在区域走动观察，及时发现顾客对产品或服务的意见、抱怨和期望等，或可了解店面从业人员的意见和建议，然后整理这些信息并及时向企业汇报反馈，以便在企业对产品或服务改进后尽快向其销售，抢得先机；二是媒体观察法，销售人员可从媒体为公众提供的大量生活信息和经济信息报道中观察，进而寻找潜在顾客，如经济上行时，在报纸上招聘大量雇员的企业说明其生产规模正在扩大，对生产资料的需求也必然上升，这意味着它可能成为潜在顾客；三是推理寻找法，即销售人员通过观察、推理，从事物之间存在的某种规律性的必然联系，找到合适的销售信息，例如，一个大型工程机械产品的销售员得知某地正在大规模开发建设，于是马上到那里寻找潜在顾客，从而创造了惊人的销售业绩；销售人员看到一个投资达到百亿元规模的大学城项目，就上门销售建筑材料和办公设备，最终获得成功。当然，市场寻找观察法的操作方法很多，需要销售人员从实际工作中认真总结，灵活掌握，有效运用。市场观察寻找法的优点是避免了信息情报在传递过程中的失真，更加真实可靠。同时，销售人员在获取、使用信息的过程中提高了自己的观察能力和推理、判断能力。但是，使用这种方法的效率和销售人员的个人素质关系过密，带有很大的偶然性、随意性和主观性，往往可能干扰销售人员的理性判断，进而影响最终的销售效果。因此，市场观察寻找法必须和其他方法配合使用，以大大提高销售效率。

（6）广告开拓寻找法

广告开拓寻找法又称广告拉引法，是指销售人员利用广告和宣传等非人员促销手段，把有关产品或服务的信息在更大范围内直接传递给最终消费者，刺激信息接收者的购买兴趣与欲望来寻找顾客的方法。其常用的方式有：广播、电视、网络等电子媒体及印刷广告、小册子、说明书、商业贺卡、报纸杂志等。销售广告多属于告知广告，主要内容是说明销售产品或服务的内容、与顾客约见的时间、地点、联系人姓名及联系方式等。广告开拓法的关键是要选择恰当的广告媒体。销售人员要分析所销售产品或服务的特性、目标市场的特点、顾客的媒体习惯和媒介本身的特性，使有限的广告经费能产生最大的促销效果。广告开拓法体现了广告这种促销手段的优点，如使用简便、灵活、时效性好、传播面广、增加销售的感染力、提高企业和产品的公众形象、降低宣传成本等。当然，它也有缺点，由于现在人们眼见耳闻之处皆是广告，因此，很多人都已对广告熟视无睹甚至产生逆反心理，这就极大地影响了广告的促销效果。而且，不同消费群体的媒体习惯不容易把握，在增加广告经费时往往需要对企业管理层做大量的说服工作才可能得到批准等。

（7）电话访谈寻找法

电话访谈寻找法是指销售人员在掌握了顾客名称和电话号码后，用电话交流的方式和潜在顾客联系进行推销的方法。电话访谈寻找法对销售人员的社交能力和语言组织能力有较高要求。销售人员采用此法时要选好打电话的时机，不要因时机不当引起对方的不满或拒绝；讲究电话的交谈礼仪，如在接通电话后，主动向对方问好，然后简单地介绍自己；语调要平和热情、语速适中、吐字清晰；讲话内容简明扼要等。为了取得较好的访谈销售效果，销售人员可以在打电话之前，把要说的内容写在纸上，并备好纸笔，在打电话过程中边听边记下一些重要信息，如把了解到的顾客的详细家庭或办公地址、拜访的交通路线等记录在纸上，以便拜访时用。电话访谈寻找法的优点是寻找速度快、信息反馈灵敏，一般不会被对方拒绝。但是，这种方法费用较高，有时，还会遇到语言（如地方方言）障碍使沟通难以有效进行，影响销售人员的推销效率。

(8) 调研咨询法

调研咨询法是指销售人员利用社会上各种专门的市场调研公司和咨询机构寻找潜在顾客的方法。市场经济的迅速发展和逐步成熟，使第三产业中的信息服务业为销售人员使用专门调查机构寻找顾客提供了条件。目前，全国有各类市场调研机构近百万家，他们提供的信息质量准确可靠。调研咨询法的优点是方便快捷，具有保障性；节省寻找费用；信息比较真实可靠；通过与咨询方面的专家会谈，可提高销售人员的专业水平等。但它也有明显的不足，如调研机构在领会调研意图、明确调研目标等方面和销售人员可能会存在一定程度的沟通障碍，进而影响调研的实际效果。另外，当一线调研人员出现消极怠工、缺乏责任心或职业道德时，会使调研数据的可信度下降，从而导致调查结论失真，不利于指导销售人员制订切实可行的销售策略。使用调研咨询法时应慎重选择调研机构，尽可能选择专业水平高、服务质量好、信誉度高的信息服务机构。在合作过程中注意按照法律程序订立合同，以保障自身的合法权益。合同中应该明确调研咨询内容，同时对信息质量和数量应做出详细而清楚的规定。对于调研过程和调研结果要注意监测和评估，有效剔除不实信息，为调查结果的真实性提供保证。

(9) 网络寻找法

网络寻找法又称网络查询法，是指销售人员利用互联网寻找顾客的方法。销售人员可以在互联网上建立自己的网页，利用 QQ、微信、微博等自媒体工具向潜在顾客宣传企业、产品或服务。同时，也可利用快捷的检索方式获取潜在顾客的资料，节省销售工作的时间和精力。互联网络是信息化时代全新的沟通工具，其发展历程虽然较短，但是凭借其覆盖面广、信息量大、查询速度快、使用方便等优点而得以快速发展，使得通过网络寻找潜在顾客的方法在销售领域被迅速推广和使用。采用网络寻找法极大地提高了销售人员的工作效率，节省了人员差旅费用；突破了时空的限制，可以一天 24 小时全天候地在任何一个网络所能触及的角落寻找顾客；实现了顾客和销售人员的在线互动，双方的谈判模式发生了革命性的改变，更有利于顾客接受。但是，目前这种方法也有缺陷：它的运用依赖于一个国家或地区的信息化水平；顾客传统的交易观念还没有完全改变，对网络交易仍需要认识过程；适于网上销售的产品或服务大都是匀质（标准化）的；网络安全、物流配送、在线支付等瓶颈问题还制约着电子商务的发展。因此，网络寻找法必须配合传统商务模式才能更好地进行销售工作。

（10）展览寻找法

展览寻找法是指销售人员利用商业展览会上的展示机会，发现、寻找潜在顾客的方法。展览寻找法有很多优点，如能立即获得大量潜在顾客的认可，因为到展示场合的人一般都是与展示的产品或服务有关联或对其感兴趣的人，他们可以亲眼看到产品或服务的实际使用情况，增加对产品或服务的信赖度。同时，通过对感兴趣的人提供企业产品或服务的资料可以使他们了解本企业的情况，以便跟其联系，将其发展为准顾客，减少了销售的盲目性。

2. 寻找顾客的途径

作为一个优秀的销售人员，应该针对某一特定的销售情境创建一个潜在顾客开发系统。对于不同的销售来说，寻找顾客的途径不尽相同。常见的途径主要有以下十种。

（1）推荐人

通常情况下，满意的顾客、业务上的伙伴、熟悉公司产品的人、并不购买产品的边缘公众、非竞争性产品或服务的其他销售伙伴等都可能向销售人员推荐一些可能购买销售产品或服务的人，销售人员应该把握好这个能得到潜在顾客的途径。为了使推荐人的有用性最大化，销售人员应该首先从最满意的顾客、关系良好的合作伙伴中列出潜在的推荐者，然后应决定好让每一个推荐人做些什么事情（如让推荐人直接联系潜在顾客等），最后向推荐人获取潜在顾客的详细信息，及其可能对自己有益的一些帮助等。销售人员必须学会联系现在和过去的满意的顾客、合作伙伴等，以得到更多的潜在顾客和业务机会。

（2）朋友和熟人

朋友和熟人是销售人员重要的顾客信息来源，背后蕴涵着丰富的潜在顾客客源。他们与大量潜在顾客有着广泛接触和深厚交往。在各种非正式群体中，销售人员与其意见领袖建立良好关系，可以获取大量潜在顾客的信息，并能切实影响该团体其他成员的购买决策。销售人员的同事、同学、老乡、邻居、亲朋好友等都是可以利用的对象。

（3）公司名录

公司名录能帮助销售人员发现新的潜在顾客，并确认他们的购买潜力。在所有类型的公司名录中，最有效的是黄页，其中列有各种商业机构的联系方式和具体地址等。销售人员可以借助它迅速筛选、辨别、选择自己的目标顾客。

（4）行业公报

周期性发布的行业公报提供了国家各主要产业发展现状和地位的资料。国家统计部门和行业主管部门就各行业的发展现状、发展趋势、存在问题、重大革新、人事调整、关联交易等方面有准确、权威的发布，这些都有助于销售人员较快地确认潜在顾客。

（5）电话

通过电话联系销售产品或服务的销售实践，已经被证明是高效率的营销方式之一。电话销售能使销售人员获得需要进一步思考的信息线索。同时，在进行售后服务意见征询过程中，销售人员也可以用这种方式与顾客进行沟通，详细了解顾客的真实要求和想法。

（6）关系网

当今社会，一个人的事业要想成功，关系网必不可少，简言之，关系网就是人际资源网络。对于试图建立销售网络以取得最大销售业绩的销售人员更是如此。关系网途径就是指利用与相关人士和合作人士的个人关系达到目标。在人员销售领域，关系网被普遍认为是潜在顾客的重要来源，并已成为销售人员开发潜在顾客的最主要途径。首先，要会见尽可能多的人，销售人员构建关系网可在许多场合进行，如在旅途中、俱乐部活动、展览会、联谊会等场合，关键是销售人员要有随时发现机会的意识，并善于利用机会开展构建关系网的工作。其次，定期或不定期地拜访这些可能的人，并且时不时地参与一些建立关系网的事情，依此提高销售人员的知名度和认可度。在构建关系网时，不要深谈业务之事，因为现代人一般都希望把工作和休息分开，在业余时间谈工作上的事，迫切希望对方成为你的交易对象是不明智的，显得过于功利，也很容易让其反感，不利于关系网的顺利构建。销售人员要特别注意这方面的细节，不要因为小节而失去和顾客建立良好关系的契机。此外，销售人员还要学会适时交换名片，通过交换名片既可以拉近彼此的关系，还取得了对方的通讯方式，为以后销售工作的顺利进行做准备。最后，整理关系网的结构并采取后续行动。销售人员应该梳理自己的关系网，着重发展和培育三种类型的关系网，第一种是组织内部的关系网，第二种是在销售人员所在的产业内创建的关系网，如该领域的专家、领导者、公司代表甚至竞争对手，第三种主要是指和企业相联系的金融界人士、政府官员、所在社区人员创建的关系网。

案例 2-5　世界上最伟大的销售员——乔·吉拉德

世界著名销售大王乔·吉拉德曾在 12 年内销售过 13 000 多辆汽车，创下吉尼斯世界纪录。他曾自豪地说："'别人法则'的发现，使我成为世界上最伟大的销售员。"

吉拉德做汽车销售员不久，有一次从朋友母亲葬礼上的主持人那里偶然了解到，每次举行葬礼时来祭奠每一位死者的人数平均为 29 人左右。又有一天，吉拉德参加一位朋友在教堂里举行的婚礼，从教堂主人那里得知：每次婚礼新娘方大概有 250 人，新郎方大概也有 250 人参加婚礼。这一连串的 250 人，使吉拉德悟出一个道理：每一个人却有许许多多的亲朋好友、熟人，甚至远远超过 250 人这个数字。而 250 人只不过是个平均数。

因此，对于销售人员来说，对任何顾客都须待之以诚，无论其买还是不买你的东西，因为每位顾客不仅可以使你失去许多，而且也可能为你带来许多！如果你得罪了一位顾客，也就得罪另外 250 位顾客，而这些人都是与他关系比较亲近的人，如同事、邻居、亲戚、朋友等；如果你让一位顾客难堪，就会有 250 名顾客在背后为难你；如果你赶走一位买主，就会失去另外 250 位买主；只要你不喜欢一个人，就会有 250 人讨厌你。这就是吉拉德著名的二五零定律。由此，吉拉德得出结论：在任何情况下，都不要得罪哪怕是一个顾客。

（7）网络

现在，很多公司和商业机构都认识到网络的特殊功能，在互联网上建立了自己的网站。销售人员可以通过互联网检索到自己的潜在顾客或通过免费或付费的方式从一些网络数据库里找到自己潜在顾客的信息资料，并以电子邮件、电子公告版、微博、微信、QQ、论坛、新闻组等方式联系可能对产品或服务感兴趣的个人或企业，向他们销售自己的产品或服务。与此同时，企业也可以建立、完善自己的网页，以方便潜在顾客了解自己产品或服务的详细信息。

（8）贸易展览会

贸易展览会实际上是一种大型的产品和服务展示会。人们在展览会上能看到各企业极为常见的一些产品或服务，企业可通过该窗口和展示平台推介自己的产品或服务。潜在顾客被邀请参观展览，以便双方加深了解，洽谈合作事宜。经过对比、挑选、考察，潜在顾客会适时报价并和销售人员达成协议。例如，在国内外享有盛誉的广交会、深交会、中小企业博览会和中国—东盟博览会等，就是相关企业销售人员活跃的大舞台，每年在此发现大量的潜在顾客，能为企业的产品或服务尽快真正走向市场奠定坚实基础。

（9）研讨会

现在很多销售人员通过企业或外界举办的研讨会来寻找潜在顾客并向其提供相关的产品或服务信息。通过研讨会，销售人员可以很快地发现和找到对自己所销售的产品或服务感兴趣的顾客，从而有针对性地制订销售计划。

（10）陌生拜访

对某些产品或服务而言，陌生拜访即销售人员通过走访完全不熟悉的个人或组织寻找、确认潜在顾客，这也是一种极为有效的途径。在陌生拜访的过程中，销售人员先要选择一些可能不是真正潜在顾客的人群，然后试着和每位顾客接触。许多销售人员由于很难获得与客户面谈的机会，极大地依赖陌生拜访寻找潜在顾客。因时间限制，销售人员拜访的收获只是一次答应约见的许诺，但是通过这种方法销售人员可给潜在顾客留下较为深刻的印象，还能得到销售对象的关键资料。销售人员在拜访时必须留下自己的业务卡，以便潜在顾客需要时和自己联系。不过，这种方法适用的范围也有限。

当然，寻找顾客的途径并不仅仅局限于上述数种，此外还有通过收费的探察者、咨询师寻找顾客的途径等。总之，随着销售人员综合素质的提高，更好的寻找途径会越来越多。

单元三 接近顾客方法

接近顾客是指销售员访问顾客与顾客正式接触的开始阶段。这个阶段的主要任务是做好开场白，给顾客留下良好的第一印象，引导顾客转入正式洽谈。此过程耗时虽短，在整个访问过程中所占时间比例很小，但这一环节对洽谈能否顺利展开起决定性的作用。

一、接近顾客的目的

销售员通过介绍自己、介绍自己的公司、介绍产品的特点和利益等接近顾客，从而激发顾客兴趣，使顾客愿意同自己交谈下去。归纳起来。销售员接近顾客的目的主要有以下三个方面：一是吸引顾客的注意，销售员要想方设法引起顾客对产品的注意，以便把话题引导到产品上来；二是激发顾客的兴趣，销售员要创造条件并提供充足的理由，促使顾客倾听销售员的建议，了解产品能帮助他解决什么具体问题和获得哪些实际利益，从而激发顾客的购买兴趣；三是适时引导顾客转入正式洽谈，当顾客的购买兴趣被激发起来后，销售员要抓住时机，有效引导顾客转入正式洽谈。

二、接近顾客的准备

一般来说，接近顾客前的准备工作是指正式接触前的所有活动。在销售实践中，有相当多的销售人员不重视接近顾客前的准备工作，认为到时凭借自己的随机应变，足以应付和顾客的约见。但是，实际结果往往是，在接近中由于心理、信息和知识等准备不足，使顾客失望或产生不信任感，无法达到预期目的。做好顾客资格审核后，销售人员就应该从手中的合格顾客名单中选择确定的接近对象，精心做好接近前的各种准备工作，这是销售人员成功推销的开始。良好的开端是销售成功的一半。为了一次成功的接近顾客所进行的准备工作很多，大致包括以下几方面的内容。

1. 心态准备

信心是成功的第一要素。有专家认为，销售人员的信心和销售业绩是成正比的，成功的因素中98%是信心，2%才是技术和技巧。从顾客方面看，一个精神抖擞、活力四射的销售人员肯定要比一个精神萎靡、唯唯诺诺的销售人员印象分高。销售人员行为相对自由，工作时间、地点、方式灵活多变，工作环境较复杂，失败和挫折可能伴随着销售工作的始终，这对其心态是巨大挑战。因此，销售人员自我心态的调整极为重要，懂得自己在合适的时间、地方应具备合适的心态。销售人员在工作中不仅仅代表自身形象，还代表企业形象。一个彬彬有礼、举止得当、学识渊博、信心十足、精精干干的销售人员从侧面反映了其所在企业的文化，从而使顾客对企业和产品产生良好的印象。而这有赖于销售人员良好的心态。对销售人员来说，销售工作的挑战性会改变他们的性格，为其从事其他工作具备良好的心理素养。

2. 信息资料准备

如果双方彼此了解，沟通过程会更顺利些。销售人员的信息资料准备包括以下内容。

（1）个体顾客的信息资料准备

个体顾客是指一个自然人，他既可以是最终消费者，也可以是企业的法人或团体购买的委托购买者。销售人员要做好个体顾客的信息资料准备工作。个体顾客的基本信息资料包括年龄、性别、体征（高低胖瘦）、健康状况和嗜好（如饮食口味）、民族、籍贯等。一般而言，顾客的姓名是资料准备的首要内容，而大部分人对自己的姓名相当重视。顾客的姓名中可能有生僻字，销售人员应该对读不准的文字认真查对，以免到时称呼错让彼此尴尬和不快。了解顾客的性别和年龄主要用来制订相应的推销策略。不同性别、年龄阶段的人阅历不同，对外界的认知也不同，所以销售人员必须先了解这些基本信息，以便制订恰当的推销策略。另外，现代人大都希望自己年轻，充满活力，这实际上是对自身形象意识的觉醒，因此，无论男女，销售人员都要清醒认识到约见对象的这种心理，学会适当低估对方的年龄或者赞美对方的年轻、机敏和事业有为，这有利于拉近双方的心理距离。销售人员还必须清楚了解顾客的民族属性，准备好有关的民族风俗习惯的资料，以便更快捷地打开交往的通道。同时，俗话说"一方水土养一方人"，人是生活在一定文化土壤中的，出生地的风土人情对他们的影响是潜移默化的，了解这些资料是洞悉对方内心的一面镜子。中国文化的地域特征实质是地域性格的表现，如东北人、岭南人、巴蜀人、两湖人、中原人、吴越人等都有着明显的性格特征。再者，销售人员还要了解顾客的教育状况、职业、相关群体状况、家庭状况、身份、地位、个性特征、生活方式、心理因素等信息资料，以便把它们当作接近顾客、赞美顾客的话题，成为双方交流的突破口。还有，相关群体的信息资料不容忽视，即找到哪些是顾客的准则群体（顾客同意和赞赏其行为并乐意加以效仿的群体）、比较群体（顾客以其行为作为判断自己身份和行为的依据而并不加以效仿的群体）和否定群体（其行为被顾客厌恶的群体），然后，据此制订约见计划。消费者以个人或家庭为单位购买产品或服务，家庭成员和其他有关人员在购买活动中往往起着不同作用并且相互影响，构成了顾客的"购买者组织"。掌握这些信息，有助于约见时抓住关键人物展开游说工作。销售人员还必须知道他所要约见的顾客的身份、地位，避免因言辞不当造成尴尬，而致使约见失败。现在是一个个性张扬的年代，作为销售人员必须通过各种途径了解到所接近顾客的个性特征，了解他的生活方式，即其在生活中所表现出来的行为、兴趣和看法的模式等。

此外，顾客购买行为还受动机、知觉、学习、信念和态度等心理因素的影响。对此，接近顾客前销售人员要充分了解。最后，要记清顾客的通讯地址和方式，如顾客住址、办公地点对销售人员是很重要的资料，在接近顾客前一定要核对清楚，特别是其周围有哪些标志性建筑、区名、街道名字、楼房号、门牌号码等，甚至包括联系电话、传真机、移动电话号码等资料。

（2）团体顾客的信息资料准备

团体顾客包括个体顾客以外的所有顾客，其范围涉及工商企业、党政机关、社会团体及其他团体购买者。团体购买者购买数量大，多为集体购买决策，这也意味着销售人员面临的问题更复杂。购买主体往往兼具法人代表和个人代表双重社会角色，决策时会考虑更多因素。销售人员要了解团体顾客的特征，如名称、组织类型（制造商、批发商、零售商、政府机关等）、规模大小、地址、提供的产品或服务、组织文化等，还要了解顾客的客户和竞争对手的情况、顾客以前的购买模式、现在的购买模式、涉及购买决定的角色等。最后，销售人员还要了解推销的政策和程序。总之，销售人员在进行信息资料准备时，不论是对个体顾客还是对团体顾客，信息资料收集都要尽可能详尽，这样才能在接近顾客时胸有成竹，从容不迫。

3. 知识准备

知识准备是接近顾客准备的重要内容。对产品或服务相关知识的掌握是销售人员的必要的基础工作之一，全面、细致、正确的产品或服务介绍是赢得顾客信任的前提。在接近顾客之前，销售人员基于已了解的情况，应再次检查自己在知识准备方面的漏洞，及时补充，减少因准备不足对推销工作造成的负面影响。销售人员的知识准备，一般从以下两个方面进行：首先，产品或服务的一般知识准备。随着现代企业公共关系意识的觉醒，企业也越来越重视推介自己的新产品或服务，而这项工作需要企业技术部门和营销、公关、广告等部门紧密合作，销售人员更是推介新产品或服务的主力军。对产品或服务最了解的不是企业的设计或技术人员，而应是销售人员。这就意味销售人员必须掌握关于产品或服务的全面知识，如产品的整体概念、核心利益、制作工艺和原材料构成、技术标准、使用方法和注意事项、维护保养、生命周期、与替代产品的区别、供求现状和发展趋势、售后服务、价格构成等，不过有时产品或服务的知识不可能也没必要一一表述，因为每位顾客对产品或服务知识的渴求强度不一。其次，产品或服务的特殊知识准备。这是指销售人员有必要根据搜集到的特定顾客本身的信息进行分析，预计对方可能提出的问题，进行有针对性的知识准备。当然，接近顾客前的准备工作很烦琐，且每个销售人员应根据自己的特点（优势和劣势），有所偏重、有的放矢地合理安排自己要准备的内容，提高接近效率。

三、接近顾客的方法

如何接近潜在顾客，引起对方留意和爱好，使双方顺利转入洽商阶段，这是销售能否取得成功的关键环节。要想顺利地接近潜在顾客，可以采取的方法主要有以下几种。

1. 介绍接近法

介绍接近法一般有两种具体的操作方法，即自我介绍法和他人介绍法。自我介绍法就是自己介绍自己，它是最常用的方法。其特点是：当初次与顾客见面时，在顾客不熟悉的情况下，先向顾客介绍自己的身份，并可出示证件，以求得到顾客对自己的熟悉和了解，消除戒备心理，乐意接受自己的访问，从而为下一步进行销售面谈创造良好的气氛，自我介绍时要注意面带微笑，仪态大方自然，不卑不亢，语言清晰，简明扼要；他人介绍法就是通过共同的熟人介绍而接近顾客，通常以便条、信函、电话等方式进行介绍，由于是熟人推荐，出于信任和礼节，能很轻易得到潜在顾客的热情接待，若能由他人亲自引见效果会更好。

2. 产品接近法

销售员可直接把产品样品或模型放在顾客面前，以产品自身的魅力引起顾客的注意和兴趣。运用产品接近法要求产品本身是有形的实物，而且必须质地优良、外形美观，容易引起顾客的注意和兴趣，同时，还必须便于携带，不宜损坏。

3. 利益接近法

销售员抓住顾客都有一种追求利益的心理，利用所销售的产品或服务能给顾客带来的利益，引起顾客的注意和兴趣，从而接近顾客。其主要方式是直接陈述或提问，告诉顾客购买产品的好处和能给对方带来的实际利益。运用利益接近法时，语言不一定要惊人，但必须能引起顾客对商品利益的注意和兴趣，同时，对商品利益的陈述必须实事求是，不可浮夸，并给予必要的验证，只有这样，才能取信于顾客，继而情愿进行购买洽商。

4. 好奇接近法

利用顾客的好奇心理接近顾客，销售人员通过各种巧妙的方法先唤起顾客的好奇心，引起其对产品的关注和爱好，然后说明购买可能带来的利益，再把话题转向交易上来，促使销售面谈顺利进行。运用好奇接近法时，销售人员必须注意唤起好奇心的方式，应与销售活动有关；唤起好奇心的方法，必须做到出奇制胜；唤起好奇心的手段，必须合情合理，有节有度，奇妙而不荒诞。

5. 问题接近法

销售人员利用直接提问引起顾客注意和兴趣，并引发讨论，进而转入面谈接近顾客。在实际销售工作中，问题接近法常常和其他各种接近法配合使用，有时也可单独使用。在运用问题接近法时，销售人员可以首先提出一个问题，然后根据顾客的反映再提出其他问题，步步逼近，接近对方；也可以开头就提出一连串问题，使对方无法回避。销售人员在提问与讨论时要做到：提出的问题具体、明确，便于顾客思考与回答；提出的问题应以顾客需求为重点，为顾客所关心的，以便有效地引起顾客的注意；提出的问题应有较大的回旋余地，避免过于直率坦白而伤及顾客。同时，在直接向潜在顾客提出问题得到回答后，要注意继续谆谆诱导，通过一番提问，很轻易吸引住潜在顾客，并使之愿意洽商购买产品。

案例 2-6　提问接近顾客

某销售员请教客户：李工程师，很多人说您是机电产品方面的专家与权威，最近我公司研制出 A 产品，我想就 A 产品的市场前景听听您的意见，可以吗？

某销售员直接向客户提问题：李老师，我带来了一份能帮助周围神经病变患者得到更好治疗的资料，如果您打开后，会发现很值得探讨，我们交谈 5 分钟，好吗？

某新销售员问客户：我们厂生产的账册、簿记比其他厂的产品便宜三成，而质量比他们的都好，对于贵公司不降低质量前提下减少成本来说，肯定是一个好机会，可以给我 5 分钟一起交谈吗？

6. 表演接近法

销售人员利用各种戏剧性表演技巧展示商品的特点，引起顾客的注意和兴趣，进而转入面谈。表演接近法实际上是把商品示范过程戏剧化，以增加对顾客的吸引力，使之对商品产生兴趣，为销售洽谈铺平道路。值得注意的是，表演的内容应与销售有关，但最好是不露声色，能让顾客亲自参与和体验是最好的方法。

7. 赞美接近法

销售人员利用顾客的求荣心理，通过称颂和赞美顾客达到接近顾客的目的。任何人都存在着值得别人赞美的地方，销售人员适时地、巧妙地运用夸奖、恭维的语言赞美顾客，可以缩短双方的心理距离，融洽气氛，较为成功地接近顾客。运用赞美接近法时，销售人员必须根据不同顾客的心理、兴趣进行，要实事求是、态度诚恳、语言真挚、注意分寸，使顾客在一种自然、亲切的气氛中接受赞美，否则会引起反感，弄巧成拙。

8. 馈赠接近法

接近前，通过先向潜在顾客馈赠礼物来接近顾客。由于受人赠品，一般都会待人为善，又因盛情难却，对方往往在接受礼品之后，很难拒绝其所推销的产品，所以馈赠礼物比较容易博得顾客的欢心，获得好感，从而拉近距离，但应根据顾客的年龄、性别、喜好赠送礼品；而赠送的礼品最好是销售人员单位生产经营的或具有纪念意义的，同时必须符合本单位费用开支要求和国家有关规定，不能将馈赠变成商业贿赂。

9. 求教接近法

人非完人，由于一般人都有好为人师的心理状态，总希望自己比他人的见解更高明。通过向顾客虚心求教有关问题，请顾客帮忙解答或提供意见接近顾客。求教接近法可以满足顾客自尊心理的需要，容易被顾客接受，但也不能所有问题都使用这一方法，只有在确认顾客对这一问题熟悉，或对自己产生好感之后才会有效，反之就适得其反。其中需注意的是：态度要诚恳，让顾客多讲，自己多听；赞美在先，求教在后；求教在先，销售在后。

10. 调查接近法

销售员利用市场调查的机会接近客户，既可以帮助企业了解客户需求的状况，又可以借调查之机扩大企业产品的知名度，并进行宣传，还可以为销售员提供接近客户的理由。采用这种方法，对于企业来说，可借此提高销售员的专业知识水准，因为如果销售员的专业知识不能理解调查内容的话，会引起客户的不满。销售员在客户填完调查表后，第二次可以以馈赠礼物感谢客户的形式接近客户，进一步增加客户对销售员所销售产品的了解与熟悉。销售员在调查时，可先向潜在顾客调查了解对本企业产品及服务有什么意见和要求，待到气氛较为融洽、交谈比较投机之后，再转向自己的产品销售，这样就轻易达到接近潜在顾客的目的。

11. 聊天接近法

先与潜在顾客谈论一些对方比较爱好的其他话题，使谈话氛围更轻松，借机因势利导接近潜在顾客。聊天，是人们常有的一种生活习惯，通过聊天很轻易使交易双方彼此感情接近，待到双方建立起比较融洽的气氛之后，再把话题转向产品销售上来，这样潜在顾客也乐意与之洽谈交易事宜。

12. 服务接近法

销售员通过为客户提供有价值并符合客户需求的某项服务来接近客户。具体的方法包括：维修服务、信息服务、免费试用服务、咨询服务等。采用这种方法的关键在于服务应是客户所需求的，并与所销售的商品有关。比如，医药代表可以这样说："李老师，听王主任说，您最近正在研究××疾病的药物经济学问题，我这里带来了一些关于这方面的最新资料，我们可以花 10 分钟一起来探讨它，可以吗?"

13. 社交接近法

通过走近客户的社会交际圈接近客户。如客户加入健康俱乐部，销售员也加入这家健康俱乐部；如客户加入了某社会团体，销售员也加入这一团体。这一方法引申开来，如在外地旅游碰到客户，即时接近客户，此时的交谈，不要开门见山地销售产品，而是尽量先与客户形成和谐有缘的人际关系，如在车站、商场、农贸市场、飞机上、学校等公共场合，都是接近客户的好机会。

14. 事件接近法

以事件为契机，并作为接近客户的理由。这些事件可以是销售员自己企业的事件，也可以是客户（客户企业）的事件，或是社会上的事件。诸如庆典、酬宾、开业典礼、产品上市周年活动、客户的同学会、客户所在学校的校庆、各种节日与节日活动、高考、中考，甚至是自然灾害、危机事件，等等，都是接近客户的最好时机与素材，当然事先知道客户的资料背景及社会偏好很重要，比如新销售员知道客户是××学校 1998 年毕业的，他们正在筹划同学会，客户是当年同学中活跃分子，就可以以同学会为理由接近客户，又如医药行业经常召开学术研讨会，新医药代表就可以以会议邀请为由接近医生。

案例 2-7 让顾客为你着迷

一、黯然销魂法

要想在短暂的一面之交中，让顾客对你有深刻的印象，必须具有令顾客陶醉的方法和艺术。我们始终要把握一个原则：我们不是来给顾客传授知识和说教的，而是为其提供服务和帮助的，是为客户解决问题和困难的。因此，我们必须让客户真正地感觉到我们是在为他服务，而不是从他口袋里掏钱。这样就会降低客户对你的心理防线，并潜意识地接受你。因为在营销实践中，顾客最反感与既耽误时间又对其没有帮助的人员交往。因此只有销售人员表现出极强的专业性和极高的热忱，才能让客户愿意与你交往，对你产生兴趣，慢慢地从心理上接受你、认可你，默默地依附于你，放弃自己的心理防线，使你第一步目标基本得以实现。

二、海底捞月法

俗话说"知人知面不知心"。在实际的交往中，顾客往往会对销售人员产生一种反感和抵触心理，或者由于其他方面的原因，不愿意表露自己真正的想法和意图，令销售人员往往"云深不知处"，云里雾里，容易迷失方向，难以判断。针对这种情况，我们需要做好充分的准备，做到知己知彼，找准对象，切入主题，命中要害。例如，要去拜访一家经销商，你不仅要了解他的实力，还要对他现在的经营状况、信誉情况、销售网络状况、经销产品的种类，以及公司未来的打算和发展方向有所了解，还要从侧面了解其性格特征、兴趣爱好。这样再去拜访，恐怕会更有胜利的把握和成功的可能，从而达到"海底捞月"的效果。

三、推心置腹法

做业务的最高境界是与客户成为知心朋友，让客户感觉到你在想方设法、设身处地地为他着想，是真正为其解决问题的朋友。"物以类聚、人以群分"，人人都愿意与自己的兴趣爱好、志趣相投的人一起交往。只要你在营销的过程中，较多地考虑客户的利益，把你的想法真诚地与你的顾客交流，必要的时候和盘托出，让他感觉到你是他的知音、朋友。这样，让他接受你就水到渠成了。你同时会发现，这样做的结果不仅使他成为你忠诚的客户，而且还会多增加一位为你"销售产品"、进行"口碑宣传"的下线。这样，行销就会达到一种事半功倍的效果。

四、海阔天空法

作为业务员，你必须具备宽广的胸怀、宽大的气量、渊博的学识和广阔的视野。这样就不至于使自己局限于某一方面或领域，在销售产品和与客户接触时能纵横捭阖、应付自如。因为拜访客户不像与朋友聊天和闲谈，你必须话题广泛、认识独到深刻，能从多方面引起客户对你的兴趣，愿意与你交往，这样你与客户进行广泛的探讨，海阔天空而不天马行空，让客户感觉到你交往的能力、人格的魅力、业务的精通和知识的渊博。同时在与客户的交谈过程中发现客户的兴趣爱好和想法，从而想方设法去迎合他，寻找共同的话题。为客户提供多方面信息，为顾客提供方便，为客户创造价值，先让客户受惠再使自己成功。

五、赞美迷神法

赞美是一壶醇香的美酒，赞美是一股润心的清泉，赞美又是一剂迷魂的药汤。赞美既能使人心旷神怡，也能使人神魂颠倒。赞美是销售的好方法，恰到好处的赞美客户不仅能体现营销人员高深的文化修养水准，更能为促成业务推波助澜。赞美别人，成就自己。不过，赞美一定要把握分寸，注重适时适度。赞美不能仅是阿谀奉承，不能变成一味地吹牛拍马。要让赞美成为一种尊重客人的方式，成为一种肯定客人的态度，赞美才能真正奏效。赞美可以通过别人作杠杆来进行，在与顾客有紧密联系的人面前赞美顾客，往往可能收到意想不到的效果。因此，只要适时，赞美应该无处不在；只要恰当，赞美应该无时不有。要学会赞美，懂得赞美，适时赞美，才能在赞美中实现成功，在赞美中完成营销的目标。

实　训

一、基本概念解释

顾客资格审查、顾客需求审查、顾客购买力评价、顾客购买决策权评定、营运能力、顾客购买资格审查、寻找顾客、中心开花寻找法、连锁推介法、网络寻找法、调研咨询法、介绍接近法、问题接近法、赞美接近法、馈赠接近法、社交接近法、事件接近法。

二、判断题

1. 成功销售的基本法则是销售员向可能购买产品的顾客推销产品，达成销售。（　　）
2. 黄金顾客是与本企业目前有业务往来的前2%～5%的顾客。（　　）
3. 顾客需求审查主要分析顾客的现实需求。（　　）
4. 一般情况下，企业流动比率为1:1时比较理想，企业债权人的权益保障强。（　　）
5. 连锁推介法又称顾客介绍寻找法。（　　）
6. 服务接近法的关键在于服务为客户所需，并与所销售的商品有关。（　　）
7. 自我介绍法是接近顾客最常用的介绍方法。（　　）
8. 销售人员构建所在产业内的关系网对其业务发展并不重要。（　　）
9. 某企业组团参加广交会推介产品，这也是一种寻找顾客的方法。（　　）
10. 利用开业典礼活动接近顾客是一种社交接近法。（　　）

三、选择题

1. 单选题

（1）对顾客进行系列分析后，要把主要精力集中在（　　）身上。

A. 一般客户   B. 全部客户   C. 种子客户   D. 重点顾客

（2）铁顾客（"中等"顾客）即与本企业有业务往来的前（   ）的顾客。

A. 2%～16%   B. 6%～20%   C. 16%～30%   D. 30%～45%

（3）中心开花寻找法的理论依据是（   ）和顺从理论。

A. 首因效应   B. 尾因效益   C. 光晕效应   D. 规模效应

（4）市场观察法的具体操作方法有走动观察法、（   ）和推理寻找法。

A. 媒体观察法   B. 调研咨询法   C. 蹲点法   D. 实验对比法

（5）销售人员接近顾客前信息资料的准备应包括（   ）和团体顾客的信息资料准备。

A. 企业顾客   B. 个体顾客   C. 组织顾客   D. 重点顾客

（6）介绍接近法一般有自我介绍法和（   ）。

A. 熟人介绍法   B. 他人介绍法   C. 老客户介绍法   D. 朋友介绍法

（7）洗涤用品的销售适宜采用（   ）寻找顾客。

A. 普访法   B. 连锁推介法   C. 查寻资料法   D. 广告开拓寻找法

（8）销售员接近顾客的目的主要有激发顾客的兴趣、（   ）和引导顾客转入正式洽谈。

A. 促使顾客购买   B. 吸引顾客的注意   C. 扩大产品知名度   D. 宣传产品

（9）以下不属于广告开拓寻找法优点的是（   ）。

A. 使用简便灵活   B. 时效性好

C. 传播面广   D. 有时会使人产生逆反心理

（10）个体顾客的（   ）是资料准备的首要内容。

A. 性别   B. 联系电话   C. 姓名   D. 职业

2. 多选题

（1）根据潜在顾客和顾客对本企业的价值，可将其分为白金顾客、（   ）和铅顾客。

A. 钨顾客   B. 黄金顾客   C. 铁顾客   D. 银顾客

E. 铝顾客

（2）寻找顾客的基本原则有（   ）。

A. 长期性原则   B. 平均原则   C. 计划性原则   D. 平衡原则

E. 获利原则

（3）顾客资格审查的内容主要包括顾客的需求审查、（   ）和购买决定权的评定。

A. 产品供给   B. 购买心理评价   C. 购买力评价   D. 购买资格审查

E. 购买频率审查

（4）寻找顾客的方法主要有（   ）。

A. 普访寻找法   B. 连锁推介法   C. 中心开花寻找法   D. 查寻资料法

E. 市场观察寻找法

（5）接近顾客的方法通常有（   ）。

A. 商品接近法　　　B. 利益接近法　　　C. 问题接近法　　　D. 好奇接近法

E. 访谈接近法

（6）接近顾客的准备工作主要包括（　　）等方面。

A. 礼品准备　　　　B. 心态准备　　　　C. 信息资料准备　　D. 着装准备

E. 知识准备

（7）寻找顾客的途径包括（　　）。

A. 推荐人　　　　　B. 朋友和熟人　　　C. 公司名录　　　　D. 关系网

E. 电话

（8）个体顾客一般是指（　　）。

A. 自然人　　　　　B. 党政机关　　　　C. 企业法人　　　　D. 最终消费者

E. 社会团体

四、简述题

1. 怎样看待"中心开花寻找法"中的"名人（意见领袖）效应"？

2. 顾客资格审查主要包括哪些方面的内容？

3. 销售人员所要寻找的潜在顾客必须具备哪三大条件？

4. 什么是寻找顾客？寻找顾客有何意义？

5. 寻找顾客应遵循哪些原则？

6. 寻找顾客的常用方法有哪些？请简述之。

7. 顾客购买资格审查的内容包括哪些方面？

8. 接近顾客的方法有哪些？

五、项目实训题

项目实训1

内容：自己设定某产品，利用国际互联网为其设计一网上寻找顾客的方案。

实训形式与组织：先小组讨论，形成统一意见，然后各小组选派一名代表上台展示所设计的方案，并予解释，本组其他成员可补充。由同学评议，老师最后点评。

项目实训2

内容一：篮球飞人迈克尔·乔丹是世界历史上最耀眼的体坛明星之一，他在美国拥有的崇拜者是任何一位明星都无法与之比拟的，而印有乔丹肖像的产品销路也极好，所有与之合作的公司无不获取数以亿计美元的利润。

内容二：被誉为丰田汽车"销售大王"的椎名保久，从生意场上人们常用火柴为对方点烟得到启发。在自制的火柴盒上印上自己的名字、公司名称、电话号码和交通线路图等，并投入使用。椎名认为，一盒20根装的火柴，每抽一次烟名字、电话和交通图就出现一次，而且一般情况下，抽烟者在抽烟间隙习惯摆弄火柴盒，这种"无意识的注意"往往成为销售机会。椎名正是巧妙地利用了这小小的火柴，寻找到了众多的顾客，销售出了大量的丰田汽车。其中许多购买丰田汽车的用户，正是通过火柴盒这一线索实现购买行为的。

请结合寻找和接近顾客的相关知识，谈谈对以上两种现象的看法和认识。

实训形式与组织：先小组讨论，形成统一意见，然后各小组选派一名代表上台展示该组的认识和看法，并予解释，本组其他成员可补充。由同学评议，老师最后点评。

项目实训3

内容：设定某产品，利用关系网尽可能多地列出你的潜在客户名单。

实训形式与组织：先小组讨论，形成统一意见，然后各小组选派一名代表上台展示所列关系网中潜在客户的名单，并予解释，本组其他成员可补充。由同学评议，老师最后点评。

项目实训4

内容：假定你打算明天去拜访一新客户——某移动公司的客户部经理，请列出接近该客户前所应该准备好的有关信息资料。

实训形式与组织：先小组讨论，形成统一意见，然后各小组选派一名代表上台展示所列出准备好的有关信息资料清单，并予解释，本组其他成员可补充。由同学评议，老师最后点评。

项目实训5

内容：销售业务员新到一个区域市场，首先需寻找到潜在客户，寻找客户的方法有许多，如普访法、连锁推介法、中心开花法、查寻资料法、网络法等，试说明如何运用这些方法？

实训形式与组织：每小组从中选择一种或两种方法加以分析陈述，小组讨论，形成统一意见，小组选派一名代表上台发言，本组其他成员补充。同学评议，老师点评。

项目实训 6

内容：接近顾客的方法有许多，如自我或他人介绍接近法、商品接近法、利益接近法、好奇接近法、问题接近法、表演接近法、赞美接近法、馈赠接近法、求教接近法、调查接近法、聊天接近法、服务接近法、社交接近法、事件（庆典、酬宾、开业典礼、产品上市周年活动、同学会、校庆、节日，甚至是自然灾害、危机事件）接近法等。试根据业务员所推销的产品，用适当的语言及行为分别列举一例，设计相应的情景进行模拟。

实训形式与组织：每小组从中选择三种或四种方法进行模拟，小组讨论，形成统一意见，小组选派两名代表上台模拟。同学评议，老师点评。

项目实训 7

情景模拟及分析

情景 1：王强电话联系客户

王　强：您好，请问何南平主任在吗？

何经理：我是。

王　强：何经理，您好！我是宏昌公司的销售业务员王强。相信您一定听说过我们公司生产与销售的产品。

何经理：哦，我知道。

王　强：我听说富丰公司最近扩大经营范围，希望经营乳制品，我可以在星期三上午 10 点拜访您，和您就这个主题面谈吗？

何经理：喂……，你先把产品的介绍资料和报价表寄过来，我们研究一下，再与你联系吧！

王　强：好的，我可以先了解一下富丰公司对产品的需求情况吗？

何经理：我一会儿要去开会。

王　强：那好，我抓紧时间，只有两个简单的问题，这样我给您寄的资料会更有针对性。

何经理：好吧。

王　强：我们公司的产品有六大系列，纯牛奶、酸奶、甜牛奶、高钙奶及其他果味奶、豆制品，42 个品种，不知道您对哪类产品更感兴趣？

何经理：你先把牛奶类产品资料寄过来吧。

王　强：那你们是想经营什么档次的牛奶类产品呢？

何经理：高、中、低档产品都经营。

王　强：好的，我马上将相关资料交给您，今天下午就会送到。希望能有机会拜访您，并当面给您介绍。您看我们暂定在星期三上午10点好吗？到时我再与您电话确认见面时间。

何经理：看过资料以后再说吧！

王　强：富丰公司发展很快，听说你们新开了两个连锁店。

何经理：是呀。对不起，我要去开会了。

王　强：好吧，谢谢您，何经理。希望我们能够在星期三上午10点见面。

当天下午，何经理收到了资料。与资料一起，还有两盒西湖龙井茶。

分析： 王强按照什么步骤联系客户？王强的做法正确吗？

情景2：唐明电话联系客户

唐明是新到宏昌公司的销售业务员，一天上午，他正在给客户打电话：

唐　明：早上好！请找一下王处长。

接线员：哪个王处长？是王文还是王勇？

唐　明：请问哪一位负责采购？

接线员：王勇，我给你转过去。

唐　明：谢谢！

唐　明：您好！是王处长吗？我是宏昌公司的唐明，我能和您约个时间见面吗？

王处长：有什么事吗？

唐　明：您一定听说过宏昌公司吧！我们的产品畅销广西，品种丰富、质量好、价格便宜。

王处长：我知道你们公司，不过，我们一直进伊利、蒙牛公司的产品。

唐　明：我们更能保证最低的价格。

王处长：你们的价格是多少？

唐　明：比他们公司产品低三分之一。

王处长：我们主要是面向高消费群体。

唐　明：真的吗？我们的服务很好。

王处长：可能是吧！不过我们不打算做什么变动，你与其他单位联系吧！再见！

分析： 唐明电话联系客户做得好吗？为什么？

情景3：唐明留给客户的印象

唐　明：早上好！李主任，我是昨天给您打过电话的唐明。我今天急着赶过来就是要给您带来一个好消息，我们的新产品问世了，这种产品质量很好，价格合理，消费者很喜欢。

客　户：你把资料留下，我自己看就可以了。另外，我姓林，不姓李。

唐　明：哦，对不起，我上次在电话里听错了。

（唐明发现客户的桌子上有一张小男孩的照片，拿了起来。）

唐　明：多可爱的孩子呀，您真有福气，儿子长得真像您。

客　户：那是我侄儿，我还没结婚呢！

分析：唐明给客户留下的印象如何？为什么？

实训形式与组织：先小组讨论，某小组选出两名代表，一位同学扮演销售业务员，另一位同学扮演客户，对上述销售场景进行模拟，然后由另一小组同学回答每个情景后需要分析的问题。同学评议，老师点评。

六、案例分析与讨论

案例1　销售验钞笔

2009年，小于进了一批验钞笔，最初几天，毫无战果，一支验钞笔也没卖出去，一双腿却快跑断了。想想卖时的情形，客户那无动于衷的表情，甚至粗暴的言行，真叫她不想干了！

第二天，小于改变了策略，她背着装验钞笔的包出了家门，来到了一个烟酒小卖部。一位四十来岁的中年男人向她打招呼，问小于买啥，她说是来请他帮忙的。小于拿出两张10元人民币，请他鉴别哪一张是假的。他接过两张10元人民币，左看看，右看看，无奈地摇了摇头。小于问他："真假人民币不易分辨，您收到假人民币怎么办？"他说："我也没办法。"小于说："这里有一种验钞笔，可以分辨出真假人民币。"她说着，拿出准备好的验钞笔，在两张人民币上各划一下，一张人民币上出现了淡黄色，另一张出现了黑色。小于趁机递给他说明书，微笑着说："出现淡黄色的人民币是真的，出现黑色的人民币是假的。"中年男人流露出浓厚的兴趣，问："多少钱一支？""两元一支"，"好，我要20支。"小于简直不敢相信自己的耳朵，经历过多少次的拒绝才换回这一次肯定的接受呀。

分析讨论：

1. 小于采用什么方法接近客户并使其接受她的产品？为何对方能欣然接受？

2. 从以上故事中你能得到什么启示？

案例 2　保险推销员

　　有一次，一家公司总经理约保险推销员原某于某天某时到他的办公室去洽谈。原某应约赴会，来到总经理办公室门前，他一边与女秘书打招呼一边脱大衣。他以为预先约定的会面肯定没有问题，岂料女秘书挡驾说："总经理交代过，今天上午有急事，不能会见任何客人。"原某辩解说："是总经理亲自打电话约我来的。""对不起，他今天确实有特急事务。"女秘书的话也不容置疑。"如果总经理确实忙，那你就让我进去 1 分钟，我只向总经理问候一声，证明我依约来了立即就走。"，"那好吧，就给你 1 分钟。"秘书说着，拉开总经理大门："请！"原某进入总经理室时，总经理正背对门口坐在安乐椅上。他听到有人进来，就把椅子转了过来："呵，早上好！原先生，请坐。"原某站着向总经理问候了几句，转身就告辞。总经理感到惊奇，满腹狐疑地问："怎么刚进门就要走了？"原某说："你的秘书小姐只给我 1 分钟。真抱歉，时间到了，我不得不告辞了。明天上午八时，我再来拜访吧！"说着就开门离开。也许，这位总经理早把自己邀请别人的事忘得一干二净了。但原某明白，作为一个推销员要信守诺言。因此，他首先向总经理证明自己已依约赴会，其次严守向女秘书许下的与总经理见面不超过 1 分钟的诺言，再者他抓紧时间进行当面的约见。原某的守信行为引起了总经理的内疚，取得了女秘书的信任，也获得了再次洽谈的机会。第二天早上，原某又依约前来了。可想而知，他得到了女秘书和总经理的热情接待，并顺利成交了一笔生意。

　　分析讨论：

　　1. 假如秘书小姐坚决不让原某进入总经理办公室，你认为原某该怎么做才最恰当？

　　2. 如果原某借能进入办公室之机就向那位总经理推销，将可能出现什么样的效果？

　　3. 你是否觉得会有比原某更好的处理方法？什么方法？好在哪里？

案例 3　寻找顾客失败

　　有位玻璃制造公司的销售员来到一处正在建造新房子的家庭工地，楼房棚顶上有位浑身汗水和泥巴的人向他打招呼，那位销售员一看是棚顶上的一个工人在向他喊话，就没有理睬他。销售员来到这家的家庭主妇面前，说明销售装饰用彩色玻璃的来意，主妇说："这事你得找我丈夫谈。"销售员问："我能和你丈夫谈谈吗？"不料，主妇如此回答："我想你已失去跟他谈话的机会了。"销售员大感不解，主妇指着棚顶上的人说："他已跟你见过了。"理所当然，掌握着购买决策权的人现在反过来不理睬他了，那位销售员好不尴尬，只好灰溜溜地走了。

分析讨论：

案例中的销售员采用了什么样的寻找顾客方法？这种方法存在哪些明显的毛病？销售员应如何克服这些毛病？

3 模块三

销售洽谈

学习目标

通过本模块的学习，要求学生了解并掌握销售洽谈的内容与基本程序，分析与挖掘顾客需求，销售陈述等方面知识；具有发现与引导顾客需求及进行正确的销售陈述的能力。

单元一　销售洽谈概述

一、销售洽谈的任务及原则

经过前面销售人员与顾客的接近，顾客的陌生感消除，对销售人员有了一定的信任，而且销售人员对顾客也有了更多的了解。下一步要协商具体的交易条件，这个过程就是销售洽谈。销售洽谈也叫交易谈判，是指销售人员运用各种方式、方法和策略，向顾客传递信息，并设法说服顾客购买产品和服务的协商过程，是推销过程中最重要的环节，也是一个既丰富又复杂的信息双向沟通的活动过程。销售人员能否成功地说服顾客，达成最后的交易，往往取决于销售人员在洽谈中的表现。

1. 销售洽谈的任务

销售洽谈过程中要解除顾客的各种疑虑与异议，使顾客对推销的产品有所认识，从而产生兴趣与好感，进而产生购买欲望。从理论上说，销售洽谈的目标既取决于顾客购买活动的一般心理过程，又取决于推销活动的发展过程，实际上就是要向顾客传递推销信息，诱发顾客的购买动机，刺激顾客的购买欲望，说服顾客，达成交易。

（1）传递产品信息

为了说服顾客达成交易，在销售洽谈中，销售人员要把真实、全面且最新的产品信息传递给顾客，包括产品的品牌、商标、功能、价格、质量、服务、销售量、市场地位、企业的生产经营状况、产品的发展方向等信息，使顾客能较好地了解、认识产品，并接受产品，从而加深顾客对产品及企业的印象和好感，为其购买决策提供信息依据，促进双方的长期交往与合作。同时，销售人员在向顾客传递信息时必须客观、恰当、实事求是。

（2）展示顾客利益

顾客之所以产生购买欲望，采取购买行动，是因为产品能给其带来某一方面或诸多方面的利益或好处，满足其生理上、物质上或心理上、精神上的需求。只有当顾客真正认识到产品的功能和利益，感受其所带来的满足感，他才能产生购买动机。因此，销售人员在销售洽谈中要遵循"特性（产品设计上的特征及功能）—优点（产品特性的优点）—特殊利益（产品能满足顾客的特殊需求）"的陈述原则，针对顾客的需求，充分展示产品能够给顾客带来的利益，使顾客充分认识到它的使用价值，进而产生强烈的购买欲望，达到说服顾客的效果，最终达成交易（具体实例见表3-1）。

表3-1 产品特性转换成特殊利益示例

顾客特殊需求	产品特性	产品优点	产品特殊利益
顾客经常开车到各地洽谈业务，有时需要在车上过夜或做较长时间的休息	车子的座椅能180度平放	能躺下休息	您看，这个座椅能180度平放，当您长途驾驶感到疲惫，想要休息片刻时，您能很舒适地躺下做充分休息，让您迅速解除疲劳，精神百倍

而要将产品特性转换成特殊利益，可按照图3-1所示的五个步骤进行。

（3）处理顾客异议

在销售洽谈中，顾客接受到销售人员传递的有关产品信息后，经过分析会提出不同的看法和意见，这就是顾客异议。顾客异议是成功推销的障碍，销售人员如不能妥善处理或排除，销售工作将无法继续，也很难说服顾客达成交易。所以说，处理顾客异议是销售洽谈的关键任务。顾客产生异议的根源有两个方面：一是销售人员所传出的信息本身不全面；二是顾客对产品知识的不了解或欠缺。因此，一个优秀的销售人员必须掌握尽可能多的产品相关知识，并善于运用各种方法和技巧，扫除达成交易的障碍。例如，电脑销售人员必须是一位熟悉基本电脑制造技术和使用操作的技术人员，化妆品销售人员最好是一位业余化妆师。只有这样，才能圆满地解答顾客提出的问题，妥善处理顾客异议，取得顾客信任，顺利达成交易。

（4）促成顾客购买

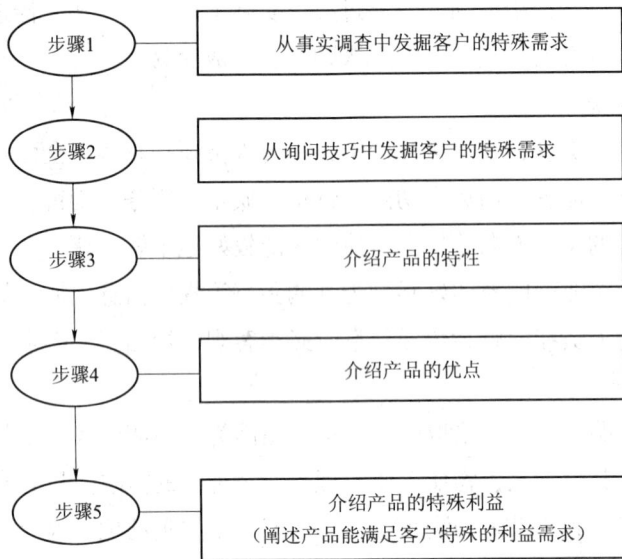

图 3 - 1　产品特性转换成特殊利益流程图

销售人员寻找、接近并说服顾客的最终目的是要顾客购买产品。销售人员向顾客充分传递产品信息,展示产品利益,并妥善处理顾客异议之后,顾客的购买欲望未必很强烈,或尚不足以使其做出购买决定。因为,从购买活动的心理过程看,顾客在认识明确、动机诱发的基础上,会产生相应的情绪反应和意志行为,甚至会发生错综复杂的心理冲突。经过一番激烈的内冲动,顾客就会做出购买或不购买的决策。在洽谈过程中,销售人员必须准确把握顾客购买决策前的心理冲突,利用各种理智的或情感的手段去刺激、强化顾客的购买欲望,如在价格、结算、交货期等方面给予优惠,提供完善的售后服务及其他可靠的保证等,引导顾客及时做出购买决定,努力促成购买行为的实现。

2. 销售洽谈的原则

销售洽谈的原则是指销售人员具体从事销售洽谈时所应该遵守的准则。洽谈与人们的平常交往不一样,为了达到销售目的,实现洽谈目标,销售人员可采用灵活多样的方法和技巧说服顾客。但销售人员无论采取何种方式,在销售洽谈中都必须遵循以下原则。

(1) 针对性原则

针对性原则是指销售洽谈必须体现销售目的,具有明确的针对性和指向性特征。也就是说,销售人员的销售洽谈应针对顾客的购买目的、购买动机、个性心理和产品特点等,灵活运用各种策略进行有的放矢的产品推销。不同的顾客,由于其性格、能力、兴趣、受教育程度、职业、经济条件及人生观、价值观的不同,形成不同的需求。因此,销售人员在洽谈中要把握好顾客的思想,弄清顾客需求的实质,根据产品的特点设计洽谈方案,恰到好处地宣传、说服,以引起顾客的关注,取得理想的洽谈效果。若销售人员忽视顾客需求的差异,不看对象,将产品本身具有的众多优点和特征逐一罗列、介绍。顾客由于销售人员的"狂轰滥炸"而头昏眼花，其关心的产品特性，销售人员往往只是一带而过，这样将既影响顾客做出购买决定，又浪费双方宝贵的时间，得不偿失。

案例 3-1 有针对性的介绍

目前，市场上奇瑞汽车公司的 QQ 车很畅销，顾客中有刚工作的单身年轻人，也有不少家庭。除了都追求 QQ 车的价格低廉外，刚工作的单身年轻人看重 QQ 车的时尚，家庭则更看重 QQ 车使用的经济性。因此，针对这两种顾客，销售人员在介绍 QQ 车时，侧重应有所不同，切不可千篇一律。

（2）诚实性原则

诚实性原则是指销售人员在洽谈过程中以诚相待，切实对顾客负责，真心诚意与顾客洽谈，这是销售人员最基本的行为准则。诚实性原则主要包括三方面内容：一是讲真话，实事求是地向顾客传递产品信息，取得顾客信任；二是出示真实可靠的身份证明和产品证明，打消顾客的疑虑，坚定顾客的购买决心；三是货真价实，树立良好的信誉和口碑。销售人员在销售中一旦失去诚实，就意味着失去顾客，甚至永远地失去顾客。因此，销售人员必须明白，欺骗顾客是一种愚蠢至极的行为，必将受到惩罚。顾客被欺骗后，或诉诸法律维权，或将上当受骗之事广为传播，使欺骗者赔偿损失，或舆论上名声扫地，失去顾客信任。因此，销售人员在销售洽谈中，要用真凭实据说话，提供准确可靠信息，既不掩盖产品不足、夸大产品功效，更不无中生有，欺骗顾客。诚招天下客，获得顾客信赖是销售洽谈中行之有效的原则。

案例 3-2 以诚相待

一房地产经纪人正在和顾客讨论有关一所大房子的买卖问题。他们一起去看房子，房地产经纪人觉察到顾客对房子颇感兴趣。经纪人对顾客说："现在，当着你的面，我告诉你，这所房子有下列几个问题：① 取暖设备要彻底检修；② 车库需要粉刷；③ 房子后面的花园要整理。"顾客很感激经纪人把问题指出来，而且他们又继续讨论房子交易的其他一些问题。

（3）鼓动性原则

鼓动性原则是指销售人员在销售洽谈中用自己的信心、热心和诚心，以自己的丰富知识有效地感染顾客，说服和鼓动顾客采取购买行动。顾客的购买行为要受相互作用的多种因素影响，如需求、对产品的感受程度、购买习惯及个人意志等，及时把握好这些因素的影响对洽谈成功至关重要。因此，销售人员在洽谈中要做到"三让"：一让顾客明白，你所推销的产品正是其所缺乏的；二让顾客相信，你所推销的产品可以满足其所缺乏的需求；三让顾客了解并意识到，购买你所推销的产品可以得到相关利益、满足和满意。

（4）倾听性原则

倾听性原则是指销售人员在销售洽谈过程中，不要只顾向顾客传递产品信息，自己一个人"唱独角戏"，而要注意互动，多用心倾听顾客的想法、意见和要求。倾听不仅能使顾客感到销售人员对自己的尊重，没有给他施加压力，还会使顾客感到销售人员在尽心了解自己的各种问题，以便为自己提供真正有效的服务。这样能极大地增强顾客对销售人员的信任，拉近彼此之间的距离，有助于有针对性地进行销售洽谈，促使顾客实施购买行为。

（5）参与性原则

参与性原则是指销售人员在洽谈过程中，积极地设法引导顾客参与洽谈，促进信息双向沟通。坚持参与性原则，有助于顾客进一步了解产品的功能、特点，熟悉产品的使用方法，进而加深对产品的印象，诱发购买动机。因此，它要求销售人员必须掌握销售洽谈的主动权，在控制销售洽谈的局势和发展进程的前提下，充分调动顾客的积极性，引导顾客以发表意见、回答问题或试用产品等方式参与洽谈过程，提高洽谈的成功率，促使顾客做出购买决策。

二、销售洽谈的种类

按照不同的标准，销售洽谈可以划分为不同的类型。

1. 按洽谈的主题分

（1）单一型洽谈

单一型洽谈是指销售洽谈的内容只围绕一个主题进行，如产品的质量、交货期、货款结算方式等问题。只要洽谈双方在某一问题上达成共识，销售谈判就大功告成。

（2）综合型洽谈

综合型洽谈是相对于单一型洽谈而言的，即销售洽谈的主题是多方面的，具有一定综合性。凡是能够满足谈判双方利益需求、促成双方达成共识、有利于交易成功的因素均可以成为洽谈的主题。

2. 按洽谈人员的数量分

（1）一对一洽谈

一对一洽谈是指一个卖主与一个买主之间进行的洽谈，常适用于交易额度较小的销售谈判。对销售人员来说，一对一洽谈是最为困难的谈判，因为销售人员单独作战，没有助手的任何帮助，一切都得独立分析和决断，本身必须具备较高的业务知识、专业技能等综合素质。

（2）小组洽谈

小组洽谈是指买卖双方各有两人以上同时参加销售谈判，常适用于洽谈项目规模较大或内容较复杂的销售谈判。对小组洽谈而言，重要的是合理配备洽谈小组的组成人员，应由经济、技术、财务、法律等方面的人员组成。成员之间要分工协作，取长补短，形成整体优势。

3. 按洽谈的模式分

（1）传统型销售洽谈

在传统型销售洽谈中，参与洽谈的各方都是以确定或明确自身立场为基本出发点，并在洽谈进程中，以坚持和维护自身立场为核心，一切洽谈方法、手段和策略的运用均围绕这一核心而设计，过多地强调自身利益，很少去探索对方的利益需求，更没有意识到去寻求洽谈双方利益需求的结合点，总是企图胁逼对方让步或妥协，一旦双方都不退让，洽谈就会出现僵局甚至导致洽谈破裂。这种不成功就失败、不赢就输的洽谈称为"硬式洽谈"、"对抗型洽谈"或"赢—输式洽谈"。其具体过程模式如图 3－2 所示。

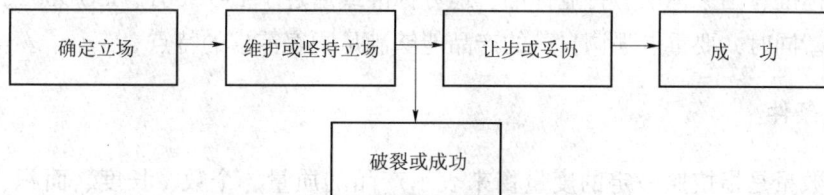

图 3－2　传统型销售洽谈模式图

（2）现代型销售洽谈

在现代型销售洽谈中，洽谈各方不是首先确定自身的立场，而是认清自身需求，然后去寻求和探索对方的需求，洽谈的根本目的是通过双方的共同努力，去寻找达到利益需求结合点的途径。这样，可以大大降低双方的冲突性，提高双方的合作性。这种使洽谈各方都获得某种满足的洽谈模式，称之为"软式洽谈"、"原则式洽谈"或"双赢式洽谈"。其具体过程模式如图 3－3 所示。

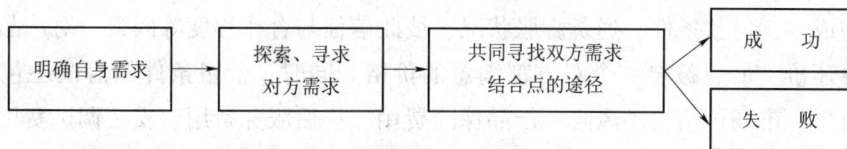

图 3－3　现代型销售洽谈模式图

三、销售洽谈的内容

销售洽谈涉及面很广，内容十分丰富，它因洽谈的对象和目的不同而不同。但是，任何销售洽谈都是为了解决顾客异议，以达到销售产品为目的。而不同产品的销售，有其不同的洽谈内容，所以洽谈的内容也应围绕顾客所关心的问题来确定。总的来说，洽谈的基本内容是大致相同的，主要包括以下几个方面。

1. 产品条件

一般地说，销售洽谈的内容首先是关于产品的有关条件的洽谈。产品条件的洽谈或复杂，或简单，这主要取决于顾客的类型和购买的数量。对于个体顾客，购买数量少、品种单一，所以产品条件洽谈比较简单。对于中间商和团体顾客，购买产品数量多、品种型号复杂，所以产品条件洽谈也较为复杂。概括来讲，产品条件洽谈的内容包括产品品种、型号、规格、数量、商标、外形、款式、色彩、包装、质量标准，等等。

2. 质量条件

产品质量是顾客购买产品的主要依据之一，也是影响价格的主要因素。在洽谈质量条件时，销售人员应全面地向顾客介绍产品的质量情况，表明自己的产品符合什么样的质量标准，如国际标准、国家标准、行业标准、地方标准或通过了 ISO 9001、ISO 9002、ISO 14000 国际认证等。同时，要重点强调自己的产品能够满足顾客需求的特点。

3. 数量条件

产品的数量是指按照一定的度量衡来表示产品的质量、个数、长度、面积、容积等的量。成交产品数量的多少直接关系到交易规模及交易价格。在销售洽谈中，买卖双方应协商采用一致的计量单位、计量方法，通常情况下是将数量与价格挂钩。成交数量大时，产品的价格常常都会有一定的优惠。

4. 价格条件

成交价格的高低，直接影响交易双方的经济利益，所以价格条件的洽谈是销售洽谈的中心内容，也是洽谈中买卖双方最为关心的敏感问题。买卖双方能否成交，关键在于价格是否合适。在价格洽谈中，销售人员要掌握好价格水平和让步的条件与幅度。买卖双方要考虑与价格相关的成本、付款条件、通货膨胀状况、彼此信任与合作程度等因素，对产品价格进行反复的讨价还价，最后敲定一个双方都满意的价格。同时，价格条件的洽谈还包括数量折扣、退货损失、市场价格波动风险、产品保险费用、售后服务费用、安装调试费用等。

5. 结算条件

结算条件包括结算方式和结算时间。产品交易中货款的支付也是一个关系到双方利益的重要内容。在洽谈中，买卖双方应本着互惠互利、相互谅解、讲究信誉的原则，确定货款结算方式及结算使用的货币、结算的时间等具体事项，并且必须明确、具体、肯定。

6. 服务条件

销售服务好坏是影响顾客购买的重要因素之一。在洽谈服务条件时，销售人员应从企业实际出发，本着服务第一、顾客至上的原则，尽量满足顾客的正当要求，千方百计地为顾客提供优质服务，以解除其后顾之忧。服务条件的洽谈内容包括送货方式、交货时间与地点、提供零配件和工具供应、技术指导咨询、培训服务、安装、售后维修、保管、退换等。

7. 其他条件

其他条件的洽谈主要是指担保措施、违约界定及其责任、合同纠纷仲裁等条件的洽谈和协商，以免引起不必要的麻烦，如为限制卖方售货后不执行担保行为，有必要洽谈保证条款。这方面的洽谈可以进一步明确双方在交易中的权利和义务关系，保护双方的合法权益。

四、销售洽谈的步骤

销售洽谈是一个循序渐进的过程，正式的销售洽谈须按照一定的步骤进行。一般可分为以下五个阶段，如图3-4所示。

准备阶段 → 开局阶段 → 报价阶段 → 磋商阶段 → 成交阶段

图3-4　销售洽谈过程图

1. 准备阶段

销售洽谈是一项较为复杂的销售业务工作，它受诸多可控、不可控因素的影响，特别是对大中型的销售洽谈来说，局面更加错综复杂。因此，销售洽谈各方要成功应对这种局面，必须做足前期准备，才有可能有效实现销售洽谈的预期目的。准备阶段的工作主要包括以下内容。

（1）方案准备

销售洽谈方案是销售人员在充分了解产品、市场、顾客的基础上而制订的科学、可行的销售洽谈计划，是事先对洽谈过程的规划和安排。它对于洽谈活动的顺利进行具有重要的指导意义。拟订销售洽谈方案，一般应包括确定销售洽谈的目标、主要策略、主要议题、地点和期限及人员角色等方面的内容。其中，销售洽谈的目标是洽谈方对洽谈所要达到结果的设定，是指导销售洽谈的核心，也是制订销售洽谈方案时首先要明确的事项，如最优目标、中等目标、最低目标；销售洽谈的主要策略是为实现己方各级洽谈目标而制订的措施与对策，它的正确选择和运用，能使谈判方在洽谈中化被动为主动，出奇制胜，实现己方洽谈目标；销售洽谈的主要议题涉及产品、价格、质量、服务和结算等方面。

（2）人员准备

销售洽谈人员是洽谈方案的具体执行者，也是企业利益的维护者。要想组建一支高效而强有力的洽谈团队，关键是要对经过精心挑选和培养的洽谈人员进行优化组合，使洽谈班子形成一个结构优化的整体,这是销售洽谈成功的重要组织保障。在组建洽谈小组时,要做到洽谈人员之间权责清晰、分工明确,知识结构、性格结构优势互补,还要考虑费用与成本的经济性及整体配合的精干与高效等问题。而对于洽谈人员一般则要求具备良好的思想素质、道德品质,高度的原则性、责任感和纪律性,宽广的社会知识、丰富的专业知识,及优良的心理素质和表达能力等。如此成员组建的洽谈团队,才能形成强大的凝聚力,发挥互助协作、彼此策应、步步为营的团队战斗力,取得预期洽谈效果。

案例3-3 烧出来的交易

一卖画的印度人,手中的三幅画各要价250美元。一美国人看中了这三幅画,但认为售价太高,与卖画人讨价还价了好久仍无结果。最后,印度人故作生气的样子,气冲冲地把其中的一幅画烧掉,美国人眼睁睁地看着自己喜爱的画化为灰烬,非常惋惜,便问余下的两幅画价格,卖画人仍然坚持每幅画250美元,美国人也仍不肯让步。这时,印度人又烧了一幅画,此时,酷爱这些画的美国人再也沉不住气了,最后竟以三幅画的价钱买下了最后一幅画。

(3)信息资料准备

运筹帷幄方能决胜千里。在销售洽谈中,运筹就是立足广泛收集的有关洽谈信息资料,通过对信息的筛选、加工、处理,掌握大量的信息资源,为制订科学可行的洽谈方案和洽谈策略提供依据,为成功的洽谈打下基础。收集洽谈信息的渠道与方法多种多样,有关洽谈的信息资料也十分广泛,关键是从实际情况出发,及时收集那些适用而又有针对性的信息资料,如己方与对方的经济实力、利益需求、洽谈实力等方面的信息,相关的市场信息、环境信息及其他竞争者信息等。掌握的有关信息越充分,心中越有数,洽谈成功的把握也就越大。

2. 开局阶段

当洽谈双方就有关洽谈事项达成共识之后,双方正式进入洽谈的议题。在其初始阶段,需要有一个"破冰期",如双方可以随便聊聊各自的经历、爱好、见闻等,由此而建立起和谐的洽谈气氛对销售洽谈有积极的促进作用,也是洽谈得以顺利进行的润滑剂。接着,洽谈双方要进行开场陈述,各方把自己的立场、要求作一个全面的、粗略的叙述,并听取对方的陈述。陈述的内容主要有我方对问题的理解、我方的利益、我方为了合作可采取的努力(让步)和我方的立场(合作的诚意与保证)等。开场陈述一般采取书面、口头、书面与口头相结合的形式,运用"横向铺开"的方式,全面陈述本方立场。开场陈述只是点到为止,不宜深谈,陈述也只是原则性的,而非具体的。陈述时要简明扼要,使对方能很快提问,从而展开沟通与交流。

3. 报价阶段

报价又称发盘，是指销售洽谈双方分别提出达成协议的具体交易条件，是开局阶段开场陈述的具体化，它涉及洽谈双方的基本利益。在销售洽谈中，不论谁先报价，都需要综合考虑价值和风险两种因素。洽谈一方在向另一方报价时，首先应弄清楚报价时机与报价原则。一般而言，在对方对产品的使用价值有所了解后才报价；对方询问价格时是报价的最佳时机；报价应遵循最高可行价原则，也就是说，出价既要尽可能地高，以最大限度地实现己方利益，又要具有被对方接受的可能性，即考虑报价的成功率，不能"漫天要价"。报价力求果断、明确、清楚、无保留、不犹豫，既不解释也不说明，尽量留有充分磋商余地，便于对方还价。

4. 磋商阶段

磋商阶段也称讨价还价阶段，是指谈判双方为了各自利益、立场，寻求双方利益的共同点，并对各种具体交易条件进行切磋和商讨，从分歧较大到协调一致、最终成交的过程。在这一阶段，双方都极力阐述自己的立场、利益的合理性，施展各自的策略和手段，企图说服对方接受自己的主张或作出一定让步，是双方利益矛盾的交锋阶段，也是决定交易成败的关键所在。讨价还价时洽谈双方之间的分歧在所难免，它是影响双方顺利达成交易的障碍。因此，双方要积极采取措施，谋求分歧的解决，而积极、充分、恰到好处的妥协与让步是解决分歧、达成协议的基本技巧和手段。从根本上讲，妥协与让步就是以"退"、"让"的方式实现"进"、"取"的目的。但是任何情况下的妥协、让步都必须是积极的，应与己方特定的目标相联系。洽谈人员也要正确施加压力，善于抵御压力，在未真正把握对方意图和想法时，不可轻易妥协、让步，也不能做无利益、等幅度的让步，更不能过早、过快地让步。

5. 成交阶段

成交是销售洽谈的最后阶段，也是最终成果。当谈判双方实质性磋商后，意见逐步统一，情况逐渐明朗，重大分歧基本消除，最终双方就有关交易条件达成了共识，于是销售洽谈进入了成交阶段。在此阶段，销售人员务必善终，正确处理相关问题。一要向对方发出正确的成交信号，阐明立场，就对方所提条件表明肯定态度；或以特定方式表明成交意愿，或告诉对方洽谈时间已到，可以结束。二要及时总结，明确交易内容是否谈妥，是否有遗留问题，如有遗留问题要提出处理意见，以便着手安排交易记录事宜。三是要选择时机，确定最后报价，既不要一步到位报价，又要使让步幅度因人而宜，并成为最后成交的标志。四要整理洽谈记录，起草书面协议，销售洽谈双方必须对所同意的条款认识一致，使协议名副其实。

五、销售洽谈的技巧

销售洽谈是一门艺术性、技巧性很强的学问，主要借助销售人员和顾客之间的信息交流完成，而这种信息的传递与接受，则需要通过双方之间富有技巧地听、问、答、说实现。

1. 倾听的技巧

在销售洽谈中，认真地倾听往往比滔滔不绝地谈话更为重要。学会倾听才能探索到顾客的心理活动。观察和发现其兴趣所在，从而确认顾客的真正需要，以此不断调整自己谈的重点与策略。洽谈中要想取得理想效果，应着重掌握以下四大倾听技巧。

（1）专心致志地倾听

精力集中、专心致志地听，既是对顾客尊重，也可以避免自己的思想开"小差"而错失良机。因为如果洽谈时思想开"小差"，当顾客提出要销售人员回答的问题，或者传递一个至关重要的信息时，如果因为心不在焉没有及时反应，就会错失推销良机。

（2）有鉴别地倾听

有鉴别地听，必须建立在专心倾听的基础上。因为不用心听，就无法鉴别顾客传递的信息。例如"太贵了"，这几乎是每个顾客的口头禅，言外之意是"我不想出这个价"，而不是"我没那么多钱"。如果不能辨别真伪，就会把顾客的借口当作反对意见加以反驳，从而激怒顾客，使顾客感到有义务为他的借口进行辩护，无形中增加了推销的阻力。只有在摸清顾客真正意图的基础上，才能更有效地调整谈话策略，有针对性地做好说服顾客的工作。

（3）不因反驳而结束倾听

当已经明确了顾客的意思时，也要坚持听完对方的叙述，不要因为急于纠正顾客的观点而打断顾客的谈话。即使是根本不同意顾客的观点也要耐心地听完他的意见再说。

（4）倾听要有积极的回应

要使自己的倾听获得良好的效果，不仅要潜心地听，还必须有反馈的表示，比如点头、欠身、双眼注视顾客，或重复一些重要的句子，或提出几个顾客关心的问题。这样，顾客会因为销售人员如此专一地倾听而愿意更多更深地谈下去。

案例 3－4　倾听胜于雄辩

俞小姐从事天然食品推销工作。一天在给一位老夫人做上门推销时，她已把这种食品的功能和效用清楚地讲完了，而对方反应冷漠。临出门之前，她忽然看到窗台上有一盆美丽的盆栽，上面种的是红色的植物，俞小姐就对老太太说："好漂亮的盆栽啊！平常似乎很少见到。"

"确实罕见。这种植物叫嘉德里亚，属于兰花的一种。"老太太马上话多起来，开始有些情绪激动。

见此情况，俞小姐马上接着问："的确很美，会不会很贵呢？"

"很昂贵，这盆盆栽就要800元。"

俞小姐想：我的天然食品也是800元，于是慢慢把话题转入重点："每天都要浇水吗？"

"是的，每天都得细心养育。"

"那么，这盆花也算是家中的一分子喽？"

这一句话果然发挥了效用，立刻让对方觉得俞小姐真是有心人，于是开始倾囊传授所有关于兰花的学问，而俞小姐也聚精会神地听，中途告一段落，俞小姐就把刚才心里所想的事情说出来：太太，您今天买我们的天然食品，就当作今天买一盆兰花吧。"

结果那太太竟爽快地答应下来。

她一边打开钱包，一边还如此说道："即使我女儿或我丈夫，也不愿听我嘀嘀咕咕讲这么多，而你却愿意听我说，甚至能够理解我这番话。希望改天再来听我谈兰花，好吗？"

2. 提问的技巧

在销售洽谈中，提问可以引起顾客的注意，使顾客对这些问题予以重视，还可以引导顾客的思路，获得销售人员所需要的各种信息。可见，销售人员如果善于运用提问的技巧，就可以及早触及与推销有关的问题和揭示顾客真正动机的有益内容，从而有效地引导洽谈的进程。在洽谈中常用的提问的技巧及方式有下列四种。

（1）求索式问句

这种问句旨在了解顾客的态度，确认他的需要。如"您的看法呢？""您是怎么想的？""您为什么这样想呢？"通过向顾客提问，可以很快探明顾客是否有购买意图，以及他对产品所持的态度。

（2）证明式问句

有时候，顾客可能会不假思索地拒绝购买。销售人员应事先考虑到这种情况并相应地提出某些问题，促使顾客作出相反的回答。比方说："你们的冷却系统是全自动的吗？""您的仓库很大吗？"顾客对这些问题作出的否定回答等于承认他有某种需求，而这种需求亟待销售人员来帮助解决。

（3）选择式问句

为了提醒、敦促顾客购买，销售人员的推销建议最好采用选择式问句，这种问句旨在规定顾客在一定范围内选择回答，往往可以增加购买量，例如："您是买两箱还是三箱？"这种问句显然比直接问"您需要几箱？"效果要好。假如顾客根本不想买，这样的选择问句也往往可以促使他至少买一箱。

（4）诱导式问句

这种问句旨在引导顾客的回答符合销售人员预期的目的，是争取顾客同意的一种提问方法。该法通过提出一系列问题，让顾客不断给予肯定的回答，从而诱导顾客作出决定。

案例 3-5　提问技巧

销售人员："那么，你同意要获得利润，最重要的是靠经营管理有方了？"

顾　　客："对"。

销售人员："专家的建议是否也有助于获得利润呢？"

顾　　客："那是当然"。

销售人员："过去我们的建议对你们有帮助吗？"

顾　　客："有帮助。"

销售人员："考虑到目前的市场情况，技术改革是否有利于企业产品竞争力的提高？"

顾　　客："应该是有利于。"

销售人员："如果把产品的最后加工再做得精细一点，那是否有利于提高你们产品的销量呢？"

顾　　客："是的。"

销售人员："如果你们按照我们的方法进行实验，并且对实验的结果感到满意，你们是不是下一步就准备采用我们的方法？

顾　　客："对。"

销售人员："那我们先签个协议，行吗？"

顾　　客："可以"。

3. 答辩的技巧

洽谈中的答辩主要是消除顾客的疑虑，纠正顾客的错误看法，用劝导的方式，说明、解释问题，引导顾客形成正确的认识。因此，答辩中要掌握以下几个原则性的技巧。

（1）要给自己留有思考时间

谈判与竞赛抢答是性质截然不同的两回事，绝不是回答问题的速度越快越好。人们通常有这样一种心理，一方回答问题越慢，另一方就会觉得对手对此问题欠准备，或以为对手几乎被问住了；如果回答对方很迅速，就显示出销售人员已有充分的准备，也显示了我方的实力。其实不然，谈判经验告诉我们，在对方提出问题之后，销售人员可通过点支香烟或喝一口茶，或调整一下自己坐的姿势和椅子，或整理一下桌子上的资料文件，或翻一翻笔记本等动作来延缓时间，考虑一下对方的问题，这样显得自然、得体、轻松，对方见了，上述那种心理优势自然减弱，何乐而不为呢？

（2）把握对方提问的目的和动机后，再决定怎样回答

对手提出问题的目的往往很复杂。如果销售人员没有深思熟虑，弄清对方的动机，就按照常规来做出回答，有可能落入对方的圈套。不如经过周密思考，准确判断对方的用意后再回答。

（3）不要彻底地回答问题，因为有些问题不必回答

商务谈判中并非任何问题都要回答，要知道有些问题并不值得回答，因为对方提出问题或是想了解我方的观点、立场和态度，或是想确认某些事情。对此，销售人员应视情况而定。对于应该让对方了解，或需表明我方态度的问题要认真回答，而对于那些可能会有损己方形象、泄密或一些无聊的问题，谈判者也不必为难，用外交活动中的"无可奉告"来拒绝回答。

（4）逃避问题的方法

有时，对方提出的某个问题我方可能很难直接从正面回答，但又不能以拒绝回答的方式来逃避问题，这时，谈判高手往往将话题引向歧义，借以破解对方的进攻。

（5）对于不知道的问题不要回答

参与谈判的所有与会者都不是全能、全知的人。谈判中尽管销售人员准备充分，也经常会遇到陌生难解的问题，这时，谈判者切不可为了维护自己的面子强作答复。因为这样不仅有可能损害自己利益，而且对自己的面子也是丝毫无补。谈判者对不懂的问题，应坦率地告诉对方不能回答，或暂不回答，以避免付出不必要的代价。

案例 3-6　周恩来总理妙答记者问

一次有位西方记者，以讥讽的口吻问当时我国的总理周恩来同志："请问，中国人民银行有多少资金？"周总理深知这是对方在嘲笑中国的贫困，如果实话实说，对方的计谋就得逞了。于是总理先故意曲解对方的问题后答道："中国人民银行货币资金嘛，有十八元八角八分。因为人民币有十元、五元、二元、一元、五角、二角，一角、五分、二分、一分的十种，合计就十八元八角八分。"

4. 说服的技巧

洽谈中能否说服顾客接受自己的观点，是推销能否成功的一个关键。说服，就是综合运用听、说、问、答等各种技巧，千方百计地影响顾客，刺激顾客的购买欲望，促使他作出购买决定。要使说服工作奏效，必须把握以下三个技巧。

（1）创造出良好的"是"的氛围

多数情况下，销售人员主动接近顾客，有求于顾客。因此，谈话一开始，就要多说"是"、多赞扬，不说"否"、不批评，总之话语要积极，而不是消极，以创造一个和谐的气氛。说服他人时，要把对方看作是能够做或同意做的，并尽量创造有利形势，好让顾客再作一次肯定的答复。例如："我知道你是能够把这件事情做得很好"；"你一定会对这个问题感兴趣的"等。商务谈判事实表明，从积极的、主动的角度去激发对方、鼓励对方，就会帮助对方提高自信心，并接受己方的意见。

（2）取得他人的信任

在说服他人的时候，最重要的是取得对方的信任。只有对方信任你，才会正确地、友好地理解你的观点和理由；如果对方不信任你，即使你说服他的动机是友好的，也会经过"不信任"这个"过滤器"而变成虚情假意。

（3）站在他人的角度设身处地谈问题

要说服对方，就要让对方感到你在设身处地地为他着想，买方自然会产生销售人员也是"自己人"的感觉，说服的效果将会十分明显。

案例 3-7 "是"的氛围

如销售人员要寻求客源，事先未打招呼就打电话给新顾客，可说："很乐意和您谈一次，提高贵公司和营业额对您一定很重要，是不是?"（很少有人会说"无所谓"）。

"好，我想向您介绍我们的××产品，这将有助于您达到您的目标，日子会过得更潇洒。您很想达到自己的目标，对不对?"这样让顾客一直"是"到底。

单元二　了解顾客需求

了解客户需求是非常重要甚至是最重要的一个销售技巧。每次销售拜访都会有具体目的，而大多数销售拜访的目的就是为了了解客户的需求，也许最后一次销售拜访是为了索要订单，但是在这之前的很多拜访都是为了不断了解需求。

一、了解客户需求的方法

了解客户需求的方法有很多种，常见的有提问法、建立联系法。

1. 提问法

顾名思义，提问法即通过提问去了解客户需要什么。很多专业的销售人员都会把提问当成最重要的销售技巧，因为了解客户的需求越多，向客户成功推销产品的可能性就会越大。事实证明，提问法也是销售人员了解客户需求的最好方法。

（1）常见的提问方式

销售中了解客户需求常见的提问方式有两种：一种是封闭式问题，一种是开放式问题。

① 封闭式问题。

封闭式问题即只能用是或不是、对或错、买或不买等来回答的问题。当销售人员和客户沟通的时候，如果跑题了，销售人员就要及时用封闭式的问题使客户的话题回到正题上，以便挖掘客户的需求。

② 开放式问题。

开放式问题即客户能够尽情描述、表达自己需求的问题。例如"您能描述一下现在您公司发展的情况吗?","您能描述一下您公司对于 IT 产品都有哪些需求吗?"销售人员在了解客户需求的时候,要尽可能多提这种问题。

(2) 提问的技巧

见到客户时,除了询问客户的需要外还要问哪些问题?这是很多销售人员面临的一个难题。多数销售人员见到客户时都能轻松展示自己的产品,介绍自己的公司,但是到了向客户提问的时候就变得非常尴尬,不知道该问什么问题,不该问什么问题。很多销售人员都觉得提问是一件非常困难的事情。那么,究竟什么问题可以经常问,既有利于了解客户需求,又能使客户较感兴趣?

① 客户的目标或挑战。

你可以问一下客户的目标或遇到的挑战有哪些。例如询问"贵公司今年产量的目标是多少?"、"贵公司今年的市场占有率有什么目标?部门有哪些目标?"每一个人都会为自己的工作目标而努力,也都会遇到这样那样的问题。所以这些是客户愿意说的,因为说的是他自己的事情。

② 客户的特殊需求。

可以询问客户个人有哪些特殊的需求。这种特殊的需求有些是靠问出来的,也有一些是细心观察得来的。通过细节观察找出客户特殊的需求,将使销售人员与客户之间建立一种非常独特、深厚、别人无法取代的信任关系。

案例 3-8 投其所"好"(1)

丁虞是北京一家大公司直接负责 IT 产品采购的副总裁,有很多 IT 行业的销售人员都拼命去拜访他,但是都得出一个相同的结论:这个副总裁铁面无私,非常不容易接近。

突然有一天,大家奇怪地发现,丁虞把所有的采购订单都给了一个销售人员。后来大家终于知道了那位销售人员为什么能拿到那么大一笔订单。其实原因非常简单:丁虞有一个非常特殊的个人兴趣。这个副总裁喜欢一个小运动——弹玻璃球,那位销售人员偶尔发现了这个信息以后,就主动邀请丁虞去弹玻璃球,为此还苦练了一段时间。这样,他们两人有了一个共同兴趣。从那以后,丁虞就把所有的订单都给了那位销售人员,而那位销售人员所要做的就是经常和丁虞去弹玻璃球。

案例 3-9 投其所"好"(2)

医药销售的竞争是很激烈的,每一个主治医师都会见到很多的销售人员,其中有一些主治医师是很难接近的。北京一家大医院的一个主治医师刘某就是这种人,销售人员们常觉得这个老人非常另类,使出了浑身的解数也没办法接近。但细心的销售人员阿杜却打破了这个僵局。有一天,阿杜发现在这个主治医师的桌上,有一个用易拉罐做成的烟灰缸,旁边放了一盒香烟。阿杜立刻就跑出去到商店买了一个水晶的烟灰缸，并且亲自给这个主治医师点了一支烟，从那一刻起这位主治医师对阿杜的好感便有了一个非常大的飞跃，没多久阿杜就和这位医师成了非常好的朋友。

③ 客户希望的结果。

客户在购买产品的时候总有一些希望和要求，或者希望出现某种结果，销售人员可以就此加以探问。

④ 客户以往经历。

销售人员也可以询问客户以往购买产品的一些经历，比如在使用过程中有哪些优点和不足之处。

⑤ 客户个人信息。

销售人员还可以询问客户个人的某些经历或共同的兴趣爱好，这些有助于与客户建立更深层次的关系。

2. 建立联系法

建立联系法是销售人员了解客户需求的一种重要方法。与客户建立联系的目的就是为了更好地了解客户的需求，做到"知己知彼，百战不殆"。实践证明，如果你与客户之间并未建立任何关系，客户就不会轻易把他的需求告诉你。换句话讲，只有你与客户之间建立了一定的关系，或者客户对你有一定的信任，才有可能把他的需求告诉你。因此，如何建立客户对你的信任，就是销售人员了解客户需求首先要解决的问题。

（1）获取客户信任

建立联系，实际上就是使销售人员与客户之间的关系由陌生变得熟悉，由熟悉变为朋友，最终达到最高的境界——不是亲人胜似亲人。

① 从陌生到熟悉。

实际上，这种变化源自于客户对你的信任。当客户对你的信任度非常低时，不可能告诉你他的需求，也不会购买你的产品。所以，从陌生到熟悉是与客户建立联系时要完成的第一个步骤。熟悉客户的方法其实也非常简单，就是多去拜访客户，拜访的次数多了，自然就与客户熟悉了，也会或多或少增加相互间的信任。

② 从熟悉到朋友。

从熟悉到朋友是一个巨大的飞跃，也是客户对你信任的进一步提升。试想，什么样的人会成为朋友呢？很简单，有共同兴趣和爱好的人最容易成为朋友，正所谓"道不同，不相为谋"。所以要和客户成为朋友，就要找出你和客户共同的兴趣和爱好，从兴趣和爱好去培养你与客户之间的友谊，增加你与客户之间的信任。如果一名销售人员与任何人在一起的时候都能很快找到一个共同兴趣，并且对这个兴趣的了解程度也常常超越客户，那么他无疑会拥有众多朋友般的客户。当然，要做到这一点并不是一件容易的事情。

共同的兴趣可以使你成为客户的一个朋友，这也是所有的销售人员所追求的目标。目前，大多数销售人员和客户之间只停留在熟悉的层次上，例如一起参加一些活动如吃饭、看电影等。吃一两次饭，你和客户之间的熟悉程度可能会有所加深，但是要从熟悉变成朋友，达到一个质的变化，就必须开发出你和客户的共同兴趣。所以销售人员要注意，一定要抓住客户的兴趣所在，多做客户感兴趣的事情。

③ 不是亲人胜似亲人。

发展与客户的关系，其最高境界是与客户之间达到一种类似亲人的关系。类似亲人是什么样的感觉？就是同舟共济、患难与共，时时处处站在对方的角度考虑问题。如果你能对客户做到这一点，像亲人一样对待客户，那么你与客户的关系肯定会进一步升华，客户对你的信任也一定会日益增长。当客户把你当作亲人一样看待的时候，销售就变得非常简单了。

（2）进一步发展与客户的关系

初步取得客户信任之后，接下来要做的事情并不是销售，在这个时候销售是很难成功的，因为客户还没有对你产生最起码的兴趣，或者对你的信任还不够，所以，此时首先要进一步发展你与客户之间的关系，使客户对你的信任有所增加，这样才有可能进入到销售环节。例如通过观察迅速找到一些你与客户共同的经历（同学、同乡，或共同去过某地方），找到一个话题，拉近与客户的关系。如果实在没有找到这样的事情，就要试着寻找一切可能与客户产生友谊的联系，例如浏览客户墙上的画或者观察桌上的照片，其目的就是要找到一个共同的经历，拉近你和客户之间的关系。只有与客户之间有了一定的信任以后，才有可能转入到销售对话。如果客户还没有对你产生兴趣，千万不要谈论销售，一定要找出某种轻松愉快的话题，建立融洽的氛围，然后才可以进入到销售谈判。

二、了解客户需求的技巧

在销售过程中，了解客户的需求十分重要，只有懂得换位思考，了解并理解客户的需求，才能有针对性地为客户推荐最适合他的产品，才能令客户满意。要让客户感觉到我们是在帮助他们解决问题，而不仅仅是在销售自己的产品。要了解客户的需求必须做到善于分析思考客户的购买心理与动机，抓住客户感兴趣的细节。

1. 抓住关键点，真诚了解客户需求

有些销售人员之所以失败，是因为他们根本不知道什么是销售的关键点。其实关键点很简单，即客户最基本的需求或最感兴趣的细节。事实上，你只有真正深入地了解客户需求，掌握客户需求的变化，并且愿意真正基于客户的需求与客户展开沟通，客户才愿意与你交流，他总会想办法摆脱那些态度消极的销售人员而走到能满足自身需求的销售人员那里。

（1）有时客户不愿意坦陈自己的需求

不可否认，客户很多时候不愿意向销售人员坦陈自己的需求。虽然通过之前的诸多准备

工作，你已经了解到客户对你的产品或服务有一定的需求，甚至这种需求还比较强烈，但是出于某些顾虑，客户并不愿意向你表明这些需求。此时，作为一名销售人员，你应该怎么办？与客户争辩，强迫客户承认自己的需求，这导致的结果只能是事与愿违。被视为"上帝"的客户通常会拒绝继续与你交流。另外一种情况便是，也许他们会承认自己有这方面的需求，但同时他们也会表明，自己肯定不会和一个从一开始就企图控制他们的销售人员打交道。

如果客户很了解自己需要什么、不需要什么，但是又不愿意向销售人员坦陈，这就说明他们有一定的顾虑，这时打破这些顾虑就是沟通的关键。因此，了解客户拒绝承认自身需求背后隐藏的重重顾虑，是销售人员实现有效沟通、提高交易额的必经之路。那么，客户究竟哪些顾虑？如何打破他们的这些顾虑呢？

① 认为销售人员所在的公司不可靠。

客户可能对你的公司没有任何了解，这时，不信任就会伴随着不了解产生。此时，如果能够站在客户的立场上考虑问题，销售人员就不会责怪客户过于挑剔或犹豫了，你应该明白，客户至少要确信与自己合作的公司不会拿到定金就大玩从人间蒸发的把戏。客户的这种顾虑是很正常的，而且销售人员必须对客户的这种顾虑表示理解。当然，仅仅做到这些还不够，销售人员此时最需要做的就是通过自己的努力，使客户消除这种顾虑，以便尽快进入到沟通的实质阶段。要想解除客户的这一顾虑，销售人员除了要做到前面提到的自信、真诚、耐心等态度上的准备工作之外，还需要向客户提供能够证明公司信誉和实力的有力证据，这些证据可以是公司的相关证书，也可以是某些具有一定影响力人物的介绍信，还可以是与公司有着长期合作的客户关系说明等。

在实际沟通过程中，这些态度的体现与资料说明必须相互结合，而且需要根据具体情况有技巧地进行，并不是你的态度够积极真诚或一股脑儿地把证明公司实力的相关资料摆放在面前，客户就会消除顾虑。

② 害怕产品出现问题。

这种顾虑同样既正常又值得理解，面对这种顾虑，销售人员不妨把证明公司信誉和实力的方法故伎重施一番，只不过，此时要把证明公司信誉和实力的相关资料换成能够证明产品质量的资料。除了以上方式，销售人员还可以通过一些其他方式展现产品的种种优势，比如现场演示、权威机构证明，等等。

面对客户对产品质量等方面的顾虑，有些销售人员觉得十分头疼，他们认为要想消除客户的这一顾虑很麻烦，有些销售人员认为客户提出反对意见是对抗的表示，因此便选择了消极放弃的做法。其实，当客户提出这方面的顾虑时，恰恰表明了他们有这方面的需求，而且他们已经开始关心产品了。这对销售人员来说是一个可以进一步开展彼此沟通的积极信号，而不应该成为放弃的理由。当客户对产品的相关顾虑被消除后，你就会发现，自己已经度过了十分紧迫的环节，下一步要做的就是抓紧机会，促使客户下定决心。

③ 不了解具体行情。

　　有些客户对自己所需产品的市场行情不十分了解，这就使得他们在与商家打交道时顾虑重重。销售人员可能经常听到这类客户表明："我们需要进行多方比较再做决定"，或者"某某公司提供的产品报价比你们的要低3%"，等等。这时销售人员需要给客户足够的考虑时间，不要要求客户马上决定购买你的产品。但这并不意味着销售人员要做的只是消极等待。当发现客户对具体的市场行情不甚明了时，销售人员不妨主动担当起客户顾问的角色。需要注意的是：第一，作为顾问，你必须让客户感到你是站在他（她）的立场上考虑问题，而不是要急于推销自己的产品；第二，不要忘记自己的目的，要在沟通过程中进一步深入了解客户需求，同时适时而巧妙地告诉客户，你能够满足其需求，甚至可以在某些方面做得更好。

　　（2）如果客户不了解自己的需求

　　并不是所有的客户都对自己的需求了如指掌。有些客户的需求需要专业的销售人员进行有效挖掘。当销售人员通过事前充分的准备工作对客户的需求有了足够了解时，就要面临这样一个问题：如何将自己分析出的客户信息传达给客户。这就需要根据具体情况采取相应的措施。如果客户因为已经有了合作伙伴而认为没有必要再考虑其他销售者，你不妨让客户了解同你合作会为其带来哪些更多的好处和方便。此时销售人员需要注意一点：千万不要为了抬高自己的身价就随意贬辱竞争对手，这只能引起客户对你的反感。

　　如果客户觉得自己根本不需要你的产品或服务，你不妨根据当时情景引出与产品益处相关的话题，但列举产品益处时必须以客户为中心，突出客户能获得的好处。需要注意的是，客户不主动坦陈自己的需求时，千万不要试图采用强硬手段逼迫客户承认。因为，这样的话，即使客户承认自身有这方面的需求，他们也坚决不会从你这里购买，除非客户的需求相当强烈，而你提供的产品或服务又属于垄断性质。如果客户出现顾虑，你要做的不是逃避或与客户争辩，而是对客户表示理解，同时采取积极的态度消除客户的顾虑。当客户不了解自身需求时，销售人员需要耐心引导，直到客户发现这种需求，否则这场沟通就会归于无效。但在了解顾客需求时，可以针对顾客需要的商品进行重点介绍，避免把商品依次介绍，使得顾客没有足够的耐心而离开。在专业销售过程中，不论是柜台产品销售，还是面对面销售，其流程都包括迎接客户、了解客户需求、推荐产品三个环节，如果销售人员把了解顾客需求和推荐商品这两个阶段颠倒过来，往往事倍功半。

案例3-10　创造需求

　　客户说："我们的电脑已经升级了，不再需要新的电脑。"销售人员回答："能谈一下，您公司的电脑为什么要进行升级吗？""老式电脑的确要花费很多维护和保养费用，如果使用新产品的话，那您就可以省去这些费用了。""现在电脑更新换代的速度确实很快，新产品可以为您提供更先进的技术支持。""这有助于提高您的公司形象和员工的工作效率。"

案例 3 – 11　　了解需求

一名冰箱推销人员见一位先生走过，马上微笑着迎上前去："先生，您看这是新产的节能冰箱，一天耗电量只有0.8度，而且它的外观十分新颖……"在销售人员介绍完冰箱的一大堆优点之后顾客终于说话，"对不起，你介绍得很好，可是我家里已经有冰箱了，我这次是想买一个冰柜。"销售人员显得非常尴尬，"哦，您要看冰柜呀，那请这边……"

三、注重挖掘并满足客户的需求

营销是发现需求、满足需求的过程。对于营销人员来讲，只有先洞察、挖掘市场的现实需求和潜在需求，才能根据市场和客户的实际情况，推广或预售相应的产品，从而在满足市场或客户需求的同时，也实现产品及自我的价值。

1. 满足客户现实需求

现实需求的挖掘，跟客户的实力有关系。比如，客户的资金实力越大，多进货或多订货的可能性就越大。曾经有一个这样的笑话，两个医生在一起聊天，甲问乙 "为何你每次看病，都问病人喝什么酒，病人喝酒跟看病有关系吗？"乙回答说"当然有关系啦，我要根据他喝的酒的档次来给他开医药费啊。"而现实的需求一般通过以下方式来挖掘。

（1）给予比竞品更高的利益

这包括现实的利润水准和未来的长远收益。通过给客户高于对手的利益，让客户拿出更多的人财物，来重点经营和推广产品。在这方面，作为企业可以通过逆向定价法，最后推导出一个各渠道利润都高于竞品的价格体系。以此来满足客户追逐利润的需求。

（2）良好的厂商关系

要想让客户主推企业的产品，挖掘客户的需求潜能，还需要构建和谐的厂商关系，要多给客户提供利润外的增值服务等附加价值，比如，利用各种会议时机，企业培训经销商及其人员，企业领导定期拜访和指导客户，采取客户经理制，等等，以加强沟通，改善关系，从而促进销售。

（3）即时激励，刺激进货

根据市场和产品推出情况，通过召开订货会、新品发布会、举行销售比赛，等等，渲染行业、市场、产品前景，再通过现实的政策拉动，吸引客户把钱掏出来。

2. 满足客户潜在需求

潜在需求就是有市场，但尚未挖掘或激发出来，需要进行引导，如各种新式产品的推出，在经历企业对市场的培育之后，现实的需求就会越来越大。如何挖掘潜在的需求呢？除了企业要进行适度的广告宣传、"立体式"引导外，作为营销人员，还要做好以下三方面的工作。

（1）调研市场，细分定位

现实当中，当很多营销人员抱怨市场已经饱和的时候，我们会惊奇地发现，当有一些新的品牌、产品、品类出现的时候，市场又会有新的销量，份额又会有新的增加，套用鲁迅先生的话说，市场就像海绵里的水，只要愿挤，总还是有的。因此，作为营销人员，要善于找到市场产品的细分点，销售人员可以从产品品牌、包装、规格、功能等角度，或补缺或提出完全新的品类，来引导客户的需求。

（2）用榜样来带动

营销人员可以通过构建样板市场，树立新产品推广榜样等方式，来调动其他推广不好的客户一起来销售新产品，把潜在的客户需求给调动起来，通过参观样板市场，不仅可以观摩借鉴学习，而且还可以树立客户的自信心，促使他们下定决心，快速行动。

（3）顾问式销售

所谓顾问式销售，就是销售人员能站在客户的角度，结合市场、厂家、客户、消费者，以及下游分销渠道，给客户提供市场需求解决方案，告诉客户，为何要通过引进一些产品，来满足广大顾客的需要。同时，对客户及其员工，还要发扬传帮带的"教练"精神，教给他们做市场的步骤、方法、技巧，让客户无后顾之忧，需求计划自然而然就能够派发下去。

3. 统筹兼顾，满足市场或客户需求

要想切实满足市场或客户需求，必须做到"两个结合"、"两个参照"。

（1）结合市场容量

通过第一步探寻市场需求量，可以大致看出我们的产品在未来的增长空间，此时，我们可以适度地对客户进行压货，适量的压货，能够激发客户的内在潜力，叫以让市场史快速地成长。

（2）结合区域购买力

区域经济发展的不平衡，造成不同区域的购买力也不同。因此，每进入一个区域，都要对当地的购买力进行测评，通过对当地工商企业等经济发展状况的了解，合理布局产品档次。比如，在珠三角、长三角这些经济发达地区，当推广中高档产品，而对于大西北经济欠发达地区，当以中低档为主。

（3）参照区域消费特点

中国是一个多民族的国家，不同的民族，不同的信仰，其消费特点也有所不同。比如，信奉伊斯兰教的回族顾客，不带清真标志的产品，他们一般是不会购买的。因此，产品进入，需要结合当地的消费特点，避免盲目，而给以后带来麻烦。

（4）参照当地习惯

"南甜北咸，东辣西酸"，是我国饮食习惯的不同，同样是辣，四川是麻辣，而湖南却是香辣，针对这个特点，康师傅根据中国不同地域的不同消费习惯，推出了"江南美食"、

"东北炖"、"辣旋风"等适合不同区域的产品,让康师傅系列产品,更好地满足了不同地域顾客的需求。同时,中国的城市和农村消费,也是有区别的,除了档次的区别外,还有购买习惯的不同,比如,城市购买,由于较为便利,一般购买量较少,而在广大的农村,尤其是地广人稀的中西部地区,由于路途遥远,他们购买东西,更多的是批量购买,等等。

其实,只有产品适销对路,才能更好地满足市场和客户的需求。普通的销售人员,满足客户的需求;优秀的销售人员,引导客户的需求;卓越的销售人员,创造客户的需求。销售人员只有立足于市场实际,并结合客户和消费者情况,满足他们的需求,这样才能更好地掌控市场,从而成为一个优秀的营销者。

单元三　销售陈述

一、认识销售陈述的重要性

销售陈述是指在销售过程中,销售业务员用一段完整的时间,清晰而全面地向客户进行产品和服务等方面的介绍。销售陈述的好坏对客户购买意向产生重大影响,好的销售陈述可以引发顾客需求,产生购买欲望,实施购买行动,宣传企业及产品;而差的销售陈述,即使公司的产品品质好、价格低、服务好,客户同样可能不买。事实上,销售陈述所产生的效果往往要大于公司和产品的知名度对客户的影响。销售人员不必因为自己的产品没有做过广告或知名度低而产生畏惧的心理,完全可以凭借自己专业的销售陈述来打动客户。

当客户产生购买的动机,销售人员应适时且及时地找出其购买动机,为下一步的销售陈述做准备。当客户咨询专家、评估可行性方案时,销售人员应积极、主动地充当专家的角色,为客户介绍产品和提供服务,进行销售陈述,这是销售过程中的核心部分。达成协议、完成销售人员的最终目的,好的销售陈述对成功地实现这一目的将能发挥更大的作用。销售业务员在进行销售陈述时,应当表现相当专业,消除顾客的疑虑,应当表现出"相信我,没错的"这份自信,这样才能让顾客相信你。销售陈述是销售人员的基本功,一定要把这一基本功练扎实。

除了销售过程,在现实的生活中人们也会遇到很多的销售陈述。如买房时,售楼员热情地介绍相关的房产信息,这就是销售陈述。如果售楼员的销售陈述做得很好,就能成功地促使顾客赶快决定购买房子。

二、销售陈述的目的

销售陈述的目的一般有三个:一是客户通过销售陈述能清晰地了解到什么;二是创造了

怎样的气氛，让客户能有什么样的感觉；三是听完陈述后客户要做什么。具体如图 3 – 5 所示。

图 3 – 5 销售陈述的三个目的

三、销售陈述的准备

在销售陈述之前，销售人员心中要有明确的目的，充分做好事先的准备，从客户角度着想，以客户为中心去进行销售陈述，才能获得成功。

1. 了解与分析客户的心理

客户购买心理主要有两种情况。

（1）比较心理

当销售业务员向客户推销产品时，客户会比较销售人员的产品和其他企业产品哪个更好；比较产品的价值和产品的价格是否相称。当客户认为本企业产品优于竞争者时，才决定购买；当客户认为产品的价值大于至少等于价格时才决定购买。销售业务员应该通过自己的专业陈述，让客户感觉到本企业的产品优于竞争者产品，本企业的产品价值高于产品的价格。

（2）怀疑心理

销售业务员在向客户推销产品时，客户可能有各种各样的疑问。一些问题客户可能会当面提出，比如产品的成分是什么，有什么功能，质量如何，有哪些客户用过这种产品，反馈如何等；有一些疑问客户可能不会说出来，只是在心里想想。销售业务员要思考采用什么方法来消除客户的疑问。

客户未说出来的疑问有以下几种。一是怀疑销售业务员的业务能力和专家身份。客户不相信业务员所说，认为业务员不可靠，由于直接说出来又不礼貌，心中暗暗地不以为然。要消除客户此种怀疑，需要销售业务员提高自己的专业素质，树立自己职业化的形象，赢得信赖。二是没有听懂销售业务员的介绍。产生此种情况主要是由于销售业务员不太会作销售陈述，或客户因为自己对产品知识了解少又不好意思承认，担心露出自己的弱点。这就需要加强销售陈述的训练，在销售过程中，通过提问了解客户对产品等有关方面掌握的程度，然后有针对性地进行陈述。如果觉得客户了解产品不多，可以从最基本的介绍开始，详细地介绍产品基本情况与产品特点和优点。三是客户能获得的利益。当销售业务员向客户推销产品时，客户心里会想：购买你的产品有什么好处？或对我们单位有什么帮助？针对此种情况，需要销售业务员将产品所带来的利益呈现在客户面前。

2. 了解并分析产品和服务

产品分析单是了解产品和服务的一个简单有效的工具，销售业务员按照产品分析单去填写相应的内容，有助于销售业务员做好销售陈述准备。产品分析单包括产品特点、产品的利益、客户关键的购买动机、演示方法等内容，销售业务员按这些项目总结有关内容，对实施销售会大有好处。

此外，还要对产品或服务的信息按照优先次序排列。一个产品的相关信息很多，其中有些是客户所关心的，有些是销售人员必须知道但客户却不感兴趣的，比如销售人员要着力介绍产品的成分、工艺等，而客户对此并不感兴趣，他更关心的是功能、结果，所以在做销售陈述时，销售人员要把已知的信息进行分类，按照优先次序排列，如优先知道的信息、最好知道的信息和可知可不知的信息等。

3. 了解并分析竞争对手

销售业务员需要全面地了解自己的产品与竞争对手产品相比较的优势、劣势分别是什么？然后思考如何强调自身优势及淡化自身劣势，以击败竞争对手，争取客户。优势与劣势可能表现在：产品品质、品牌、知名度、货源、价格、销售支持、服务、付款、运输、配送、功能、款式等方面。

四、销售陈述的主要内容及其步骤

1. 介绍公司

不需要面面俱到，先用一句话对公司做一个总体的概括性的介绍，然后列举一些能证明公司实力的主要荣誉、主要数据和事件让客户知道就行了。这些荣誉、数据和事件包括获得中国驰名商标、产品是中国名牌产品、公司是上市公司、某某时候产销量第一、获得某某权威机构的推荐，等等。然后，将公司的宣传画册、宣传单交给客户过目。最重要的是牢记在心中，在做介绍时能脱口而出。知名公司介绍简单，一般公司多费口舌，不出名的公司重点介绍产品畅销、价格低、销售支持力度大等。

2. 陈述产品

陈述产品一般需要陈述两方面内容：一是陈述产品的基本情况。如功能、颜色、质量、款式、规格、口感等方面；二是陈述产品的特点与优势。本企业产品特点是什么，本企业产品与其他企业相比较，其优点是什么。在比较时，避免与某个企业进行直接的比较，而是间接地比较，让顾客知道你这个企业的产品比人家要好，产品优势其实就是产品的差异化。

3. 陈述产品给客户带来的利益

特点和利益是不同的概念，既相互区分，彼此又有密切的联系。特点是指产品本身固有的特征，如成分、结构、材质、尺寸等；利益是指客户从购买的产品上得到的价值，也就是产品的特点能给客户带来哪些方面的好处。销售业务员在做销售陈述时，应侧重介绍产品能给客户带来的利益，而不是产品的特点。很多销售人员有一个共同的误区，认为只有把特点尽量多地展示出去，客户才能更全面地了解产品，认识到该产品的好处。销售人员一般对产品非常了解，甚至可能是某一产品的专家，知道某一个特点会带来一些相关的利益，但是客户未必知道某一特点必然会带来相关的某种利益，所以销售员不能想当然地假设客户是专家。实际上客户关心的是利益而不是特点，因此销售人员应把产品的特点转化成客户所能得到的利益，从对方的利益这一角度展开销售陈述。另外，需要注意的是，销售业务员要对陈述内容进行取舍。客户是否知道的信息可以分为四类：客户必须知道的信息、客户最好知道的信息、客户可知道可不知道的信息、客户没有必要知道的信息。对于销售业务员来说，重点介绍顾客必须知道的信息与最好知道的信息。对于不利于公司的信息，最好不要提及。

五、销售陈述有关要求

1. 注意与客户的需求相结合

与客户的需求相结合，才是真正有效的销售陈述。我们在购物时也许有过这样的感受，销售人员对客户说了一番销售陈述的各种内容之后我们却一点儿也听不懂自己从购买产品中究竟能得到什么利益。这就是销售陈述常见的、最突出的错误，即销售人员只从自己的角度，陈述自己感兴趣的部分，而没有从客户的角度，强调客户通过购买产品可以获得实实在在的利益。优秀的销售人员在做销售陈述时，一定要想到客户需求，从客户的立场出发，强调客户能实际得到的各种利益。

案例 3 – 12 照相器材专卖销售数码相机的场景

销售人员：这台数码相机具有非常 special 特殊的功能，它具有 400 万的像素、4 倍的数码变焦和 20 倍的光学变焦，自带一个 16 K 的 Memory Stick 优卡；还配备有 USB 和 4 英寸 LCD 取景器……

顾　　客：你就不要啰嗦了，爽快地直接告诉我到底能不能拍出清楚的照片。

案例中的销售人员所犯的错误在于大量地使用了顾客听不懂的照相专业术语，其中还穿插着一些更难懂的英文，让顾客听起来既不明白，又感觉不舒服，自然没有耐心继续听了。

案例 3-13　医生向病人介绍针灸治疗场景

医生：治疗偏头痛对我来说很容易，用针灸就行了。

患者：我从来没扎过针灸，连打针都害怕，麻烦您一定要轻一点儿啊！

医生：那我先给你解释一下针灸治疗。

患者：太谢谢您了！

医生：一会儿我就在你头顶上下左右各扎满 10 针，每根针 2 寸长。扎针时先把针直刺到头皮下，接着贯穿上下左右向对侧沿头皮平刺过去，然后再左右捻动，上下拔插，最后通上电，让针随着电流搏动，加强刺激。怎么样？准备好了吗？

患者听了医生的解释后被吓得缩成一团，惊恐地瞪大了眼睛，哭着说："我要回家……"

案例中的医生之所以把病人吓跑了，是因为谈话中只强调自己技术上的具体内容，丝毫也没有顾及到病人的感受。

客户的需求实际上就是客户的现状与目标之间的差距，客户希望销售人员所推荐的产品或服务能充分满足这个差距，从而实现预期的目标。如果客户认为一件产品不能满足他的需求，就会转向另一件产品。所以销售人员做销售陈述时，要把精力放在这个差距上。销售陈述时切记既要让客户听起来舒服，又要能满足客户的需求。为了实现这一目标，销售人员要分析好产品的特点和客户的需求。

数码相机的销售人员积极地向客户介绍产品的特点，如 400 万像素、4 倍的数码变焦、20 倍的光学变焦，等等，为什么客户却不满意呢？因为销售人员没有充分意识到特点和利益的区别，一味地只强调相机的特点，而没有提到客户能从产品的这几个特点上都能得到什么实际的利益。这也是很多销售人员共同的误区，认为要把特点尽可能多地展示出去，客户才能更全面地了解产品，然后认识到该产品的好处，销售人员常常对产品非常了解，可能是某一产品的专家，知道从某一个特点会带来一些当然的相关利益，但是客户却未必能知道相机的某一特点必然会带来相关的何种利益，所以销售人员不能想当然地假设客户是专家。实际上客户关心的是利益，而不是特点，销售人员应该把产品的特点转化成客户所能得到的利益，从对方的利益角度展开销售陈述。在介绍利益时，销售人员应明确所有的特点都能衍生出来一个相应的实际利益，甚至多个利益，并努力发掘产品的特点及其相对应的利益，着重介绍客户最关心的利益。

2. 训练表达技巧

（1）使用积极的语言

销售业务员在推销产品时，尽量多使用积极的语言，并养成习惯，避免使用消极的语言，引导客户从有利一面看待产品，这样容易成交，赢得订单。常见的积极语言：容易、高兴、安全、证实、价值、新的、健康、乐趣、发现、保证、利润、客户的名字、正确的、骄傲、热爱、结果、舒适、至关重要的、信任、事实等。

（2）提高语言的表现力

在日常生活中，有的人讲话能强烈地吸引听众的注意力，打动听众；有的人开口就让听众感到乏味，昏昏欲睡。销售业务员要通过有意识的训练，提高语言的表现力：一是说话自然、清晰、条理清楚、声音坚定有力、富有弹性；二是运用语调、速度和语言内容三方面的变化，做到抑扬顿挫（避免语言一条线，没有高低起伏、没有节奏变化、没有轻重缓急）；三是做到主次分明，突出重点，表现出自信；四是赋予感情，如果讲话平平淡谈，没有激情，就难以给人留下深刻的印象，如果充满感情、富有激情，效果就会大不相同。没有天生的讲演家，勤奋的训练可以提高表达水平。

（3）正确使用非语言

要注意语言的运用，还要注意非语言因素的运用，以激发客户的购买欲望。如何正确使用非语言？以下技巧可供参考。

① 目光接触的技巧。

一是保持目光的接触；二是照顾大家，不要只盯着一个人看；三是用目光来征得赞同。目光接触应避免以下错误。一是集中关注客户方的决策人及自己的上级。因为销售人员担心出错，眼睛一直只在这两个人之间看来看去。那么，其他人感到不受重视，从而影响销售顺利进行。二是目光茫然地望着其他地方。这主要是由于紧张，不敢看听众，也是一种不自信的表现，难以获得客户的信任。

② 保持正确的姿态。

正确的做法如下。一是姿态端正挺拔。无论是坐还是站，姿态都要保持端正、挺拔，不能把重心放在一只脚上，或是随意地东倒西歪。二是适当的移动。在陈述的过程中，销售人员可以走到听众中间，跟听众做近距离的交流，缩小自己与听众之间的距离。三是采用开放的姿态。开放的姿态是双手向外张开，表示包容、接纳、欢迎，具有亲和力。错误的做法是：手放在口袋里面、抱胸、背手、扣手等，非常不利于销售。

③ 运用手势。

运用手势作用：可以增强语气、提高情绪、表示某方面含义。但手势要做得恰到好处，要自然。没有手势会让听众感到乏味；手势太多，也会影响听众的注意力。常见的错误手势有：不知把手放在什么地方才好、把手插在口袋里、扣着手或者背着手、双手始终不动、手不停地挥舞等。业务员面对多人讲话，非常紧张，怎么办？可以在手中拿一支笔，或产品的宣传单，或其他资料，这样有助于减轻压力，让手有事可做，显得自然。

（4）准确地回答客户的提问

客户在听完销售陈述以后，通常会有一些提问，销售人员要重视客户的提问，认真、准确地回答，这很重要。以下三点值得注意。

① 回答问题前留有思考的时间。

这样做的好处：一是准确的理解客户的意思；二是有利于有时间组织语言，准确回答客户的问题；三是预测客户可能接着会提出什么样的问题等。有经验的人在回答别人问题时，往往给自己垫一个垫子，经过思考才回答。

② 了解客户的全部意图。

在回答提问之前，销售人员要确认了解客户的全部意图，这样才可能全面正确地回答。如果销售业务员似乎对客户所说的还没有真正理解或完全理解，可以先重复对方的话，然后问对方是否是这样，再思考如何回答。

③ 寻找外援。

有时，业务员不知该如何回答客户的问题，这时不必恐慌，可以寻找外援帮自己解围。一是寻求己方人员帮助。如果自己一方有相关人员在场，可以请他帮忙解释；如果没人在场，可以坦诚地请客户原谅，并把问题记下来，并保证尽快答复。二是大方地向对方专家请教。如果对方有懂行的人在场，可以大方地向其请教，由于你尊重人家，人家可能愿意帮你这个忙。

案例 3-14

在某市，十几层的大厦需要几万平方米的地毯，这是一笔价值几十万元的生意，全国几十家地毯厂都盯上了这块肥肉，纷纷派人销售。一位销售人员带着礼品去敲顾客的门，出乎意料的是，当一位老者开门看到他手中拿的东西，就将他拒之门外。该销售人员百思不得其解。第二天他了解到，这位倔强老头是一位"老革命"，一身正气，两袖清风，对社会上的不正之风深恶痛绝。他好为人师，常教导青年人"革命的路该怎么走"。在了解到这些情况后，该销售人员又再去拜访顾客，当然没有忘记应该两手空空。他见到顾客后说，我是一位刚参加工作的青年人，在工作生活上遇到许多困难不知该怎么处理，您是老前辈、老革命，有丰富的阅历，今天特来请教您。一席话令老人十分高兴，忙请业务员坐下，然后"痛说革命家史"，讲自己当年过五关斩六将、南征北战的光荣历史。老人侃侃而谈，业务员洗耳恭听。"话到投机情便深"，两个人成了忘年交。最后的结果自然不言而明。"如能投其所好，你就掌握了他"，对业务员赢得顾客好感而言，这是至理名言。

实　训

一、基本概念解释

销售洽谈、诚实性原则、小组洽谈、传统型销售洽谈、报价、提问法、开放式问题、顾问式销售、销售陈述、比较心理。

二、判断题

1. 在销售人员实现与顾客的成功接近之后，销售活动便进入了成交阶段。 （　　）
2. 与小组洽谈相比，一对一洽谈较容易。 （　　）
3. 对于阴谋型的对手，应该采取"搅和"的洽谈策略。 （　　）
4. 质量条件是影响价格的主要因素。 （　　）
5. 当销售人员不知道该如何回答客户的问题时，不能向对方请教。 （　　）
6. 当客户因为已有了合作伙伴而认为没有必要再考虑其他销售者时，销售人员为了抬高自己的身价，可以贬辱竞争对手。 （　　）
7. 销售洽谈的报价阶段又叫发盘。 （　　）
8. 陈述产品能给客户带来的利益尽量面面俱到。 （　　）

三、选择题

1. 单选题

（1）销售人员在销售洽谈时，要遵循（　　）的陈述原则。
A. 特性—特殊利益—优点　　　　　B. 优点—特性—特殊利益
C. 特性—优点—特殊利益　　　　　D. 特殊利益—优点—特性

（2）销售洽谈的（　　）是指导销售洽谈的核心。
A. 策略　　　　B. 目标　　　　C. 条件　　　　D. 价格

（3）销售洽谈中买卖双方最为关心的敏感问题是（　　）条件。
A. 价格　　　　B. 质量　　　　C. 数量　　　　D. 交货

（4）一般在洽谈开始后（　　）分钟内客户若无任何反应，销售人员应高度重视。
A. 2～3　　　　B. 3～5　　　　C. 5～10　　　　D. 10～15

（5）现代型销售洽谈多为（　　）。
A. 硬式洽谈　　　B. 软式洽谈　　　C. 非原则性洽谈　　　D. 对抗性洽谈

（6）柜台产品的销售流程一般包括迎接客户、了解客户（　　）和推荐产品三个环节。
A. 喜好　　　　B. 背景　　　　C. 需求　　　　D. 信誉

（7）销售洽谈的提问方式有求索式问句、证明式问句、选择式问句和（　　）。
A. 诱导式问句　　B. 封闭式问句　　C. 开放式问句　　D. 反诘式问句

（8）销售人员应重点介绍客户必须知道的信息和（　　）的信息。
A. 最好不知道　　　　　　　　　B. 可知可不知
C. 无所谓知道不知道　　　　　　D. 最好知道

2. 多选题

（1）销售人员传递给客户的产品信息，主要包括产品的品牌、商标、功能、价格、质量、服务、（　　）和产品的发展方向等。

　　A. 生产效益　　　　　　　　　B. 销售量

　　C. 市场地位　　　　　　　　　D. 企业的生产经营状况

　　E. 盈利率

（2）销售洽谈的原则有（　　）。

　　A. 针对性原则　　　B. 诚实性原则　　　C. 鼓动性原则　　　D. 倾听性原则

　　E. 参与性原则

（3）拟订销售洽谈方案，一般应包括确定销售洽谈的目标、主要策略、（　　）和购买决定权的评定。

　　A. 地点　　　　　　B. 主要议题　　　　C. 期限　　　　　　D. 人员角色

　　E. 费用

（4）客户购买心理主要有（　　）。

　　A. 比较心理　　　　B. 求新心理　　　　C. 怀疑心理　　　　D. 求廉心理

　　E. 求奇心理

（5）销售洽谈的步骤通常包括（　　）与成交等阶段。

　　A. 价格谈判　　　　B. 方案准备　　　　C. 开局　　　　　　D. 报价

　　E. 磋商

（6）销售洽谈的技巧主要包括（　　）和说服等方面的技巧。

　　A. 倾听　　　　　　B. 处理异议　　　　C. 报价　　　　　　D. 提问

　　E. 答辩

四、简述题

1. 销售洽谈的任务有哪些？

2. 销售洽谈的内容主要包括哪些方面？

3. 销售洽谈准备阶段的工作主要有哪些？

4. 销售洽谈的倾听要注意哪些技巧？

5. 客户有时候为什么不愿意坦陈自己的需求？

6. 销售陈述的主要内容有哪些？请简述之。

五、项目实训题

项目实训1

　　内容：以设定的某产品（如智能手机、数码相机等）为例，向客户描述其特点和能给客户带来的利益。

　　实训形式与组织：先小组讨论，形成统一意见，然后各小组选派一名代表上台展示所讨论的情况，并予解释，本组其他成员可补充。由同学评议，老师最后点评。

项目实训 2

内容：设计一销售场景，模拟销售洽谈倾听、提问、答辩和说服等技巧。

实训形式与组织：先小组讨论，形成统一意见，然后各小组选派代表上台展示销售洽谈的相关技巧，并予解释，本组其他成员可补充。由同学评议，老师最后点评。

项目实训 3

内容：销售洽谈包括：准备、开局、报价、磋商、成交等阶段，试结合某一产品，设计相应的销售洽谈场景，进行全过程模拟。

实训形式与组织：每小组分成甲乙两方，人员各占一半，甲方扮演销售方，乙方扮演购买方，对销售洽谈的准备、开局、报价、磋商、成交等阶段进行全过程模拟。同学评议，老师点评。

项目实训 4

内容：试结合一种产品，运用 SPIN 发问模式开发客户需求。

实训形式与组织：小组讨论，形成统一意见，小组选出两名代表上台模拟，一位同学扮演销售业务员，一位同学扮演客户。同学评议，老师点评。

项目实训 5

内容：试结合一种产品，按照销售陈述的基本步骤，对该产品进行合理的销售陈述。

实训形式与组织：小组讨论，形成统一意见，小组选出两名代表上台模拟，一位同学扮演销售业务员，一位同学扮演客户。同学评议，老师点评。

项目实训 6

1. 同学们以一种熟悉的产品为例，完成以下表格内容。

产品的特点	产品的利益	客户关键的购买动机

2. 同学们分别以同行业三个不同企业同类产品为例，比较分析其特点与优点，完成以下表格内容。

公司产品	产品的特点	产品优势
A 公司产品		
B 公司产品		
C 公司产品		

实训形式与组织：小组讨论，形成统一意见，小组选出代表上台填写表格内容。同学评议，老师点评。

项目实训 7

情景模拟及分析

情景 1：开放式与封闭式的问题

1. 贵公司的送货流程是怎样的？
2. 你们是否已经决定改变购买方案？
3. 您希望能得到什么样的服务呢？
4. 下周三我来拜访您，好吗？
5. 在下个月之内会有结果吗？
6. 是什么原因使您觉得价格太高了呢？
7. 香橙和草莓口味哪一种更好卖呢？
8. 对于促销支持，您还有其他方面的要求吗？

分析： 哪些是开放式问题？哪些是封闭式问题？

情景 2：唐明在向顾客推销牛奶

唐　明：李经理，听说你们企业需要一批乳制品，是吧？

李经理：是呀。

唐　明：想要纯牛奶？

李经理：不想。

唐　明：想要酸奶？

李经理：不想。

唐　明：喜欢甜牛奶？

李经理：不喜欢。

唐　明：你们到底要什么？

（李经理带着莫名其妙的表情，走开了。）

唐　明：咦，别走啊！

分析： 唐明提问正确吗？为什么？

情景 3：用 SPIN 模式开发客户需求

（王强在向一中间商推销产品）

王强：您现在有经营这种类型的产品吗？

客户：有。

王强：是某某牌吗？这个牌子一年的销售额是多少？

客户：是的，一年 100 万元。

王强：利润率是多少？

客户：2% 吧，利润不高。

王强：据我了解，您经营的其他产品利率也不是很高呀。您就没有考虑经营一些利润率高的产品来增加利润吗？

客户：考虑过。但再上一个新牌子费劲，销量也不大，还不一定成功。

王强：您做生意总是希望多赚点钱吧？这类产品只做一个品牌一年也只有个 2 万的利润，若您再经营一个新品牌（本公司产品），利润率保证在 5% 以上，您一年只要卖 20 万元，总销售额不变，您想想您单是这类产品能多赚多少钱？如果不做的话损失多少钱？

客户：$20 \times 5\% + 80 \times 2\% = 2.6$ 万元，也是啊！

王强：您想想，只经营一个牌子，万一这个品牌的知名度降低或者您的经销权被取消了，您的损失又怎么算？您再想想，同行业其他经销商都在卖这个品牌，您的下线客户是否会连您的其他产品都不要了呢？

客户：是的，确实需要上些利润率高的产品来增加利润，分担风险。

王强：您看，同样的销售额，费用也不需要增加多少，一年多赚 0.6 万元，您为什么不考虑经营我公司的这种产品呢？

客户：我会认真考虑的。

分析： 根据材料，分析背景问题、难点问题、暗示问题、效益问题分别是什么？

情景4：唐明向中间商推销公司产品

> 唐明：只要你经营我们公司的产品，会提升你们的销售业绩的。
>
> 客户：你们是什么公司。
>
> 唐明：广西南宁宏昌有限责任公司。
>
> 客户：不知道。
>
> 唐明：可是我们一年销售上亿，在广西是很有名的。
>
> 客户：这与我不相干，我们不知道。
>
> 唐明：我们有很强大的促销。
>
> 客户：什么样的促销支持，有哪些？
>
> 唐明：这个……
>
> 分析：唐明是否控制了谈话局面？为什么？

情景5：王强向中间商推销公司产品

> 王强：您好。
>
> 客户：你好。
>
> 王强：我是广西南宁宏昌有限责任公司的销售业务员，王强，负责这个片区产品的销售工作。
>
> 客户：我听说过你们公司。
>
> 王强：我能向您介绍我们公司的产品吗？
>
> 客户：你说吧。
>
> 王强：我们公司产品有六大系列，42个品种。
>
> 客户：我们关心产品价格问题、质量问题、销售支持问题。
>
> 王强：这是我们产品价格表与产品质量鉴定书
>
> （客户接过产品价格表与质量鉴定书，仔细观看。）
>
> 王强：（过了一位儿）请问您们需要什么样的促销支持。
>
> 客户：配送、铺货、广告与宣传方面的。
>
> 王强：（王强详细介绍公司关于配送、铺货、广告与宣传方面的政策。）
>
> 客户：我会考虑的。
>
> 分析：王强是否控制了谈话局面？为什么？

情景 6：唐明与中间商交流

（背景：在客户的办公室，唐明在与客户交流。）

唐明：戴经理，我们公司的产品质量很好吧？

客户：不错，客户购买后感到很满意。

唐明：那太好了！我们公司采用了全面质量监控及检测，所以能切实有效地保证品质。

客户：是吗？你们的产品质量确实不错。前天我与我的一位朋友谈起过你们的产品，这位朋友也是做中间商的，我还向他夸赞过你们的产品呢！

唐明：谢谢您！我们的产品不仅质量不错，服务也很好。

客户：服务对我们很重要，我们一直希望能够找到合适的长期合作伙伴。

唐明：选择我们公司您就不用这么辛苦了，我们的公司虽然成立不久，却已经发展成为同行业的区域领先者。您知道这是为什么吗？就是因为我们独特的经营模式，我先向您介绍我们的模式吧——（唐明一直在对客户讲解，客户听着，频频点头——电话响了，客户接起电话）

客户：哦，好的，我马上过去。（放下电话，转向王强）对不起，我还有个会要开。

唐明：没关系，今天谈得很投机，我就不耽误您时间了，告辞了。

分析：唐明是否做到了动态聆听？为什么？

情景 7：销售陈述

A. 来自高知名度公司的销售业务员做一次效果好的销售陈述。

B. 来自低知名度公司的销售业务员做一次效果差的销售陈述。

C. 来自高知名度公司的销售业务员做一次效果差的销售陈述。

D. 来自低知名度公司的销售业务员做一次效果好的销售陈述。

分析：请按销售陈述效果进行排序，并说明理由。

情景 8：销售员推销数码相机

背　景：照相器材专卖店销售数码相机

销售员：这台数码相机具有非常 Special 的功能，它具有 400 万像素，4 倍的数码变焦和 20 倍的光学变焦，自带一个 16 K 的 Memory stick，还配备有 USB 插口和 4 英寸的 LCD 取景器……

顾　客：这些我不是很有兴趣，请你直接告诉我，这台相机到底能不能拍出清楚的照片，好吗？

分析：销售员陈述是否合适？说明理由。

情景实9：医生向病人介绍针灸治疗

医生：治疗偏头痛对我来说很容易，用针灸就行了。

患者：我从来没扎过针灸，连打针都害怕，您一定要轻一点！

医生：那我先给你解释一下针灸治疗。

患者：太谢谢您了！

医生：一会儿我就在你头顶上下左右各扎满10针，每根针2寸长。先把针直刺到头皮下，接着贯穿上下左右刺过去，再左右捻动，上下拔插，最后通上电，让针随着电流搏动，加强刺激。怎么样？准备好了吗？

患者：（听了医生的解释后吓得缩成一团，惊恐地瞪大了眼睛，哭着说："我要回家……"）

分析：医生陈述是否合适？说明理由。

情景10：对比唐明与王强的陈述

唐明：我们公司产品价格虽然较高，但质量很好。

王强：我们公司产品质量很好，价格也很合理。

唐明：我们公司产品很畅销，但要提前预付30%的货款。

王强：我们公司产品很畅销，只要提前预付30%的货款就可以了。

分析：唐明与王强谁的陈述效果好？说明理由。

实训形式与组织：先小组讨论，某小组选出两名代表，一位同学扮演销售业务员，另一位同学扮演客户，对上述销售场景进行模拟，然后由另一小组同学回答每个情景后需要分析的问题。同学评议，老师点评。

六、案例分析与讨论

案例1

某房地产公司的刘迪听说××公司的王科长近日有购房的打算，立刻去王科长的家里进行拜访。

"王科长，听说您打算购置一栋住宅，不知是真是假？"

"是有这个打算。现在住房太挤，住着一点儿也不舒服。因此，我想另找住处！"

"我们公司现在有几栋房子，正准备出售，不知您有没有兴趣？质量和样式准能使您称心如意！"

然后，刘迪带王科长去了公司房子所在地。他边走边介绍，"这栋房子总价才×

×万元，这在市区内已经十分便宜了，您认为怎么样！"

"太贵了，太贵了！"

"您等一下，我再和主管商量商量。"

隔一段时间，刘迪又回来对王科长说："刚才，我和主管商量了一下。主管说，我们在××地也有一处类似的房子，样式和这也差不多，周围环境也不差，而价格适合于您的要求，您觉得怎样？"

当王科长看了××地的房子以后，感觉还可以，于是就和刘迪签了订购单。签单之后，刘迪顺便又适宜地补充了一句："我们公司设计的房子有配套的装修服务，如果需要请联系我们。"

分析讨论：

1. 刘迪是如何通过销售洽谈与王科长签订房子订购单的？

2. 以上案例中刘迪的成功之处在哪？

案例2

一个专门推销建筑材料的销售人员，一次听说某建筑商需要一大批建筑材料，便前去谈生意，可很快被告知有人已捷足先登了。他还不死心，便三番五次请求与建筑商见面。那位建筑商经不住纠缠，终于答应与他见一次面，但时间只有5分钟。这位推销员在会见前就决定使用"趣味相投"的谋略，尽管此时尚不知建筑商有哪些兴趣和爱好。当他一走进办公室，立即被挂在墙上的一幅巨大的油画所吸引。他想建筑商一定喜欢绘画艺术，便试探着与建筑商谈起了当地的一次画展。果然一拍即合，建筑商兴致勃勃地与他谈论起来，竟谈了1小时之久。临分手时，允诺他承办的下一个工程的所有建筑材料都由对方供应，并将那位销售人员亲自送出门外。

分析讨论：

1. 案例中的销售人员遵循了销售洽谈的什么原则？是如何遵循的？

2. 你认为案例中销售人员的销售洽谈开局怎么样？为什么？

案例3

某位推销试用剂的销售人员是这样向客户进行陈述的：

（1）听说你们在寻找一种反应速度更快的试用剂。

（2）我们公司新近开发了一种新的试剂产品，它能将反应的速度提高5～6倍，这是这种试剂的实验报告。

（3）您看看，一定会达到您们的要求。

（4）如果您们满意，请快点订货。不然的话，因为订货大多，就难以保证交货期了。

分析讨论：

1. 案例中的销售人员采用了什么样的提问（示）方法？

2. 他是如何了解客户需求，把握陈述技巧，及时促成客户做出购买决策的？从中有何启示？

4

模块四

销售业务原理与实务

处理顾客异议

学习目标

通过本模块的学习，要求学生了解并掌握顾客异议类型及产生成因、处理顾客异议原则、处理顾客异议方法、处理顾客异议策略等相关知识；具有分析与处理客户各种异议的能力。

单元一　顾客异议概念、处理原则及步骤

在销售业务活动中，从接近顾客、销售洽谈直至成交签约的每一个销售步骤，顾客都有可能提出各种各样的异议。销售人员必须研究顾客异议产生的原因，正确地对待顾客异议，掌握处理好顾客异议的方法与技巧，为顺利达成交易排除障碍。

一、顾客异议的概念

顾客异议是指销售人员在销售过程中所遇到的各种阻力，即阻拦销售活动顺利开展的各种主客观因素。在实践中，顾客异议就是顾客对销售人员、商品或服务，以及销售活动所提出的各种反对意见。要处理好客户异议，销售人员首先对异议要有正确的认识和看法。

1. 顾客异议是销售活动过程中的必然现象

销售人员与顾客分别代表着不同的利益主体，当顾客用自己的利益标准去衡量销售人员

的销售意向时，必然会产生赞同或否定的反应。如果你是客户，你也会这样做。可见，顾客提出异议是销售介绍的必然结果，是销售活动中必然会出现的现象。一些成功的销售人员认为，顾客提出异议，正是销售洽谈的目的与追求的效果。因为，只有当顾客提出意见与反对购买的异议时，销售人员才有可能进行针对性的介绍与解释，才是销售活动的真正开始。因此，作为销售人员，不要害怕顾客提出反对意见，而应欢迎并理解顾客异议，虚心听取顾客的不同意见、看法，认真分析顾客异议的根源，并以此作为检验自身销售活动优劣的参考依据之一。

2. 顾客异议既是销售的障碍，也是成交的前奏与信号

顾客在销售人员介绍和示范后，马上就购买的情况是很少的。表面上，顾客异议是成交的障碍，而实际上顾客异议的提出，表明他们对你销售的产品感兴趣，销售已进入双向沟通阶段，销售活动有了进一步发展的基础。如果客户对销售人员的介绍不表示异议，或者根本就没有反应，说明他对你的销售根本就不感兴趣。销售人员应该充分利用顾客提出异议这一契机，及时给顾客以满意的答复，策略地使顾客加深对商品与服务的认识，改变顾客原来的看法。所以说，对于顾客异议，销售人员既要看到其对销售工作的障碍性，也应看到它为最后的成交提供的机会。

"嫌货才是买货人"、"褒贬是买主，喝彩是闲人"，这些俗话对销售人员分析顾客异议很有启发。喜欢挑剔的客户，往往都是诚心要买的，而且越是诚心要买，就越是对产品求全责备。

3. 顾客异议是获取信息的重要途径

销售人员在虚心倾听顾客不同意见的过程中，要注意分析并及时总结，收集顾客有价值的购买需求信息。在此基础上，根据顾客的需求修改销售计划与销售步骤，进一步掌握利于成交的信息，从而更好地满足顾客的需求。

二、顾客异议处理的原则

处理客户异议必须遵循一定的原则。离开了这些原则，你只能使自己不断陷入被动的局面，甚至走向销售的失败。

1. 要有充足的准备

"不打无准备之仗"，是销售人员处理顾客异议应遵循的一个非常重要的原则。销售人员在还没有见到顾客之前，就要先模拟一下场景，将顾客可能会提出的各种异议列出来，然后考虑妥贴的答复。如果事先有所准备，那么在面对顾客异议时，你就可以做到胸有成竹，从容应对；而如果是等到火烧眉毛的时候再去应对，你就可能会手足无措，乱了阵脚，不能

给顾客一个圆满的答复以说服客户，导致顾客的流失。

作为一个拥有丰富经验的销售人员，应当在开展销售活动前先行收集、整理顾客异议，并制订出标准应答语，以便在实战中熟练应用。如果你的经验不足，也可以与其他销售人员一起合作编制。此外，在实际工作中，你还可以不断充实这个"异议库"和相应的"应答库"，并编制成实用的销售手册。具体的操作程序如下。

安排专职人员负责记录，把大家每天遇到的顾客异议记录下来；由专职人员做分类统计，依照出现频率进行排序，出现频率最高的异议排在前面；以集体讨论方式编制适当的应答用语，并编写、整理成文；让大家把最好的回答用语熟记在心，准备应答之需；由老业务员扮演顾客，大家轮流练习标准应答用语；对在练习过程中出现的不足，通过讨论进行修改和完善；对修改过的应答用语再进行练习，并最后定稿备用。最好是印成小册子，以供大家随时翻阅，达到运用自如，脱口而出的程度。

2. 要有自信

自信是一种良好的心理素质表现，也是销售人员保证销售工作顺利完成的基本保证。当销售人员在销售某种商品时，常常会遇到一些麻烦的事，如顾客诉说产品质量不够高，产品档次低、颜色、款式、品种单调，不如其他产品好、名气大等。对于这些，销售人员应树立自信心，有百折不挠的精神和宽宏大量的胸怀。销售人员要做到这一点，首先，要知己知彼，对自己的公司、商品及竞争者的状况、市场行情和顾客的需求点都要十分清楚，要善于提炼本企业产品相对竞争优势并告知顾客；其次，衣着整齐，待客礼貌热情、周到，尤其是遭到对方的冷言冷语时，一定要沉得住气，不能流露出任何不满的言行和泄气的神情。要牢记，任何顾客都不愿与一个缺乏自信心的销售人员打交道。

3. 要尊重顾客异议

无论顾客异议有无道理和有无事实依据，销售人员都应该认真倾听、温和对待，要表现出对顾客的尊重和重视，首先使顾客获得心理上的满足。这样在销售人员作进一步的说服时，顾客才会采取比较合作的态度。销售人员在销售商品的过程中，即便是顾客的看法和观点不正确，也不能强词夺理与之争辩。每个人都会坚持自己的看法，不要企图说服顾客改变他的错误，要让顾客感到他说得有一定的道理。销售人员在辨析了顾客的异议后，再寻求其他比较委婉的方法向顾客讲明道理，顾客才能接受销售人员的建议和观点。总之，销售人员在遇到顾客异议时，要站在客户的立场考虑问题。

4. 真诚倾听，绝不争辩

在洽谈过程中，销售人员应避免与顾客争论，更不允许争吵。在导致销售失败的原因中，销售人员与顾客发生争论高居第一位。首先，销售人员应该时刻牢记提出异议的顾客是合作伙伴，而不是敌人。其次，销售人员应当树立"顾客总是有道理"的观念，销售洽谈不是澄清事实的讨论会,销售的目的在于达成交易,满足顾客的需要。顾客异议是一种客观存在,销售人员不要试图去压制顾客的意见,更不能贬低顾客的看法,而应该换位思考,理解顾客的想法和看法。在解答问题时,"态度胜过真理"。尤其是对待主观上的问题,处理更须谨慎。

5. 维护顾客的自尊

如果销售人员让顾客感觉"不给面子",甚至羞辱他,无论你所销售的商品价值有多高,也不管你销售的商品有多么价廉物美,但最终只有"难以成交"一个结果。例如,顾客提出商品价格太高,销售人员就不能在语言上暗含顾客"没有钱,买不起"的语气,进而轻视对方。一定得给顾客留"面子"。顾客的意见无论是对是错、是深刻还是幼稚,销售人员都不能给对方留下轻视的感觉,如讥笑、不耐烦、轻蔑、走神、东张西望、绷着脸、耷拉着头等。销售人员要维护顾客的自尊,讲话时面带微笑、正视顾客,听对方讲话时要全神贯注,回答顾客问话时语气不能生硬。"你错了"、"连这你都不懂"、"你没明白我说的意思……"这样的表达方式抬高了自己,贬低了顾客,挫伤了顾客的自尊心。

6. 向顾客提供真正的价值和利益

销售人员应着重说明顾客通过购买销售品所能获得的价值和利益,并通过各种可能的方法,向顾客证明购买商品确实得到了这种利益,让顾客眼见为实。例如,对企业用户要从"降低成本"、"增加效益"的角度说服;对中间商要用"进货价格低"、"商品质量优"、"有良好的销售支持"进行说服;对消费者则以"便利"、"使用效果好"进行说服等,要注意克服顾客的风险顾虑,在比较利益的促进下完成销售任务。

以上是销售人员能否说服顾客的关键。要做到这些,销售人员必须设身处地地为顾客着想,和顾客来一个角色互换,进一步了解对方的感情及顾客的所想、所虑,从各方面缩小与顾客的心理距离,同时也有利于正确对待和处理顾客的异议。

三、处理顾客异议步骤

1. 采取积极的态度

当客户提出一些反对意见时,应该说是件好事,他们往往是真正关心这个产品,有比较强烈的购买意向,但自身有一些要求又不知道销售方是否能给予满足,于是导致异议产生。而那些没有提出异议的客户,也许他们没有急切的需求,或对销售方的产品根本就不感兴趣。因此,销售方要控制好自己的情绪,积极地看待客户的异议。

案例 4-1 唐明向张老板推销公司产品

【在一零售店中，唐明正在向中间商张老板推销产品。】

唐　明：您看，这是我们公司新开发上市的含钙牛奶产品。

张老板：可是它太贵了。

唐　明：什么？太贵了？您怎么不早说呢？我们有便宜的呀！只不过销路差一些。

张老板：要是没有市场，我经销它有什么用呢？

唐　明：那您就要这种新产品吧！

张老板：可是实在太贵了呀！

唐　明：一分钱一分货啊！

张老板：贵的我买不起呀！消费者也不一定要呀！

唐　明：（非常愤怒）那到底要不要？

2. 认同客户的感受

认同不等同于赞同。赞同是同意对方的看法，而认同是认可对方的感受，理解对方的想法，但并不是同意对方的看法。

销售业务员要做的不是赞同而是认同。认同的作用是淡化冲突，提出双方需要共同面对的问题，以利于进一步解决异议。

认同方法一般来说，可以先重复客户的反对意见，并将语气淡化，然后委婉地向利于自己产品销售方向转化。

案例 4-2 唐明与王强对客户的认同

情景1：

客户：我们研究了你们的代理合同，代理费用太高了。

唐明：对，我完全同意您的看法！代理费用实在太高了。但是，我们的产品质量很好。

客户：而且销售支持太少。

唐明：对，我完全同意您的看法！确实销售支持太少。

情景2：

客户：我们研究了你们的代理合同，代理费用太高了。

王强：我明白您的意思，您认为代理费不是一笔小数目，是吗？

客户：而且销售支持太少。

王强：我了解您的感受，您认为销售支持太少，是吗？

3. 使反对意见具体化

反对意见具体化，即客户反对的细节是什么？是哪些因素导致了客户的反对？找出导致客户异议的真正原因。所以销售人员在听到客户的异议后，不要急于就客户异议的本身做出解释，而是要尽量探询客户更为详细、具体的反对意见。

4. 如何使反对意见具体化？

利用发问技巧。客户往往不会对异议的原因做出解释，业务员可以通过发问来了解客户异议的原因。提问通常有两种方式：一是开放式的提问，即咨询性的、询问细节的问题，比如"为什么呢?""你觉得应该怎样"等；二是封闭式的提问，是验证性的，要求回答是与否的问题，比如"对吧"、"是吧"等。在运用发问时，开始一般采用的是开放式的提问，尽量鼓励客户主动地细说、多说，以了解其更多的想法和意见，最后采取封闭式的提问方式，来确认客户的真正意见。只有听到客户真正的意见，才能有针对性地去解释和说服。

案例4-3　唐明处理刘老板的异议

唐明：刘老板，虽然我们今年合同到期，我们明年继续合作吧!

客户：我们不打算与你们合作了。

唐明：我们公司的产品在市场上非常畅销的呀!

客户：我知道你们的产品质量不错，但是我们不需要了。

唐明：您是说不打算合作了？

客户：对。

唐明：真的不合作了？

客户：真的不合作了。

唐明：您肯定是千真万确、的的确确、当真不合作了吗？

客户：不! 不! 不!

唐明：哦，不合作了。

案例4-4　判断正误

1. 经常交货时间太迟，影响我们的生意。

A. 您认为应该是什么时候交货呢？

B. 这个交货时间很合理。

2. 一次性订货100箱，量太大了。

A. 您认为多少箱更合适呢？

B. 您为什么觉得量太大了呢？

3. 你们的售后服务不好。

A. 您放心，我们会改进的。

B. 有哪些令您不满意的地方吗？

4. 有一些问题，让我考虑一下。

A. 那我就等您的消息了。

B. 有哪些问题，我能为您提供帮助吗？

通过发问使模糊信息明确化。常见的模糊说法有：你的产品还可以、我会尽快答复你、我要和领导商量一下、你过几天再来吧、我再考虑考虑，等等。

在遇到客户的模糊信息时，销售人员可以先认同客户的想法，然后进一步询问客户明确的信息，或直截了当地询问客户的真实想法。

处理方法：认同（或赞美）+ 提问或反问。

案例 4-5　唐明与王强处理模糊信息

方式一

唐明：我们的产品怎么样？

客户：还可以。

唐明：太好了，何时我们能得到答复？

客户：我们会尽快决定的。

方式二

王强：我们的产品怎么样？

客户：还可以。

王强：我是否可以这样理解，您已经认真考虑过我们的产品，是否可能经销？

客户：还不能这么说，还有一些事情我们正在考虑。

王强：有哪些方面还没有最后确定？

客户：我们担心供应商的信誉和销售支持问题。

王强：对于我们公司，在这两个方面您也有这样的担心吗？

客户：我们主要担心你们的销售支持。

5. 给予解释或补偿

给予解释，后面将提到，在此先讲补偿的问题。

（1）给予补偿的一般方式

① 根据客户异议，酌情补偿。例如：

◆ 客户提出价格太高，业务员在价格方面让步；

◆ 客户提出服务项目少，答应增加服务项目内容；

◆ 客户提出付款时间太早，答应客户可适当延迟付款；

◆ 客户提出要求提供销售支持，答应客户提供适当的销售支持等。

当然，答应客户提出的条件，不是人家讲什么，就答应什么。

②用产品的其他利益补偿。一个产品由多方面的要素构成，例如：质量、价格、功能、服务、包装、款式、付款、方便、品牌等，当顾客提出某个或某些异议时，可用其他方面来弥补。例如：客户提出降价，而根据企业政策不能降价，可考虑为客户增加些服务项目内容，或者适当延迟付款等。

③巧将异议变成卖点。针对客户提出异议的地方，巧妙地将其转化成产品卖点。例如，客户如果认为商品的价格太高，那么可以向客户强调：价格高，原因是产品品质好、是名牌、为客户提供优质的服务等。

（2）给予补偿时的考虑

①业务员在自己的权限范围内做出让步。

②让步的同时，要求客户给予相应的回报。让步并不意味着一味地要妥协，而是在让步的同时也要尽量争取自身的利益。

单元二　顾客异议类别、成因与处理策略

一、顾客异议类别

1. 需求异议

需求异议是指顾客认为不需要产品而形成的一种反对意见。它往往是在销售人员向顾客介绍产品之后，顾客当面拒绝的反应。例如，一位女顾客提出："我的面部皮肤很好，就像小孩一样，不需要用护肤品"，"我们根本不需要这类产品"，"这种产品在我们这里用不上"，"我们已经有了"，等等。这类异议有真有假。真实的需求异议是成交的直接障碍。销售人员如果发现顾客真的不需要产品，那就应该立即停止销售。虚假的需求异议既可表现为顾客拒绝的一种借口，也可表现为顾客没有认识或不能认识自己的需求。销售人员应认真判断顾客需求异议的真伪性，对虚假需求异议的顾客，设法让他觉得销售产品提供的利益和服务，符合他的需求，使之动心，再进行销售。

2. 价格异议

价格异议是指顾客以销售产品价格过高而拒绝购买的异议。无论产品的价格怎样，总有些人会说价格太高、不合理或者比竞争者的价格高。例如，"太贵了，我买不起！""我想买一种便宜点的型号"，"我不打算投资那么多，我只使用很短时间"，"在这些方面你们的价格不合理"，以及"我想等降价再买"等。当顾客提出价格异议，表明他对销售产品有购买

意向，只是对产品价格不满意，而进行讨价还价。当然，也不排除以价格高为拒绝销售人员的借口。在实际销售工作中，价格异议是最常见的，销售人员如果无法处理这类异议，销售就难以达成交易。

3. 产品异议

产品异议是指顾客认为产品本身不能满足自己的需要而形成的一种反对意见。例如，"我不喜欢这种颜色"，"这个产品造型太古板"，"新产品质量都不太稳定"。还有对产品的设计、功能、结构、样式、型号等提出异议。

对于大多数顾客，尤其是现代顾客来说，在购买商品时更多的是看重商品本身的性能或效用。因为他购买商品的主要目的是为了消费。如果买来的商品不能给他带来预期效益，甚至带来许多麻烦，那么他就不愿购买。因此顾客在购买商品时较为谨慎，同时也会提出许多异议，如"性能是否可靠"、"质量是否上乘"、"商品是否新上市"等。产品异议表明顾客对产品有一定的认识，但了解还不够，担心这种产品能否真正满足自己的需要。因此，虽然有比较充分的购买条件，就是不愿意购买。为此，销售人员一定要充分掌握产品知识，能够准确、详细地向顾客介绍产品的使用价值及其利益，从而消除顾客的异议。

4. 货源异议

货源异议是指顾客认为不应该向有关公司的销售人员购买产品的一种反对意见。例如，"我用的是某某公司的产品"，"我们有固定的进货渠道"，"买国有企业的商品才放心"，等等。顾客提出货源异议，表明顾客愿意购买产品，只是不愿向眼下这位销售人员及其所代表的公司购买。当然，有些顾客是利用货源异议来与销售人员讨价还价，甚至利用货源异议来拒绝销售人员的接近。因此，销售人员应认真分析货源异议的真正原因，利用恰当的方法来处理货源异议。

5. 财力异议

财力异议是指顾客认为缺乏货币支付能力的异议。例如，"产品确实不错，可惜无钱购买"，"近来资金周转困难，不能进货了"，等等。一般来说，对于顾客的支付能力，销售人员在寻找顾客的阶段已进行过严格审查，因而在销售中能够准确辨认真伪。真实的财力异议处置较为复杂，销售人员可根据具体情况，或协助对方解决支付能力问题，如答应赊销、延期付款等，或通过说服使顾客觉得购买机会难得而负债购买。对于作为借口的异议，销售人员应该在了解真实原因后再作处理。

6. 权力异议

权力异议是指顾客以缺乏购买决策权为理由而提出的一种反对意见。例如，顾客说：做不了主"，"领导不在"，等等。与需求异议和财力异议一样，权力异议也有真实或虚假之分。销售人员在进行寻找目标顾客时，就已经对顾客的决策权力状况进行过认真的分析，也已经找准了决策人。面对没有购买权力的顾客极力销售商品是销售工作的严重失误，是无效销售。在决策人以无权作借口拒绝销售人员及其产品时放弃销售更是销售工作的失误，是无力销售。销售人员必须根据自己掌握的有关情况对权力异议进行认真分析和妥善处理。

7. 销售人员异议

销售人员异议是指顾客认为不应该从某个销售人员处购买销售产品的异议。有些顾客不肯买某一产品，只是因为对某个销售员有异议，他不喜欢这个销售员，不愿让其接近，也排斥此销售人员的建议。但顾客肯接受自认为合适的其他销售员。比如，"我要买老王的"，"对不起，请贵公司另派一名销售员来"，等等。销售人员对顾客应以诚相待，与顾客多进行感情交流，做顾客的知心朋友，消除异议，争取顾客的谅解和合作。

8. 购买时间异议

购买时间异议是指顾客有意拖延购买时间的异议。顾客总是不愿马上做出决定。事实上，许多顾客用拖延来代替说"不"。销售人员经常听到顾客说："让我再想一想，过几天答复你"，"我们需要研究研究，有消息再通知你"，以及"把材料留下，以后答复你"，等等。这些拒绝很明显意味着顾客还没有完全下定决心，拖延的真正原因可能是因为价格、产品或其他方面不合适。有些顾客还利用购买时间异议来拒绝销售人员的接近和面谈。因此，销售人员要具体分析，有的放矢，认真处理。

9. 服务异议

服务异议是顾客对销售商品附带承诺的售前、售中、售后服务提出的异议。如对服务方式方法、服务延续时间、服务延伸程度、服务实现的保证措施等。

对于顾客提出的服务异议，销售员要诚恳接受、耐心解释，并立即采取行动，将承诺的各项服务兑现，以树立良好的企业形象。

顾客异议是多种多样的，它们中既有真实的，又有虚假的；既有公开的，又有隐藏的；既有理性的，又有感性的；既有正确的，又有错误的；既有试探性的，又有强辩性的，等等。销售人员必须根据商品和服务的特点，在销售计划实施之前，对各种可能出现的顾客异议做出分析和预测，妥善处理好顾客异议，做好化解各类顾客异议的准备，提高销售洽谈中的应变能力。

不管是何种异议，销售员首先应该对异议持正确的态度，如此才可能用正确的方法来处理好异议。

二、顾客异议成因及处理策略

1. 来自销售人员的异议及处理策略

销售员是企业形象的代表，销售员的行为在一定程度上代表企业行为。顾客面对销售人员往往会联想到销售人员所在的企业及其产品。如果销售员自身存在着某些主观或客观上的问题，必然会引起顾客的反感，并因此而流露出反对情绪或提出反对意见。

（1）销售人员素质低

作为一名合格的销售人员，必须具备良好的思想品质和职业道德，顾客至上的销售观念和忘我的敬业精神；精通业务，能熟练地运用销售技巧，具有全面的市场知识和产品知识；除具备一般能力外，还应具备能吸引顾客、诱导顾客的特殊能力。如果销售人员不具备上述条件时，就容易使顾客反感，从而导致顾客异议的产生。

（2）销售人员形象欠佳

这里主要是指相对于内在气质而言的外部形象。尽管销售人员的外部形象在相当大的程度上取决于遗传，但作为销售人员是可以通过内在气质的衬托和形象设计来弥补的。优秀的销售人员往往会巧妙地设计个人形象，并逐步在客户心目中形成较为固定的形象，以便促使销售的顺利进行。如果销售人员不拘小节、不修边幅、不讲究礼仪，往往会引起顾客的冷遇，遭到顾客的排斥。

（3）销售人员方法不当

一种销售策略和技巧运用之所以成功，是因为运用者选择了恰当的时间、恰当的地点、恰当的对象。因此，如果销售人员选择了错误的时机去运用"正确"的方法，结果可能适得其反。此外，销售人员在方法运用上的某些误区，也容易引起顾客异议。如销售人员往往会认为销售凭的是运用三寸不烂之舌竭力说服，因此，忽略了给顾客表达想法的机会；销售是以销售员自己为中心的单方面的行为，而忽略了另一个销售主体——顾客，等等。

（4）销售人员受顾客排斥

这是一个具有双重性质的问题，它反映的是销售人员与顾客的有效配合问题。顾客排斥销售人员，犹如顾客排斥广告宣传一样，这是由于顾客所持的偏见造成的，可以视为常规性的障碍。此外，某些顾客排斥销售人员并非是单纯的排斥产品或所有的销售人员，而是只排斥某些特定的销售人员，即排斥某一性别的或某一年龄段的或某一类型的销售人员。这种排斥是一种非常规的排斥，它既可以归结为由顾客原因所引起的顾客异议，也可以归结为由销售人员的原因所引起的顾客异议。

处理顾客对销售人员的异议，需要销售人员加强专业训练，提高专业素养；树立职业化形象，赢得顾客信赖；掌握与运用正确的销售技巧与方法；加强与顾客的沟通，争取顾客的配合。

2. 来自企业的异议及处理策略

（1）顾客对企业及产品的异议

顾客对企业的异议，是由于企业的形象本身就会对销售工作造成影响。如果企业经营管理水平较低，产品质量不稳定，企业产品广告宣传错位，或者广告宣传力度不够导致顾客不了解产品，企业不遵守信用，企业缺乏知名度，企业被大众传媒曝光等，都会产生顾客异议。客户对企业产生疑虑，认为你们的产品来自不好的地方、不知名的企业。

顾客对产品的异议，是顾客对产品的质量、效用、功能、品种、规格、花色、式样、包装、商标等方面提出异议。来自产品方面的异议是多方面的。

处理顾客对企业及产品异议的方法如下。

① 提供例证。

提供企业资质证明、产品质量检测报告、获奖证书、知名企业的订购合同等材料，消除顾客疑虑，增强顾客信心。

② 强调竞争受益。

充分的竞争，受益的将是顾客。增加进货渠道，顾客可以选择、比较，择优选购。增加进货渠道，能降低购货风险，减少对特定供货商的依赖，增强购货谈判能力。

③ 锲而不舍，以诚待人。

加强联络，增进感情，消除顾客对产品、企业的偏见和疑虑。对于组织购买者，销售人员可以与顾客建立起长期的、稳定的关系。当客户经营管理遇到困难时，帮助顾客解决问题。

④ 不攻击竞争对手。

一位销售专家曾经说过："一个成功的销售员不应贬低或诋毁竞争对手。否则，就等于暗示买主的判断力有问题。"

案例 4-6　企业异议

山东秦池酒厂因连续两次夺得中央电视台黄金时段广告"标王"而名气大振，销量、利润也由此连年增加，但一家报纸披露了秦池酒厂以酒精勾兑白酒一事之后，尽管厂家多次解释，白酒的销量还是急剧下降，最终导致秦池酒被市场淘汰。

（2）顾客对价格异议

客户认为本公司产品价格太高。价格异议是最常见的客户异议，处理起来也是较难的问题。价格异议有两种形式。

① 假的价格异议。

一方面可能是客户本能反应。一些客户习惯于对任何产品都说价格太贵，以试探业务员是否故意提高了对他的报价。处理方法：销售业务员要语调平和而坚定地告诉客户价格已是最低，其待遇和其他客户是一样的。另一方面可能是客户不了解价格行情。

处理方法：销售业务员可以列举其他品牌的市场价格，加以解释。

② 真的价格异议。

本企业产品价格的确高于同行业。处理方法如下。

第一，分析产品和公司的差异化特性，以及由此给客户带来的利益和好处，如：本品质量优于竞争品牌，一分钱一分货，高质量意味着高价格，质量高麻烦少；本品配送快捷方便，客户可以小批量频繁进货，减少库存量和资金占用量；本企业提供优质的售后服务和技术支持；本企业信誉好、销售支持大等。

第二，先告知其他方面利益再告知价格，使客户觉得有这么多的好处，值这么多钱。

第三，分解价格。告诉客户虽然价格贵一点，但使用时间长，耐用。

第四，推荐公司其他的低价产品。有时候客户确实买不起业务员推荐的某个产品，或者消费者不接受这种高价产品，业务员可以向客户推荐公司其他低价产品。但要讲出理由，如：批量大、成本比较低，价格也就比较便宜；两类产品具有不同的特点，给消费者提供的使用价值各有不同；竞争的需要（低价是为了击败竞争对手）等。

案例 4-7 价格异议

销售员常犯的一个错误是，从成本的角度去解释价格高的原因。如：

"我想您也一定很清楚，最近物价上涨得实在太厉害了……"

"价格是高了一点，但是，生产成本也不断地在增加……"

给顾客讲成本是没有任何意义的，成本是企业管理的问题，成本高，说明你的企业管理水平低。销售员应该说："也许我们产品的价格是高了一点，但我可以保证，我们设备的故障率在所有同类产品中是最低的。"

（3）顾客对购买时间的异议

顾客认为现在不到购买时候。销售人员的处理办法如下。

① 利用货币时间价值法。

销售业务活动中，物价的变化往往会随着时间的推移而上扬。由于供求关系的变化，如果拖延购买时间将意味着花费更多的钱来购买同等数量的产品，而且还要劳心费力，多方选择必定耗费时间，不符合现代社会的时间观念。这也是为什么一些富有的人在购买一般产品时很少花太多的时间进行产品的比较和选择，而往往是直奔自己喜爱的品牌，快速做出购买决策的重要原因。

② 利用良机激励法。

如向顾客说明："促销活动期间，价格优惠20%；活动结束，价格恢复。""货源已经不多了，如果您再犹豫的话，就可能被别人买去了。"

这是利用对顾客有利的机会来激励顾客，使其不得犹豫不决，抛弃等一等、看一看的观望念头，当机立断，拍板成交。使之失去这次机会，将会产生遗憾或后悔的感觉。不过，使用这种方法必须确有其事，不可虚张声势欺诈顾客。

③ 利用意外受损法。

如向顾客说明："物价呈现上涨趋势，上游原材料价格不停地在涨。您要是现在不抓住机会，再过一段时间，可能就不是这个价格了。"

这是利用顾客意想不到，但又必将发生的变动因素，例如：物价上涨、政策变化、市场竞争等情况，要求顾客尽早做出购买决定。

④ 竞争诱导法。

指出顾客的同行竞争对手已经购买了这种新产品，如果顾客不购买，将会在竞争中处于劣势地位；同时，告诉顾客本企业的产品价格与竞争态势，从而做出购买决定；告诉顾客本企业的产品价格与竞争对手相比已经是最低了，此时购买，买得超值，此时不买，更待何时？

（4）顾客对服务的异议

当实际提供的服务大于顾客的期望时，顾客表现为很满意；当实际提供的服务等于顾客的期望时，顾客表现为基本满意；当实际提供的服务小于顾客的期望时，顾客明显表示出不满意。

售前、售中、售后的服务提供及处理顾客抱怨不是由某个部门或某个人来完成的，需要企业员工的共同努力。顾客在商品使用中出现问题，可能不会想到服务部门或商店负责人，而是先想到销售人员。顾客找销售人员，目的并不是单纯来找麻烦，而是遇到了解决不了的、需要帮助的问题。这恰恰是销售人员展示自己，展示公司的绝好机会。首先要想到自己是为顾客带来满意的人，而不能推卸说："这不是我的责任，这不关我的事。"

处理方法应该是销售人员和顾客一道，及时、妥善地解决问题，销售人员向顾客列举本公司的服务项目内容，并与同行业其他企业进行间接比较，促使客户相信本公司的服务项目内容齐全、服务水平高。

三、来自客户自身的异议及处理策略

一些异议来自顾客自己，其具体表现形式多样。

（1）顾客的需要

顾客不需要销售人员所推销的产品，或者认为销售人员所销售的产品不能满足其要求。

处理方法：一方面需要销售人员善于引导顾客的需求，让其产生购买欲望；另一方面，对产品进行相应的说明，说明如果顾客需要，本企业产品能满足其相应的要求。如果经过交流能判断顾客真的不需要，就应告辞。

（2）顾客的购买权力

无论是组织购买还是个人购买，都有一个权威中心点的问题。购买产品的顾客不一定就是购买的决策者，当顾客没有权力决定是否购买某一商品，或者没有权力决定购买什么样的商品，或者没有权力决定在什么条件下才能购买某种商品时，那么，他很有可能就购买权力方面提出异议。如果顾客的确缺乏或没有足够的购买权力，那就说明销售人员在对顾客资格认定和接近准备上出现了失误。所销售的对象不是你所要寻找的目标顾客或者准顾客。

处理方法：销售人员首先要判断是顾客的借口还是确实不能作决定，迅速找出核心决策人是谁，尽快和核心决策人见面沟通。

（3）顾客的支付能力

顾客的支付能力是实现顾客购买需求的物质基础，如果顾客经济状况不好，没有足够资金支付货款；或者顾客暂时出现经济困难，一时难以筹措资金，造成支付能力缺乏；当然也有的顾客以缺乏支付能力为借口，向销售人员施加压力，希望争取更多的交易利益等情况，都会成为顾客拒绝购买销售品的原因。

处理方法：销售人员先不谈生意，而是谈一些别的话题，过一会儿再转过来。探询客户心中是否还有疑虑没有说出。或许客户就是这种风格。

（4）顾客的认知

顾客认知可能带有更多的主观因素，通常受到顾客已往经验、信息、心理等因素影响，顾客就自己的认知而提出异议，表明顾客对所销售产品或服务产生了真正的兴趣。

处理方法：销售人员要耐心地向顾客解释，运用正确而有效的销售陈述方法，谦虚地处理异议。

（5）顾客有比较固定的采购关系

大多数顾客在长期的生产、经营活动中，往往与某些销售人员及其所代表的企业形成了比较稳定的合作关系，组织购买者尤其如此。当新的销售人员及其企业不能使顾客确信可以从销售方得到更多的利益和更可靠的合作时，顾客是不愿冒险随便丢掉长期以来建立的固定的业务合作关系的，因而对陌生的销售人员和商品怀有疑惑、排斥的心理。

处理方法：首先，业务员要做有心人；收集竞争对手不好的而且客户认为是重要的方面，如质量、价格、服务、销售支持等，然后向客户展示；其次，分析采购经营本品的好处，如质量更好、牌子响、配送及时、促销支持力度大、单件利润高、增加一个品牌减少风险、多提供赚钱的机会等。

（6）顾客的偶然因素

在销售过程中，由于一些顾客的家庭失和、情感失落、晋升受挫、身体欠佳等原因，造成顾客心情不好，此时，如果销售人员向其进行销售陈述、顾客有可能为了发泄情感和寻求心理平衡，不能有效地控制自己的情绪，从而不停地向销售人员提出异议。

处理方法：销售人员在推销之前，应该对客户的心情有所了解，客户心情不好时，最好不要打扰。否则，你不但不能卖出你的产品，而且给你不好的脸色，难听的话。如果事先不知道顾客心情不好，见面知道后，要对顾客表现出理解与同情。

（7）顾客的自我表现

由于自尊心的驱使，顾客往往会自我表现。对于销售人员所作的产品介绍，顾客往往认为没有必要，会自以为是。销售人员越是在顾客面前介绍产品优点和提出销售建议，他就越觉得自己有必要提出一些不同的看法，甚至试探一下销售人员的能耐和见识。

处理方法：销售人员认真聆听顾客的说话，并适度夸奖，以满足其自尊心。

（8）客户强调库存过多

客户强调不是不想进货，是因为存货过多，怕积压占用资金。

处理方法：首先要搞明白，客户是不是库存量真的很大，最好争取能去客户仓库看；如果库存真的多，可以跟客户计算消化的时间，然后要求客户小批量进货，这样也不会积压；强调这个时候进货，促销力度大，过段时间促销就没有了；告诉客户最近几天公司要决定本市场的经销商。如果犹豫不决，可能拿不到经销权，后悔就来不及了。

（9）顾客的购买经验和成见

顾客在日常购买活动中积累的经验往往用以指导后续的购买行为，如果顾客在以往购买实践中有过较大的经验教训，顾客可能会牢记其间并形成对某个或某类商品或销售人员的成见。成见是顾客认知中一个错误的知觉，在文化水平较低、购买经历较多、思想狭隘的顾客中尤为常见。在高新技术产品日新月异、层出不穷的当今社会，经验与成见是导致销售失败的一种障碍，尤其对一些新产品与高新技术产品而言。

处理方法：销售人员对于固守购买经验与成见的顾客，要进行科学的分析，做好转化与耐心的解释工作，改变顾客落后的、错误的观念，树立顾客对销售活动的进步的、正确的认识与态度，以达到有效处理顾客异议的目的。

案例 4-8　顾客异议

一位汽车销售员正在电话里同顾客进行交谈。顾客虽然很有礼貌，但声音显得很强硬。

"不，谢谢你啦！我现在不需要购买新汽车，如果需要的话，我自己会找汽车经销商的。记得一年前，我经不起一个销售员的百般劝说，就向他买了一辆小汽车，可是还没用多长时间，那辆汽车就坏了。老实对你说吧，吃亏上当只有一次，我再也不会听你们那套销售经了。"

由于其他销售人员使用了对顾客不负责任的销售方法，使这位"吃过亏"的、有过经验教训的顾客，面对其他销售人员自然心生反感，给其他销售人员的销售工作带来不利影响，增加了销售阻力。

单元三 处理顾客异议方法

顾客的异议是多种多样的，处理的方法也千差万别，必须因时、因地、因人、因事而采取不同的方法。在销售过程中，要掌握一定的工作方法，从容处理顾客异议，提升自己的销售能力。常见的处理顾客异议的方法有以下几种。

一、直接否定法

直接否定法又称反驳法。这种方法是销售人员根据比较明显的事实与充分的理由直接否定顾客异议的方法。

案例 4 - 9 直接否定法

1. 顾客："你们的产品比别人的价格高。"

销售人员："不会吧，我这里有同类产品不同企业的报价单。我们产品的价格是最低的。"

2. 顾客："这房屋的公共设施占总面积的比率比一般的要高出不少。"

销售人员："您大概有所误解，这次推出的新房，公共设施占房屋总面积的18.2%，一般大厦公共设施平均达19%，我们要比平均少0.8%。"

3. 顾客："你们企业的售后服务不好，电话叫修，都姗姗来迟！"

销售人员："我相信您遇到的一定是个案，有这种情况发生，我们感到非常遗憾。我们企业的经营理念，就是服务第一。企业在全省各地的技术服务部门都设有电话服务中心，随时联络在外服务的技术人员，希望能以最快的速度替顾客服务，以达成电话叫修后两小时一定到现场修复的承诺。"

1. 直接否定法的优点

给顾客直接、明确、不容置疑的否定回答，迅速、有效地输出与顾客异议相悖的信息，以加大说服的力度，加快反馈速度，从而达到缩短销售时间、提高销售效率的目的。

2. 直接否定法的缺点

容易使顾客产生心理压力和抵触情绪，甚至可能伤害顾客的自尊，引起顾客的反感或激怒顾客，造成销售洽谈气氛的紧张。

3. 直接否定法的适用条件

顾客对企业的服务、诚信有所怀疑时；顾客引用的资料不正确时。

比如，一位顾客对销售人员说："你的产品不行，你们那个地方的假冒伪劣产品是全国出了名的。"这是一种货源异议，根源在于顾客的偏见。如果销售人员不明确否定顾客异议，就会使顾客由本能的抵制发展为理智的抵制，直接拒绝销售人员和产品。销售人员面对这种情况，就应使用直接否定法，直接而明确地指出："我公司的产品绝对是真货。这是国家质量鉴定书、产品许可证、营业执照……"

顾客不了解情况，提出了售后服务的异议，销售人员可说："您可能不了解情况，本公司在全国各地主要城市都建立了特约维修站，可上门服务。请看产品销售区域分布图，您所在地区的维修站在这里……"既消除误会，又避免争执。

4. 直接否定法的操作步骤

首先，认真听取顾客异议；其次，马上分析判断顾客的不正确异议；然后，最好表示不同意见，并提出或展示有说服力的证据和资料支持。

5. 运用直接否定法应注意的问题

反驳顾客的异议要站在顾客的立场上，有理有据地摆事实、讲道理，要让对方心服口服，而不是靠强词夺理压制顾客；在说明过程中，要特别注意给顾客提供更多的信息，销售中的言辞要坚定，态度要诚恳真挚、平易近人、尊重顾客；销售人员反驳异议，是对事不对人，不能提高嗓门、情绪激动，不必板着脸说教；切勿伤害顾客的自尊心，要让顾客感受到销售人员的专业与敬业；销售人员应考虑到顾客的个性和与顾客的熟悉程度，对不熟悉的和个性敏感的顾客应尽量避免使用这种方法。

二、间接否定法

间接否定法又称为但是处理法，或"是的……如果"法。这种方法是销售人员根据有关事实和理由间接否定顾客的异议。采用此法时，销售人员首先应承认顾客异议的合理成分，然后用"但是"、"不过"、"然而"等转折词将话锋一转，对顾客异议予以婉转否定。

案例 4-10　间接否定法

1. 顾客："这个东西太贵。"

销售人员："这个东西的价格是不低。不过，相对它的功能来说它还是便宜的。"

2. 顾客："这个金额太大了，不是我马上能支付的。"

销售人员："是的，我想大多数的人都和您一样是不容易立刻支付的，如果我们能配合您的收入状况，在您发年终奖金时，多支一些，其余配合您每个月的收入，采用分期付款的方式，让您支付起来一点也不费力。"

人有一个共性，不管有理没理，当自己的意见被直接反驳时，内心总是不痛快，甚至会被激怒，尤其是遭到一位素昧平生的销售人员的正面反驳时更是如此。屡次正面反驳顾客，会让顾客恼羞成怒，就算销售人员说得都对，也没有恶意，还是会引起顾客的反感，因此，在表达不同意见时，尽量利用"是的……如果"的方法，用"是的"同意顾客部分的意见，用"如果"表达另外一种状况比较好。

1. 间接否定法的优点

销售人员首先表示对顾客的理解、同情，或者简单重复顾客的异议，使顾客心理得到某种平衡；这种方法不是直截了当地硬碰硬，而是先退后进，一般不会冒犯顾客，有利于保持良好的销售气氛和人际关系，避免引起双方对立；给了销售人员一个回旋的余地，使其有时间分析、判断顾客异议的性质以及根源，想出处理顾客异议的方法。

案例 4 –11   比较一下下面的两种说法

A："您根本没了解我的意见，因为状况是这样的……"

B："平心而论，在一般的状况下，您说得都非常正确，如果状况变成这样，您看我们是不是应该……"

A："您的想法不正确，因为……"

B："您有这样的想法，一点也没错，当我第一次听到时，我的想法和您完全一样，可是如果我们做进一步的了解后……"

比较这两种说法，它们有天壤之别，养成用 B 的方式表达不同的意见，销售人员将受益无穷。

2. 间接否定法的缺点

间接否定法使用不当会让顾客感觉到销售人员太圆滑，或者不知道销售人员到底要表达什么样的观点。

3. 间接否定法的适用条件

适用于顾客因为有效信息不足而产生的片面经验、成见、主观意见，而且顾客能自圆其说的情况。

4. 间接否定法的操作步骤

首先，认真听取顾客的异议；其次，针对异议表示理解、肯定；然后，使用转换语，引出真正意图。

5. 运用间接否定法应注意的问题

被更多使用的"是的……如果……"，源自"是的……但是……"的句法，因为"但是"的字眼在转折时过于强烈，很容易让顾客感觉到销售人员说的"是的"并没有含着多大诚意，强调的是"但是"后面的诉求，因此，若销售人员使用"但是"时，要多加留意，以免失去了处理顾客异议的原意。

三、转化法

转化法也称太极法，是指销售人员直接利用顾客异议进行转化而处理顾客异议的方法。当顾客提出某些不购买的异议时，销售人员可能立刻回复说："这正是我认为您要购买的理由！"从现代销售学理论上讲，顾客异议具有既是成交障碍，又是成交信号的二重性。顾客异议提出了关于顾客的实际问题和看法，如果能将计就计，利用顾客异议中正确、积极的一面，去克服顾客异议中的错误、消极的一面，就可以变障碍为信号，促进成交。

案例 4-12　转化法的应用（1）

中间商说："价格又涨了。"销售人员就可以说："是的，价格是涨了，而且以后还会涨。现在不进货，机会就丢掉了。"对终端顾客则可以说："再不买，吃亏就更大了。"

经销店老板："贵企业把太多的钱花在做广告上，为什么不把钱省下来，作为进货的折扣，让我们的利润多一些？"销售人员："就是因为我们投下大量的广告费用，顾客才会被吸引到指定地点购买指定品牌，不但能节省您销售的时间，同时还能顺便销售您代理的其他产品，您的总利润还是最大的吧！"

顾客："你们的产品知名度太低。"销售人员："正如你说的，我们的产品知名度的确不高，那是因为我们没有在广告宣传上做太多投入，我们大部分资金都用在产品研发、技术更新方面，毕竟企业的真正知名度在于顾客对产品质量的认可及对技术的赞赏。现在我们产品的质量和技术都已走在行业的最前沿。你看，这是我们荣获的一系列荣誉证书。"

案例 4-13　转化法的应用（2）

1. 转化法在保险销售中的应用：

顾　　客："收入少，没有钱买保险。"

销售人员："就是因为收入少，才更需要购买保险，以获得保障。"

2. 转化法在服饰销售中的应用：

顾　　客："我这种身材，穿什么都不好看。"

销售人员："就是身材不好，才需要加以设计，以修饰掉不好的地方。"

3. 转化法在儿童图书销售中的应用：

顾　　客："我的小孩，连学校的课本都没兴趣，怎么可能会看课外读本？"

销售人员："我们这套读本就是为激发小朋友的学习兴趣而特别编写的。"

在日常生活上也经常碰到类似转化法的说辞。例如：主人劝酒时，你说不会喝，主人立刻回答说："就是因为不会喝，才要多喝多练习。"你想邀请女朋友出去玩，女朋友推托心情不好，不想出去，你会说："就是心情不好，才需要出去散散心。"这些异议处理的方式，都可归类于转化法。

1. 转化法的优点

把顾客拒绝购买的理由转化为说服顾客购买的理由，把顾客异议转化为销售提示，把成交障碍转化为成交的动力，不仅针对性地转化了顾客在关键问题上的看法，而且使之不再提出新的异议；销售人员直接承认、肯定顾客意见，在此基础上转化顾客异议，这样可以保持良好的人际关系和洽谈气氛；迅速陈述带给顾客的利益。

2. 转化法的缺点

如果这种方法运用不当，可能会让顾客觉得被人钻了空子或受到了愚弄，从而引起顾客的恼怒和抵触。也可能会使顾客失望而提出更难解决的异议。

3. 转化法的适用条件

转化法能处理的异议多半是顾客通常并不十分坚持的异议，特别是顾客的一些借口；要求销售人员思维方式能够迅速转换。

4. 转化法的操作步骤

首先，认同顾客的异议；其次，立即将异议转化为产品卖点；然后，继续说明理由，给予信息支持。

5. 运用转化法应注意的问题

转化的理由必须能得到顾客的认同；避免使顾客感觉自己的思维方式有问题；不能连续使用转化法。

四、补偿法

补偿法又称抵消处理法、平衡处理法，是销售人员坦率地承认顾客异议所指出的问题确实存在的同时，指出顾客可从产品及其购买条件中得到另外的实惠，使异议涉及问题所造成的损失得到充分补偿，使顾客产生产品的价格与产品的优点一致对顾客是重要的，产品没有的优点对顾客而言是较不重要的感觉，从而使顾客得到心理平衡，增强购买的信心。

案例 4−14　补偿法的应用

1. 顾客："这批羽绒服要到 10 月份以后才销得出去，提前两个月进货，占用资金时间太长。"

销售人员："现在进货可以享受七折优惠。您算算，还是很划算的。"

2. 顾客："能不能再优惠点儿？"

销售人员："这个价格已经是底线了，我们实在不能再降了，这样吧，我多送你一块这款手机的原装电池，不知你意下如何？"

3. 顾客："这个皮包的设计、颜色都非常棒，令人耳目一新，可惜皮的品质不是顶好的。"

销售人员："您真是好眼力，这个皮料的确不是最好的，若选用最好的皮料，价格恐怕要高出现在的五成以上。"

艾维士有句有名的广告；"我们是第二位，因此我们更努力！"这也是一种补偿法。

如顾客嫌车身过短时，汽车的销售人员可以告诉顾客"车身短能让您停车非常方便，若您是大型的停车位，可同时停两部车"。

1. 补偿法的优点

世界上没有一样十全十美的产品，当然要求产品的优点愈多愈好，但真正影响顾客购买与否的关键点其实不多，补偿法能有效地弥补产品本身的弱点；顾客能感受到自己的专业性和权威性得到充分的认可和尊重，心理获得满足；顾客感到获得实实在在的优惠，心理平衡。

2. 补偿法的缺点

容易使顾客形成讨价还价的思维定式，以后即使给出再低的优惠举措，顾客也要提出补偿；销售人员在交往中处于一种心理上的被动和弱势；补偿过多会影响企业的合理利润空间。

3. 补偿法的适用条件

顾客异议可能是无可辩驳的正确观点，而销售人员所销售的产品不可能尽善尽美，销售宣传也会有疏忽和不妥当之处，与竞争对手的产品和销售人员相比较也有长短优劣。对于这些情况，销售人员不必躲闪回避，而应尊重事实，客观地对待顾客的异议，相信顾客也不会苛求到非要产品没有任何缺陷时才决定购买。如果销售人员能通过充分说理和实例证明产品虽然有缺点，但优点更多，使顾客相信产品的优点大于缺点，顾客还是会乐意购买的。

4. 补偿法的操作步骤

首先，认真听取顾客异议；其次，分析顾客提出的正确异议，并表示认可；然后，向顾客展示补偿内容。

5. 运用补偿法应注意的问题

当顾客提出的异议有事实依据时，销售人员应该承认并欣然接受，强力否认事实是不理智的举动；销售人员不可盲目迎合顾客，要在企业规定范围内给予顾客补偿；不能因为顾客提出的异议正确，就影响销售人员对企业、产品的信心。

五、询问法

询问法也叫反问处理法、追问处理法，是指销售人员利用顾客异议来反问顾客以化解异议的方法。在实际销售过程中，有的顾客异议仅仅是顾客拒绝购买而信手拈来的一个借口，有的顾客异议与顾客的真实想法并不完全一致，有时，顾客本人也无法说清楚有关购买异议的真实原因。

案例 4-15　询问法的应用

1. 顾客："我希望您的价格再降百分之十"

销售人员："××总经理，我相信您一定希望我们给您百分之百的服务，难道您希望我们给的服务也打折吗？"

2. 顾客："我希望您能提供更多的颜色让顾客选择。"

销售人员："报告xx经理，我们已选择了五种最能被顾客接受的颜色了，难道您希望有更多颜色的产品，增加您库存的负担吗？

3. 销售人员："您既然认为东西便宜，为什么现在不买呢？"

销售人员的字典中，有一个非常珍贵、价值无穷的字眼"为什么"，不要轻易地放弃这个利器，也不要过于自信，认为自己能猜出顾客为什么会这样或为什么会那样，让顾客自己说出来。

当销售人员问为什么的时候，顾客必然会做出以下反应。

(1) 他必须回答自己提出反对意见的理由，说出自己内心的想法。

(2) 他必须再次检视他提出的反对意见是否妥当。

此时，销售人员能听到顾客真实的反对原因及明确地把握住反对的项目，他也能有较多的时间思考如何处理顾客的反对意见。

1. 询问法的优点

通过询问，进一步明确顾客的真正需求；使销售人员掌握更多的顾客信息，为进一步销售创造条件；带有请教意见的询问还能让顾客感到受尊重，愿意配合销售人员的工作，还可以使销售人员从被动地听从顾客申诉异议变为主动地提出问题与顾客共同探讨；通过询问，直接化解顾客的反对意见。

2. 询问法的缺点

有可能得不到顾客真实的想法；这种方法如果运用不当，也可能引发顾客的反感；可能在销售人员的追问下产生新的异议，破坏销售气氛，阻碍成交；还可能延误时间，推迟成交所需要的销售高潮。

3. 询问法的适用条件

销售人员无法确定顾客异议的真正原因时；当销售人员已经与顾客建立一定情感或信任关系时。

4. 询问法的操作步骤

首先，认真听取顾客异议；其次，询问顾客异议可能产生的原因；然后，通过反问化解顾客异议。

5. 运用询问法应注意的问题

对顾客的询问应当及时，因为只有及时询问顾客，才能了解顾客的真实想法，以把握出现购买障碍的真实根源；询问应紧紧围绕顾客的有关异议，避开次要的、无效的顾客异议，以提高销售效率；追问应适可而止，并注意尊重顾客，对于不形成购买障碍的，顾客不愿意讲的，或者根本说不清根源的异议就不要再追问。

六、忽视法

忽视法又称不理睬法、装聋作哑法、沉默处理法、糊涂处理法，是销售人员判明顾客所提的异议与销售活动及实现销售目的无关或无关紧要时避而不答的异议处理方法。

例如，顾客说："你们厂可真不好找。"销售人员可随声附和并一语带过，接着转入正题："是的，我们厂的位置是有点偏。您看看我们的新产品在功能上又有一些改进"。

当销售人员拜访经销店的老板时，老板一见面就抱怨说："这次空调机的广告为什么不找成龙拍？而找×××，若是找成龙的话，我保证早就再进货了。"碰到诸如此类的反对意见，销售人员不需要详细地告诉他，为什么不找成龙而找×××的理由，因为经销店老板真正的异议恐怕是别的原因。

忽视法常使用的方法有：微笑点头，表示"同意"或表示"听到了您的话"，"您真幽默"，"嗯，真是高见"。

1. 忽视法的优点

这种方法可以使销售人员避免在一些无关、无效的异议上浪费时间和精力；避免发生节外生枝的争论，可以使销售人员按照预定的销售计划、销售策略展开工作，把精力集中在销售的重点上，从而提高销售效率；满足了顾客表达的欲望。

2. 忽视法的缺点

可能会使顾客觉得自己的异议没有得到应有的重视而产生不满；如果顾客的异议是有道理的，可以改善产品的，若被忽视掉，则是企业的损失。

3. 忽视法的适用条件

在销售过程中，有些顾客异议是无效的、无关的，甚至是虚假的，销售人员完全可以不予理睬；对于一些"为反对而反对"或"只是想表现自己的看法高人一等"的顾客意见，销售人员亦可用此法。

4. 忽视法的操作步骤

首先，认真听取顾客异议；其次，微笑、点头，表示认同；然后，迅速引开话题。

5. 运用忽视法应注意的问题

销售人员运用这种方法时，要注意即使顾客表达的是无效或虚假的异议，也要耐心聆听，态度要温和谦恭，让顾客感到受到重视；在不理睬顾客的某一异议时，注意马上找到应该重视的问题，避免顾客感到受冷落；有时为了沟通感情，也可以花费一点时间回答顾客一些无关紧要的问题。

七、价格异议处理方法

当销售人员向顾客销售产品的时候，顾客十有八九都会提出产品价格太高。

这种行为无外乎基于以下四种原因：一是表示自己很有眼力，证明自己的知识和智慧；二是为要求减价寻找借口；三是因为价格太贵，以此作为不购买的理由；四是对产品本身的确有疑虑。

只要销售人员明白了这些原因，就可采用以下方法酌情对待。

1. 实话实说法

面对计较价格的顾客，销售人员在顾客提出异议的最初阶段阐述价格的公道性，让顾客对此价格予以认同理解，这就好比钉入一根暗示性的楔子，使对方安心，不再抵触价格，然后故意请求顾客帮忙介绍客源，使顾客保持兴趣继续商谈或决定购买。

案例 4-16　价格异议处理（1）

顾　　客："你好，我想咨询一下这款 ThinkPad R60e 笔记本，你们这里零售价多少？"

销售人员："你好，我们这里的零售价是 6 000 元。"

顾　　客："不会吧，怎么比网上报价高出 300 多元呢？"

销售人员："先生，关于价格的问题，您不必担心，我保证您在我们这里拿到的价格都很实惠，因为我们是薄利多销，我们唯一的希望就是你购买后能介绍朋友到我们店里来买电脑，说真的，现在竞争太激烈，价格太透明，靠的就是你们帮我们介绍一些顾客。"

顾　　客："是吗，那为什么比网上价格还高出 300 多元呢？"

销售人员："先生，你看到的信息可能是北京中关村搞活动的促销价，这种价格我们进货都进不到呢！说真的，我们一台电脑才能赚 100 元，还有水电、人工、房租、运输、服务、税务等杂费的开销。"

顾客看着那位销售人员直笑。

销售人员："先生，我现在给你开票了，希望你能多给带几个朋友过来，以后电脑方面遇到什么问题都可以打电话给我，互相帮忙，这是我的名片，交个朋友。"

（1）实话实说法的优点

这是一种很有效的销售手法，一切都让顾客感觉是在公道、透明、对他信任的环境下洽谈交易，让顾客感觉不仅仅是一次消费，而且还结交了一个朋友，让顾客难以开口再谈价格。

（2）实话实说法的缺点

没有谈判的退路；可能引发顾客对原有不了解信息的新异议。

（3）实话实说法的适用条件

当行业竞争非常激烈时；行业的某些信息都已经公开化、透明化了；确认顾客能够认同所讲的内容。

（4）运用实话实说法应注意的问题

不能泄漏企业的商业机密；不能明显地抨击竞争对手；必须让顾客感觉说的是实话。

2. 优势凸显法

销售人员在销售过程户，为使顾客接受价格，应该明确指出产品的最大优点，然后针对这个优点进行证明或说明，使这项单一的优点成为影响顾客决定购买的最大因素，这也是销售人员在销售过程中最常用的法宝之一。

案例4-17 价格异议处理（2）

某代理明基投影仪的销售人员在一次购销谈判中，就是抓住了顾客在组织大型会议时对投影的亮度照明要求一定很高，而且还要相当便携，对产品采购价格不会投入太低也不会太高的考虑，主推一款 MP725 型号进行介绍，并当即拿出合理的价格，结果在议标过程中改变了顾客本来打算购买 MP615 的计划，一举在这次议标中获胜。

（1）优势凸显法的优点

充分展示产品和企业的实力、优势；保证企业的合理利润空间，体现产品的优良品质；满足顾客的心理需求。

（2）优势凸显法的缺点

一味强调产品优势，可能忽略了顾客在采购时将考虑的其他因素；顾客可能认为销售人员没有替他考虑。

（3）优势凸显法的适用条件

当产品有非常明显的突出优势，而这种突出的优势正是顾客所最看重的。

（4）运用优势凸显法应注意的问题

若要让顾客接受产品的价格，一定要抓住顾客对这个产品的主要需求和利益点，证明出该产品的最大优点，让顾客感觉花这个钱值得，消除顾客的异议，而非一听顾客讲价格高，就立刻转换到别的型号上面去介绍。

3. 利益共有法

面对顾客因为价格问题，难以爽快地做出决定的情形，许多销售人员喜欢在一旁催促或者一味强调多送赠品或者赌咒发誓地强调自己的价格低。殊不知催促是在威胁顾客成交，过分强调赠品说明物所不值，赌咒发誓是为掩饰自己的心虚，这些都不是能够充分消除顾客价格异议的最好办法，而且往往还能引起顾客的逆反心理。所以，销售人员说服顾客降低价格，要站在朋友的立场考虑顾客的利益。强调产品本身对顾客的价值和利益，而把价格降低为次要问题。同时在利益的阐述时，一定要让顾客知道：我并非仅仅为了销售而介绍产品和阐述利益，而是站在顾客角度，帮助顾客选择产品。

案例4-18 价格异议处理（3）

"先生，我个人认为还是这款更适合你，虽然在价格方面比那款贵出 700 元。我们想一下，你经常出差，一定希望电池待机时间更长；还有，这款带有康宝刻录功能，能随心刻录自己想保存的文件。如果我是您的话，我会选择这款产品，虽然价格贵了点，但在日后的使用中，还是这款机型对你的帮助更大，会给您减少许多麻烦。"

（1）利益共有法的优点

顾客能充分感受到销售人员对他的关心，感受到充分的尊重，有利于进一步的沟通。

（2）利益共有法的缺点

如果对利益点的把握不准确，容易使顾客产生购后不满。

（3）利益共有法的适用条件

在全面了解顾客信息和需求之后，确保所销售产品能够满足顾客需求时可采用此法。

（4）运用利益共有法应注意的问题

语气一定要诚恳；要求销售人员有极强的亲和力；确认顾客关注的利益点。

4. 收集证据法

广泛收集和整理出可证明产品价格合理的证据和资料，以建设性的意见向顾客证明价格的合理性。弄清楚抱怨价格高的顾客心里究竟在想什么：他们是认为"价钱"最重要，还是在乎"品质"的好坏呢？敏锐的销售人员在说服顾客时，不仅要证明产品品质要好，还要证明"钱"花得有价值。

提供其他顾客购买的证据及产品的口碑。顾客看到他人的验证时，通常愿意购买品质好而价格稍高一些的产品。要把对产品满意的顾客调查表列成一张表或者印刷成册，拿出给顾客看，并解释你是如何为他们服务的；拿出公司的信誉、相关工艺技术、设备及科研成果证书和专利项目的证书等；说明顾客的真正利益所在点。

（1）收集证据法的优点

能帮助顾客理性地分析产品特点和自身需求，好的证据有充分的说服力，能帮助顾客下决心购买。

（2）收集证据法的缺点

可能会使顾客感觉到销售人员只是单方面从企业角度考虑问题，没有关注到顾客的特殊需求。

（3）收集证据法的适用条件

当证据能充分证明企业和产品的优势，销售人员也完全有把握所销售的产品能够满足顾客的需求时。

（4）运用收集证据法应注意的问题

收集的证据一定要真实、可信，能够显示企业和产品的优势，且顾客非常关注这些信息。

5. 先紧后松法

销售人员在确定了顾客的购买欲望后，面对顾客压价的要求，先要以坚定的口气，心平气和地向顾客解释不降价的理由，然后根据顾客的态度逐渐改变还价策略。

（1）先紧后松法的优点

保证了产品品牌地位；顾客感觉得到了相当不容易的优惠，认为已经不可能再优惠了；顾客心理得到极大满足。

（2）先紧后松法的缺点

如果前边的语气太坚决，有可能顾客就离开了；后边的让步如果做得不自然，会让顾客认为销售人员没有诚意优惠。

（3）先紧后松法的适用条件

确保顾客已经决定购买，只是因为价格问题还没有最后下决心时可采用此法。

（4）运用先紧后松法应注意的问题

"先紧"一定要紧得理直气壮，"后松"一定要有非常自然的方式，"先紧"要为"后松"留有足够的余地。

处理顾客异议的方法还有很多种，销售人员应注意在实践中根据不同的具体情况灵活运用各种方法，并创造出行之有效的新方法，以争取创造良好的销售业绩。

实　　训

一、基本概念解释

顾客异议、需求异议、价格异议、产品异议、货源异议、财力异议、权利异议、人员异议、购买时间异议、服务异议、直接否定法、间接否定法、转化法、补偿法、询问法、忽视法。

二、判断题

1. 重复削弱法是指销售人员先用相对温和的语气复述顾客异议，然后再加以处理的方法。　　　　　　　　　　　　　　　　　　　　　　　　　（　　）

2. 补偿法是指销售人员先同意和接受顾客所提的意见，并用有关优点或其他利益来抵补的一种顾客异议处理方法。　　　　　　　　　　　　　　　　　（　　）

3. "对不起，我们有供应商了"，这是价格异议。　　　　　　　　　（　　）

4. "但是"、"不过"、"然而"等是在对顾客异议进行直接否定中常使用的方法。
　　　　　　　　　　　　　　　　　　　　　　　　　　　　　　　（　　）

5. 所谓主观异议，就是顾客基于个人的主观认识而提出的各种异议。（　　）

6. 客户说："我从来不喝啤酒。"这种异议属于需求异议。　　　　　（　　）

7. 一位家用电器公司销售员向一位零售店采购员销售一种吸尘器。

顾客："你们的吸尘器为什么叫荷花牌，不叫兰花牌？"

销售员："噢，荷花和兰花都很漂亮。你看，这种吸尘器两档调速，用途广泛。"

这位销售员运用的异议处理法为忽视法。　　　　　　　　　　　　　（　　）

三、选择题

1. 单选题

（1）顾客说："你介绍的产品的确很好，但我们厂规模小，不适合使用这种产品"这种异议属于（　　）

A. 需求异议　　　　　　　　　　B. 产品异议

C. 财力异议　　　　　　　　　　D. 对销售员的异议

（2）销售员讲："价格不能再降了，不过我们可以承担运输费用，你看这样可以吗？"这种方法属于（　　）

A. 直接否定法　　B. 转化法　　C. 补偿法　　D. 询问法

（3）当顾客询问"你们什么时候可以交货？"较好的一种回答是（　　）

A. 告诉顾客一个准确的交货时间

B. 不正面回答，而是反问"您看什么时候交货比较合适？"

C. 提出问题"你是不是现在就需要？"

D. 告诉顾客"我需要请示一下厂里。"

（4）"顾客总是有道理"的观念，属于处理顾客异议原则中的（　　）

A. 尊重顾客异议　　　　　　　　B. 永不争辩

C. 维护顾客的自尊　　　　　　　D. 强调顾客受益

（5）如果觉察到顾客马上就会提出某种反对意见，最好是（　　）

A. 在顾客提出异议之前提前回答　　B. 对顾客的异议立即给予答复

C. 对顾客异议延迟回答　　　　　　D. 尊重顾客的意见

（6）顾客认为销售的产品不符合要求，或者认为销售的产品不是顾客所要购买的产品，这种异议是（　　）

A. 人员异议　　　　　　　　　　B. 产品异议

C. 时间异议　　　　　　　　　　D. 服务异议

（7）价格异议处理的策略有（　　）

A. 先谈价值，后谈价格；多谈价值，少谈价格

B. 先谈价格，后谈价值；多谈价值，少谈价格

C. 先谈价值，后谈价格；多谈价格，少谈价值

D. 先谈价格，后谈价值；多谈价格，少谈价值

（8）销售人员直接利用顾客异议进行转化而处理顾客异议的方法是（　　）

A. 直接否定法　　　　　　　　　B. 补偿法

C. 忽视法　　　　　　　　　　　　D. 转化法

（9）运用忽视法处理顾客异议的操作步骤有：认真听取顾客异议、表示认同和（　　　）

A. 询问情况　　　　　　　　　　　B. 迅速引开话题

C. 提出优惠条件　　　　　　　　　D. 立即将异议转化为产品卖点

（10）运用实话实说法应注意的问题有不能泄漏企业的商业机密、必须让顾客感觉说的是实话和（　　　）

A. 不能明显地抨击竞争对手

B. 销售人员不可盲目迎合顾客，要在企业规定范围内给予顾客补偿

C. 不能因为顾客提出的异议正确，就影响销售人员对企业、产品的信心

D. 证据必须真实、可信，能够显示企业和产品的优势，且顾客非常关注这些信息

2. 多选题

（1）直接否定法的优点有（　　　）

A. 给顾客直接、明确、不容置疑的否定回答

B. 传送与顾客异议不一致的信息，可以加大说服力度

C. 销售人员与顾客之间的信息反馈速度快

D. 可达到提高销售效率的目的

（2）采用转化法缺点是（　　　）

A. 可能产生负面效应，让顾客得寸进尺

B. 也可能会增加顾客新的异议处理因素

C. 也有可能影响企业的形象与商品的市场定位

D. 采用这种方法语气较委婉

（3）顾客异议的主要类型有（　　　）

A. 价格异议　　　B. 产品异议　　　C. 货源异议　　　D. 人员异议

E. 时间异议

（4）运用补偿法处理顾客异议的缺点有（　　　）

A. 易使顾客形成讨价还价的思维定式，即使最低的优惠举措，顾客也要提出补偿

B. 如果这种方法运用不当，可能会让顾客觉得被人钻了空子或受到了愚弄，从而引起顾客的恼怒和抵触，也可能会使顾客失望而提出更难解决的异议

C. 销售人员在交往中处于一种心理上的被动和弱势

D. 补偿过多会影响企业的合理利润空间

E. 易使顾客感觉到销售人员只从企业角度考虑问题，没有关注到顾客的特殊需求

（5）间接否定法的优点有（　　　）

A. 表示对顾客的理解、同情或简单重复顾客的异议，使顾客心理得到某种平衡

B. 通过询问，进一步明确顾客的真正需求

C. 使销售人员掌握更多的顾客信息，为进一步销售创造条件

D. 有利于保持良好的销售气氛和人际关系，避免引起双方对立

E. 由时间分析、判断顾客异议的性质以及根源，想出处理顾客异议的方法

四、简述题

1. 顾客异议产生的根源有哪些？

2. 处理顾客异议的策略有哪些？

3. 处理顾客异议应遵循哪些基本原则？

4. 顾客异议的类型有哪些？应如何加以分析？

5. 处理顾客异议的方法有哪些？你有何建议？

6. 应怎样正确认识顾客异议？

五、项目实训

项目实训 1

内容：讨论"销售人员对客户的异议应持什么态度"、"处理客户异议的合理步骤"。

实训形式与组织：小组讨论，每个小组选代表发言，本组其他同学补充。同学评议，老师点评。

项目实训 2

内容：某企业生产的产品是消费品，客户群体是中间商（如经销商等），那么，客户可能在哪些方面提出异议？各种异议应如何处理？

实训形式与组织：小组讨论，每个小组选代表发言，本组其他同学补充。同学评议，老师点评。

项目实训 3

内容：处理顾客异议方法有许多，如直接否定法、间接否定法、转化法、补偿法、询问法、忽视法等。在使用这些方法时，需根据当时的销售情景，按照处理客户异议的基本步骤，采取相应的方法。试设计相应的销售场景，合理运用这些方法。

实训形式与组织：每小组从中选择一种或两种方法进行模拟，小组讨论，形成统一意见，小组选取两名代表上台模拟。同学评议，老师点评。

项目实训4

内容：

某生产快速消费品的企业，其客户群体主要是各类中间商，如果你是这个企业的销售业务员，对客户以下种类异议你将如何处理？

(1) "你们的产品价格太高"。

(2) "你们的产品不错，不过，我需要与我们的同事商量一下"。

(3) "我们公司目前没有资金"。

(4) "你们公司产品品质那么好，服务也不错，是真的吗"。

(5) "我们对现有的供应商比较满意，不考虑其他企业产品"。

(6) "你看，我们仓库还有这么多产品没有卖掉，我们怎么能进新产品呢?"

(7) "你讲那么多干嘛? 我也听不懂，我为什么要买你的产品?"

(8) 销售业务员演示产品失败，客户说："你们产品不过如此"。

(9) 销售业务员很长时间沉默，客户感到难为情，说："你怎么不说呢?"

(10) "你们的产品没听过，你们那个地方生产的产品一般"。

(11) "我担心市场需求问题。"

(12) "我们担心你们的销售支持问题"。

(13) 客户因为情绪不好，说："我们不需要你推销的产品"。

(14) 客户真的不需要。

实训形式与组织：情景模拟，某组中，A 同学扮演销售人员，B 同学扮演顾客，就上述顾客异议情景进行模拟。同学评议，老师点评。

项目实训5

情景模拟及分析

情景1：饼干销售

唐明："你可以看一下这种饼干，老幼都适合，很受消费者喜欢的。"

顾客："这批饼干还有两个月就过保质期了，我不要了。"

唐明："这批饼干是一个老客户订购出口的，由于客户方面出了些问题，没有履行合约，所以积压下来。这批货什么都好，就是保质时间短，现在我打个五折卖给你，你愿意吗?"

分析：顾客异议类型是哪一种? 唐明采用什么方法处理顾客异议? 你认为正确吗?

情景2：《儿童百科知识大全》销售

顾客：我想给孩子买一些课外读物，你能帮助推荐一下吗？

王强：这是一套《儿童百科知识大全》，正适合于刚上学的儿童。对于开发儿童的智力很有帮助。

顾客：他刚上学，没必要读百科知识的书吧？

王强：你们很有必要购买此书。你的儿子今年8岁，这么聪明可爱，你们做父母的难道不希望他将来成为一名科学家吗？

顾客：当然希望。不过他现在还小。再说他在学校有老师教育，足够了。

王强：你说得不错，但是家庭教育也是十分重要的。大量事实证明，从小培养孩子对科学知识的兴趣，是使孩子成才的极好方法。

接着，王强列举了一些科学家成才的事例作为例证，并结合该书的内容对青年夫妇进行"需求"教育。终于使他们转变了观念认识到自己确实需要这套书籍，并对该书产生了浓厚的兴趣，于是欣然购买。

分析：（1）请问这是什么类型的顾客异议？（2）王强是怎样来处理的？（3）他采用了哪些方法？

情景3：唐明向张老板推销公司产品

（在一零售店中，唐明正在向中间商张老板推销产品。）

唐　明：您看，这是我们公司新开发上市的含钙牛奶产品。

张老板：可是它太贵了。

唐　明：什么？太贵了？您怎么不早说呢？我们有便宜的呀！只不过销路差一些。

张老板：要是没有市场，我经销它有什么用呢？

唐　明：那您就要这种新产品吧！

张老板：可是实在太贵了呀！

唐　明：一分钱一分货啊！

张老板：贵的我买不起呀！消费者也不一定要呀！

唐　明：（非常愤怒）那到底要不要？

分析：唐明错在哪里？为什么？

情景4：唐明与王强对客户的认同

> 唐明的认同：
>
> 客户：我们研究了你们的代理合同，代理费用太高了。
>
> 唐明：对，我完全同意您的看法！代理费用实在太高了。但是，我们的产品质量很好。
>
> 客户：而且销售支持太少。
>
> 唐明：对，我完全同意您的看法！确实销售支持太少。
>
> 王强的认同：
>
> 客户：我们研究了你们的代理合同，代理费用太高了。
>
> 王强：我明白您的意思，您认为代理费不是一笔小数目，是吗？
>
> 客户：而且销售支持太少。
>
> 王强：我了解您的感受，您认为销售支持太少，是吗？
>
> **分析：**唐明与王强谁做得对？为什么？

情景5：唐明处理刘老板的异议

> 唐明：刘老板，虽然我们今年合同到期，我们明年继续合作吧！
>
> 客户：我们不打算与你们合作了。
>
> 唐明：我们公司的产品在市场上非常畅销的呀！
>
> 客户：我知道你们的产品质量不错，但是我们不需要了。
>
> 唐明：您是说不打算合作了？
>
> 客户：对。
>
> 唐明：真的不合作了？
>
> 客户：真的不合作了。
>
> 唐明：您肯定是千真万确、的的确确、当真不合作了吗？
>
> 客户：不！不！不！
>
> 唐明：哦，不合作了。
>
> **分析：**唐明错在哪里？为什么？

情景6：判断正误

> 1. 经常交货时间太迟，影响我们的生意。
>
> A. 您认为应该是什么时候交货呢？

B. 这个交货时间很合理。

2. 一次性订货100箱，量太大了。

A. 您认为多少箱更合适呢？

B. 您为什么觉得量太大了呢？

3. 你们的售后服务不好。

A. 您放心，我们会改进的。

B. 有哪些令您不满意的地方吗？

4. 有一些问题，让我考虑到一下。

A. 那我就等您的消息了。

B. 有哪些问题，我能为您提供帮助吗？

分析：判断正误，并说明理由。

情景7：唐明与王强处理模糊信息

唐明处理模糊信息：

唐明：我们的产品怎么样？

客户：还可以。

唐明：太好了，何时我们能得到答复？

客户：我们会尽快决定的。

王强处理模糊信息：

王强：我们的产品怎么样？

客户：还可以。

王强：我是否可以这样理解，您已经认真考虑过我们的产品，是否可能经销？

客户：还不能这么说，还有一些事情我们正在考虑。

王强：有哪些方面还没有最后确定？

客户：我们担心供应商的信誉和销售支持问题。

王强：对于我们公司，在这两个方面您也有这样的担心吗？

客户：我们主要担心你们的销售支持。

分析：唐明与王强在处理客户模糊信息时谁做的对？为什么？

实训形式与组织：先小组讨论，某小组选出两名代表，一位同学扮演销售业务员，另一位同学扮演客户，对上述销售场景进行模拟，然后由另一小组同学回答每个情景后需要分析的问题。同学评议，老师点评。

六、案例分析与讨论

案例1 辩论的胜者，销售的败者

一位卡车销售员过去是司机，他对自己销售的卡车非常熟悉。在销售中，只要有人挑剔他的车，他就立即与之辩论，因为他经验丰富，他经常是辩论的胜者。每当他走出顾客的办公室的时候，他总是自豪地说："我又教训了他一次。"事实上他确实以他丰富的产品知识和经验教训了很多顾客，但是最终他也没有卖出去几辆车。

分析与讨论：从该案例中，你有何启发？

案例2 周峰销售百吉牌热水器

周峰是一名营销新手，他做的是百吉牌热水器的销售工作。百吉牌热水器在热水器行业中各方面都很一般，这种牌子的热水器价格不高，性能不是非常好，创新型的功能也少，主要针对中低收入家庭进行销售。

有一天，周峰到一个高档别墅小区去介绍产品，对方听了他的介绍后，嘲笑道："百吉牌热水器，也值得拿到我们这个地方来销售吗？你去看看海尔牌热水器、前锋牌热水器，这些牌子的质量、性能都很好啊！小伙子，如果你向我推荐海尔牌热水器、前锋牌热水器，我一定会买你的，但如果是这种，那我劝你不要再到这儿来销售。"

周峰无言以对，灰溜溜地退了出来。

接下来的几天，周峰又好几次碰到类似的情况。他泄气了，对自己说："看来我是找错单位了，我还是跳槽吧。"

几天后，周峰真的离职了，并到了前锋牌热水器厂。但在做前锋牌热水器的销售工作后，他的销售业绩还是没有多大的提高。

分析与讨论：

1. 周峰遇到了什么类型的顾客异议？
2. 周峰的问题出在哪里？如果你面对客户的这种嘲讽，你该怎么办？

案例3 某销售员对顾客异议的处理方法

有一位销售汽车的业务员，经朋友介绍去拜访曾经买过他们公司汽车的商人，一见面，照例先递上名片："我是xx汽车销售员。我姓……"才说几个字，就被对方十分严厉的口吻打断，并开始抱怨当初自己买车不快乐的事，其中包含了报价不实、内

装及配备不对、交车等待过久、服务态度不佳……讲了一大堆，结果这位销售员，只是静静地在一旁微笑着倾听。

待这位商人把之前所有的怨气一吐为快后，稍微喘息了一下，才发现这个销售员好像以前没有见过。于是便有一点不好意思地回过头来向他说："年轻人，你贵姓呀，现在有没有好一点，拿份目录来看看吧。"30 分钟后，这个销售员高高兴兴地吹着口哨离开，因为他已经拿到了两台汽车的订单。

这位销售员采用的方法使对方认为："我是看你老实诚恳又很尊重我，才向你买车的！"

分析与讨论：

1. 请问这位业务员采用什么方法来处理顾客异议？你认为正确吗？
2. 请问这位业务员在处理顾客异议时，遵守了哪些原则？
3. 请问这位业务员在处理顾客异议的时机把握得好吗？

案例4　童装专卖店的销售员

小龚是一名童装专卖店的销售员。有一天，一位中年妇女走进来，看了看挂在墙上的童裙，摸了又摸，脸上表现出犹豫不决的样子。小龚走上前说道："这种童裙系列是专家针对儿童的特点设计的，你看这色彩、样式都很时尚。"这位中年妇女回答道："我很喜欢这种童裙系列，可惜布料太薄了，现在的女孩子都很淘气，这种裙子恐怕穿不到两天就会破，一般人是不会买的。"

接下来，小龚说："看到这套裙子的顾客都担心它不经穿。这种布料看上去是很薄，其实它是用一种高级纤维织成的，穿在身上轻飘、凉爽，但耐磨力和抗拉力都相当好，顾客知道了它的优点是会喜欢的。"

最后，这位中年女士还是为她的女儿买了一条。

分析与讨论：

1. 小龚采用了什么方法来化解顾客异议？
2. 你还能讲出其他化解顾客异议的方法吗？假如你是小龚，你还有更好的办法吗？

案例5　SONY 彩电的"带头牛"商店

20 世纪 70 年代中期，SONY 彩电在美国还是名不见经传、受人歧视的杂牌货。为此，SONY 公司国外部部长卯木肇先生几乎一筹莫展。一天，他偶然经过一处牧场。夕阳西下，倦鸟归林，一位稚气的牧童牵着一头雄壮的大公牛进牛栏，一大群牛跟在后面，温顺地鱼贯而入；卯木肇先生灵感突发：SONY 彩电为何不找一家"带头牛"商店率先销售？

卯木肇选定把当地最大的电器推销商马希利尔公司作为主攻对象。第二天一上班，他兴冲冲地赶到马希利尔公司求见经理。回答是："经理不在。"卯木肇誓不罢休，第四次，经理终于同意接见。

"我们不卖索尼的产品！"经理劈头就是这样一句，"你们的产品降价拍卖，像瘪了气的足球，踢来踢去没人要。"卯木肇先生决定继续"缠"住这位经理，并且在当地报刊上重新刊登广告，再造商品形象。

谁知马希利尔公司经理又提出：索尼的售后服务太差。卯木肇没有争辩，回驻地后立即设置特约服务部，负责售后服务，并在报纸上公布特约服务部的地址和电话专码，保证随叫随到。

然而，第三次见面时，马希利尔公司再度提出：SONY 在当地形象不佳，知名度不够，不受消费者欢迎，拒绝销售。卯木肇这时判断，这位经理挑剔的理由越来越少，是成交的先兆。他立即集合 30 多名工作人员，规定每人每天打 5 次电话向马希利尔公司订购索尼彩电。接连不断的求购电话搞得马希利尔公司职员晕头转向，误将索尼彩电列入"待交货名单"，经理大为光火。

卯木肇等经理火气消了一点，向他大谈索尼彩电的优点，并说："我三番五次求见您，一方面是为本公司的利益，但同时也考虑了贵公司的利益。SONY 彩电一定会成为马希利尔公司的摇钱树。"经理动了心，同意代销两台彩电试试。卯木肇立即选派两名年轻能干的推销员送货上门，并要求他们留在柜台，与店员并肩销售，休息时轮流请店员喝咖啡，如果一周内卖不出去，就不必再回公司了。当天下午 4 点，两台彩电销出，马希利尔公司又订了两台，索尼彩电终于挤进了芝加哥这家"带头牛"商店，一个月之内就卖出 700 多台。有了"带头牛"开路，芝加哥地区 100 多家商店纷纷要求经销 SONY 彩电。不到 3 年，SONY 在芝加哥地区占领了 30% 的市场，并逐渐打开了其他城市的市场。

分析与讨论：

1. SONY 彩电在进入芝加哥市场时遇到的客户异议有哪些？
2. SONY 公司国外部部长卯木肇先生是如何处理客户异议的？
3. 案例中买卖双方的异议及其处理给了你什么启示？处理客户异议最关键的是什么？

案例 6　诚实的房地产经销商

　　一个房地产经销商正在和顾客讨论有关一所大房子的买卖问题。他们一起去看房子，房地产经销商觉察到顾客对房子颇感兴趣。经销商对顾客说："现在，当着您的面，我想告诉您，这所房子有下列几个问题：① 取暖设备要彻底检修；② 车库需要粉刷；③ 房子后面的花园要整理。"顾客很感激房地产商把问题指出来。尔后他们又继续讨论房子交易的其他一些问题。

　　分析与讨论：

　　您认为房地产经销商的做法对吗？自愿通报这栋房子的缺点和问题对他有好处吗？

案例 7　吃亏上当只有一次

　　一个汽车销售员正在电话里同顾客进行交谈。顾客的声音显得很强硬，但很有礼貌："不，谢谢你啦！我现在不需要购买新汽车，如果需要的话我自己会找汽车经销商的。记得一年前我经不起一个汽车业务员的百般劝说，就向他买了一辆小汽车，可是还没用多长时间，那辆汽车就坏了。老实对你说吧，吃亏上当只有一次，我再也不会听你们那套销售经了。"像这样一位"吃过亏"的顾客自然一见到推销员就会产生反感。这样一来，其他一些推销员不得不充当替罪羊的角色，承担由于竞争对手的错误而造成的严重后果。

　　分析与讨论：

　　你认为这个推销员应该采取什么措施？

案例 8　销售忍者

　　在销售过程中，销售员经常做的事情是：一次又一次地拜访顾客，但又一次接一次地被顾客拒绝。只有那些能忍住顾客的拒绝坚持不懈地继续销售的业务员，才有可能获得成功。

　　日本某光学公司的龟田先生，就是这样一个在不断遭到拒绝后仍坚持不懈地继续销售而获得成功的人。

　　一次，龟田先生向某家造船厂销售公司的新产品阳画感光纸。虽然他知道这家造船厂的晒图纸消耗量极大，而且该厂又有法国进口的染色机、晒图机以及最好的厚纸，阳画感光纸想要打入这家造船厂是很困难的，但他还是决定去和他们打交道。

具有决定权的是该厂试验所的所长矶田先生。矶田先生是一位顽固且不通情达理的人。他对龟田先生说:"……虽然你从大老远的地方来,不过,我们自己能够生产纸张,所以不必向外购买,请你不要多说了,多说也没用!""不,我虽然不能天天来,但只要我有空,一定会再登门拜访的。"龟田答道。

后来,龟田又陆续去了好几次,不过,有时候他们根本无法碰面。遇到这种情况时,龟田一定会留下一张名片,然后才离开。也许顾客会把名片丢到垃圾桶里,但至少他们已经知道有谁来过。因此,一次拜访可能产生二次拜访的效果。回家之后,不论感到多么疲劳,龟田都要写信向对方致谢。

就这样,经过三番五次地拜访,矶田先生已知阳画感光纸的优点比晒图纸多,即使成本大一些,但仍有它的价值所在。但矶田先生仍固执己见,不想使用阳画感光纸。

一天,当龟田又去时,矶田对龟田说:"你虽然来回奔波,旅途劳累,但我今天很烦!不想陪你了。"说完,转身就走。龟田一直等了很久,也不见矶田先生的影子。在百般无奈之下,龟田一个人走到晒图机旁,观看晒图机的作业情况。就这样,时间一分一秒地过去了。他自己也不知道看了多久。

"你在干什么?"听到矶田先生的声音,龟田高兴地说:"这部机器相当不错,只是……不知道它还可以使用多少年……如果机器出现故障的话,你们是不是可以改用我公司的阳画感光纸呢?""你居然想到了这件事?"矶田先生叹口气,只好说:"好吧,我们就试试你的阳画感光纸吧!""哦,真的?"龟田高兴得不知道说什么好。推销终于成功了。

分析与讨论:

(1)龟田先生在推销过程中遇到了什么异议?试分析这种异议产生的原因。

(2)龟田先生是通过什么方式化解异议的?他的成功对你有什么启发?

(3)如果你在推销中遇到了类似的异议,你将如何处理?

5

模块五

达成交易

单元一　达成交易原则及策略

　　在销售业务过程中，达成交易是一个特殊的阶段，它是整个销售工作的最终目标，其他阶段只是达到销售目标的手段。对于销售人员来说，无论销售过程多么艰辛或多么完美，如果最后没有拿到订单，其结果都是失败。对于企业来说，只有不断地达成交易，才能获取利润，赢得企业的良性发展。达成交易阶段是销售过程中最重要、最关键的阶段。

一、达成交易的含义

　　达成交易，指顾客接受了销售人员的建议及其销售劝导，并且立即购买产品和服务的行动过程，亦即成交。达成交易是整个销售工作的最终目标。因为，从销售的进程看，如果一切顺利，在完成了销售的陈述、演示和成功地处理了顾客的异议后，自然就应该要求与顾客成交。销售人员应从以下几个方面深入理解成交的含义。

1. 成交是整个销售工作的核心

成交是销售活动的终极目标，是整个销售工作的核心。对于销售人员来讲，即使在寻找顾客、接近顾客、与顾客洽谈和处理顾客异议等阶段工作做得很好，但在成交这个关键环节做得不好，对顾客发出的购买信号反应迟钝，不能抓住成交的时机，则最终结果只能是销售失败，前功尽弃。

2. 成交是顾客接受销售建议的行为过程

在销售人员向顾客销售产品时，顾客的心理在不断地发生变化，由开始的漠不关心到产品引起他的注意，再发展到对产品产生兴趣直至做出购买的决策，整个过程表现出循序渐进的特点。成交是一个不断发展和变化的过程，销售人员必须密切注意顾客的言行举止，洞察顾客的心理活动，善于抓住顾客发出的成交信号，从而顺利成交。

3. 成交不是销售活动的结束

对销售人员来说，成交代表本次销售活动的成功，但绝不是销售活动的结束，销售人员应做好各项成交的后续工作。例如，完善合同、及时发货、协助顾客铺货、做好售后服务等。只有这样，销售人员才能与顾客建立良好的合作关系，使双方实现共赢。

二、达成交易的原则

1. 主动

销售人员要主动向顾客提出成交要求。有很多销售人员，与顾客联系得非常紧密，产品解说得也非常好，就是不知道或不敢向顾客提出成交要求。一项调查结果显示：有71%的销售人员未能及时地向顾客提出成交要求。销售人员没有向顾客提出成交要求的原因，是他们脑海里有两个错误观念。

① 如果顾客需要商品，他们会主动提出来。

事实上的情况是：即使顾客需要产品，他们也不会主动提出成交要求，而是等待着销售人员提出成交要求。一般情况下，只有3%的客户会主动向销售人员提出成交要求，其余97%的顾客需要销售人员请他们购买。

② 销售工作是求人买商品。

销售人员工作很卖力，一次次登门拜访顾客，一次次有礼貌地与顾客告别，就是不敢把自己的真实想法告诉顾客，让顾客下订单，把成交要求一直憋在自己心里边。他们害怕被顾客拒绝。

销售人员从事的工作，不是求人办事，求人买商品的工作，而是满足顾客需求的工作。

如果销售人员树立了为顾客服务的思想，将销售商品与为顾客解决问题结合起来，那么销售人员向顾客提出成交要求，就是非常自然的事。

2. 自信

销售人员要以大胆、自信的口吻向顾客提出成交要求，不可支支吾吾、犹犹豫豫、吞吞吐吐。自信是具有感染力的，当销售人员自信时，顾客也会坚定购买信心。

3. 坚持

有很多销售人员在向顾客提出成交要求时，遭到顾客拒绝后就放弃了。

他们拜访顾客，向顾客提出成交要求后，顾客会说："我现在不想买"，"你们的东西太贵了，我没钱"，"你们的产品不好，我不喜欢"，等等。销售员听到这类顾客拒绝的话之后，就收拾东西走人，匆匆忙忙去敲下一位顾客的门。他们想象中的顾客都是那种直爽、理智的人，认为只提出一次成交要求就够了，不需要啰啰唆唆、浪费口舌。

持这种观点的销售人员很多。有研究表明，销售人员在获得顾客订单之前，平均要出现6次否定。也就是说，销售人员没有6次的坚持，也就不会有第7次的成功。而一次提出成交要求，就能成交的比例只有10%。胜利往往就在于再坚持一下的努力之中。坚持不懈，不是死缠滥打、揪住不放，而是要讲究策略。

优秀的销售人员都是具有强烈自信和强烈成功欲望的人。他们在与顾客见面握手的时候，心里就这样想着："我今天一定要拿下你，让你签单。"

三、达成交易的基本策略

如何实现成交目标，取决于销售人员是否真正掌握并灵活运用达成交易的基本策略和技巧。销售人员正确地掌握并灵活运用达成交易的基本策略，对最终实现目标有重要意义。一个积累了丰富销售经验，掌握了有效策略与方法的销售人员，知道应该在什么时候，以什么方式较好地把握住成交良机。成交的基本策略可以概括为以下几种。

1. 及时主动地促成交易的策略

在现代交易中，顾客（买方）通常处于一种优势地位，不愿主动提出成交，更不愿主动明确地提出成交。但是，顾客的意向总会有意无意地通过各种方式表现出来。因此，销售人员必须善于观察顾客言行，善于捕捉这些稍纵即逝的成交信号，抓住时机，及时促成交易。成交信号一般取决于销售环境和销售气氛，取决于顾客的购买动机和个人特征。

2. 善于识别顾客的购买信号，把握最佳成交时机的策略

购买信号是指顾客在语言、表情、行为等方面所暴露出来的打算购买的一些暗示或提

示。在实际销售工作中，顾客为了保证自己所提出的交易条件，取得心理上的优势，一般不会首先提出成交，更不愿主动、明确地提出成交。但是顾客的购买意向总会通过各种方式表现出来。对于销售人员而言，必须善于观察顾客的言行，捕捉各种购买信号，及时促成交易。

顾客表现出来的购买信号主要有语言信号、行为信号、表情信号、事态信号等。

3. 留有一定的成交余地，适时促成交易的策略

留有一定的成交余地，就是要保留一定的退让余地。因为任何交易的达成都必须经历一番讨价还价，很少有一项交易是按卖方的最初报价成交的。顾客从销售商品发生兴趣到作出购买决定，需要经过一定的时间过程。所以若销售人员成交之前就把所有优惠条件全盘端给顾客，当顾客要你再做些让步才同意成交时，你就没有退让的余地了，使自己在成交时处于被动地位。因此，为了最后促成交易，销售人员应该讲究成交策略，遇事多留一手，不到万不得已，不轻易亮出底牌。例如，在成交的关键时候，销售人员可进一步提出销售重点，加强顾客的购买决心，"我们的产品还有 6 年的免费保修服务哟！"。再者，即使不能实现，销售人员也应为顾客留下一定的购买余地，希望以后还有成交的机会。

留有一定的成交余地，有两个方面的内涵。

① 在某次销售面谈中，销售人员应该及时提出销售重点，但不能和盘托出。

这是因为，顾客从对你的销售产生兴趣到作出购买决定，总是需要经过一定过程的。到成交阶段，销售人员如能再提示某个销售要点和优惠条件，就能促使顾客下最后的购买决心。为了最后达成交易，销售人员应该讲究策略，注意提出的时机和效果，留有一定的成交余地。

② 即使某次销售未能达成交易，销售人员也要为顾客留下一定的购买余地，希望日后还有成交的机会。

顾客的需求总是在不断变化，他今天不接受你的销售，并不意味着他永远不接受。一次不成功的销售之后，销售人员如果留下一张名片和产品目录，并诚恳而礼貌地对顾客说："如果有一天你需要什么的话，请随时与我联系，我很愿意为你服务。在价格和服务上，还可以考虑给你更优惠的条件。"那么，你就会经常发现这些回心转意的顾客。

4. 保持积极的心态，正确对待失败的策略

成交的障碍主要来自于两个方面：一是顾客异议；二是销售人员的心理障碍。销售人员由于自身知识、经验、性格、爱好及所面对的顾客特点的不同，在销售过程中难免会产生或多或少的退缩、等候、观望、紧张等不利于成交的消极心理。这就是所谓的销售心理障碍。一般来说，来自顾客异议方面的障碍比较明显，而来自销售人员自身的对待销售的心理态度则比较隐蔽，是影响成交的重要障碍。

销售人员应以积极、坦然的态度对待成交的失败，真正做到不气馁。而实际上有些销售

人员经历了几次失败之后，担心失败的心理障碍愈加严重，以致产生心态上的恶性循环。实际上，即使是最优秀的销售人员，也不可能使每一次销售洽谈都促成最后的成交。在销售活动中，真正达成交易的只是少数。只有充分地认识到这一事实，销售人员才会鼓起勇气，不怕失败，坦然接受销售活动可能产生的不同结果。

5. 诱导顾客主动成交的策略

诱导顾客主动成交就是要设法使顾客主动采取购买行动。这是成交的一项基本策略。一般而言，如果顾客主动提出购买，说明销售人员的说服工作十分有效，也意味着顾客对产品及交易条件十分满意，以致顾客认为没有必要再讨价还价，因而成交非常顺利。所以，在销售过程中，销售人员应尽可能地引导顾客主动购买产品，这样可以减少成交的阻力。

通常，人们都喜欢按照自己的意愿行事。由于自我意识的作用，对于别人的意见总会下意识地产生一种"排斥"的心理，尽管别人的意见很对，也不乐意接受，即使接受了，心里也会感到不畅快，因此，销售人员要采取适当的方法与技巧来诱导顾客主动成交，并使顾客觉得购买行为完全是个人的主意，而非别人强迫，这样，在成交的时候，顾客的心情就会十分轻松和愉快。

6. 充分利用最后的成交机会的策略

大量的销售实践和理论研究成果表明，许多生意就是在销售人员与顾客即将告别的那一刻成交的。比如在销售人员忙于收拾销售工具，重新包装产品样品时，眼看销售人员就要起身告辞了，这时顾客自觉或不自觉地减少了些许成交的心理压力，开始轻松愉快起来，对"可怜"的销售人员产生出那么一点点同情心，甚至会产生购买产品的念头。这时，销售人员要善于察言观色，捕捉到顾客心理活动变化的瞬间，抓住时机，充分利用这一最后的机会促成双方最终达成交易。美国有位销售员就特别擅长利用这一最后的时机达成交易。每当他要告别顾客时，便慢慢地收拾东西，有意无意地露出一些顾客未曾见过的产品样品，企图引起顾客的注意和兴趣，从而达成交易。在实际销售工作中，许多销售人员往往忽视这一最后的成交机会，而与一些本该达成的交易失之交臂。

7. 克服成交心理障碍，保持积极的成交态度的策略

在销售过程中，销售人员除了要妥善处理顾客异议，还要克服自身的成交心理障碍。成交心理障碍，主要是指各种不利于成交的销售心理状态。

在成交过程中，气氛往往比较紧张，销售人员容易产生成交心理障碍，阻碍了成交。比如担心成交失败等，尤其是销售新手，遇到异议时便会心情紧张，举止失态，说话词不达意。出现这种情况，成交就难以实现。销售人员的态度是面谈成功的基础，只有坚定自信，保持积极的成交态度，加强成交心理训练，才能消除各种不利的成交心理障碍，顺利达成交易。

销售人员要正确对待成败，对自己的工作充满自豪感和自信心，应该大胆主动地提出成交要求，积极促成交易。

8. 把握成交时机，随时促成交易的策略

销售人员必须机动灵活，随时能发现成交信号，把握成交时机，随时准备成交。一个完整的销售过程，要经历寻找顾客、销售接近、销售面谈、处理异议和签约成交等不同阶段，但并不是说每一次成交都必须严格地、不可缺少地经过每一阶段。这些不同的阶段相互联系、相互影响、相互转化。在销售过程的任一阶段，随时都可能成交。一旦成交时机成熟，销售人员就应立即促成交易。机不可失，时不再来。有的销售人员善于接近和说服顾客，就是抓不住有利的成交时机，常常是功亏一篑。

把握成交时机，要求销售人员具备一定的直觉判断力。具备了这种特殊的职业灵感，才能及时有效地作出准确无误的判断。一般地说，下列三种情况可能出现促成交易的好时机：一是重大的销售异议被处理后；二是重要的产品利益被顾客接受时；三是顾客发出购买信号时。

销售人员必须了解何时向顾客提出成交的请求，找到很好的成交时机就要依靠销售人员敏锐的洞察力。在进行销售的过程中，销售人员自始至终都要非常专注，了解顾客的一举一动，尤其是其所表现出来的肢体语言。

（1）顾客心情非常快乐时

当顾客心情非常快乐、轻松时，销售人员恰当地提出成交要求，成交的概率会很大。例如顾客开始请销售人员喝杯咖啡或吃块蛋糕时，销售人员要抓住这样好的请求时机。此时，顾客的心情就非常轻松，会愿意购买。

（2）介绍完商品后

当销售人员进行完商品说明和介绍之后，就要抓住时机，询问顾客需要产品的型号、数量或者颜色等外表特征，这时提出的请求是成交的一种最好时机。

（3）解释完反对意见后

顾客有反对意见非常正常，当顾客提出反对意见时，销售人员就要开始向顾客解释，解释完之后，征求顾客意见，询问顾客是否完全了解产品说明，是否需要补充，当顾客认可销售人员的说明时，销售人员就要抓住这一有利时机，询问顾客选择何种产品。当销售人员解释完顾客提出的反对意见后，可以直接成交。

9. 谨慎对待顾客否定回答的策略

事实证明，销售的成功率极低，有人估计为8%，而第一次销售被顾客拒绝的概率则更大。但是，一次被拒绝并不意味着销售的失败，销售人员可以作反复的销售努力，达成最后的成交。有人说：销售的成功是从被拒绝开始的。说的就是要谨慎对待顾客的否定回答，不能因为顾客拒绝就放弃努力。

顾客拒绝成交实为顾客成交异议，它既是成交的障碍，又是成交的信号。销售人员应认真分析各种顾客拒绝成交的原因，运用有关的方法和技术促成交易。销售人员不应把顾客的一次拒绝看成成交的失败，那会失去许多成交的机会。在销售过程中，销售人员应及时提出成交的要求，对顾客施加成交的压力，促使他提出成交，谨慎对待、处理顾客的否定回答，利用成交异议来促成交易。

总之，在成交过程中，销售人员要认真讲究成交的策略，在坚持一定的成交的同时，要适时灵活地运用相应的成交技术和成交方法。只有这样才能成功地促成交易，完成销售任务。

单元二　达成交易的信号和方法

一、成交信号

所谓成交信号，是指客户在销售洽谈过程中所表现出来的各种成交意向。对于销售人员来说，在销售过程中，准确地捕捉成交信号，及时把握成交时机是十分重要的。客户没有发出成交信号就说明你工作还没有做到家，还应该进一步洽谈而不宜过早地提出达成交易。如果客户已经发出成交信号，而销售人员疏于接收，则会错失成交良机，有可能会造成难以弥补的损失，和销售的最后成功失之交臂。

成功的机会总是垂青于有准备的头脑。销售人员必须了解和解读客户成交信号的种种表现及其含义，以便及时捕捉它，把握住成交的黄金时机，为自己的辛苦努力画上一个圆满的句号。

一般来说，成交信号可分为：语言信号、动作信号、表情信号和事态信号四种。

1. 语言信号

当客户有购买意向时，可以从他的语言中发现一些成交的信号。如客户向你打听交货时间，新旧产品比价问题，关于产品的质量、加工、使用与保养、零配件供应等问题，让你把价格说得确切一点，询问可否再降等。语言信号的种类很多，有肯定的或否定的，直接的或间接的，积极的或消极的等，销售员必须根据具体的情况进行具体的分析与识别，以准确捕捉顾客的语言成交信号，顺利促成交易。顾客通过询问使用方法、价格、保养方法、使用注意事项、售后服务、交货期、交货手续、支付方式、新旧产品比较、竞争对手的产品及交货条件、市场评价、说出"喜欢"和"的确能解决我这个困扰"等表露出来的购买信号。以下几种情况都属于购买的语言信号：顾客对商品给予一定的肯定或称赞；询问交易方式、交货时间和付款条件；详细了解商品的具体情况，包括商品的特点、使用方法、价格等；对产品质量及加工过程提出质疑；了解售后服务事项，如安装、维修、退换等。

语言信号种类很多，销售人员必须具体情况具体分析，准确捕捉语言信号，顺利促成交易的实现。

案例5-1　促成交易，捕捉信号

王强是一名大型体育用品商店的销售员，这家商店最近在报纸上做了大量的广告，并在公司内举办了一个产品展览会。

星期四下午，一个客户进了展厅，开始仔细查看展出的帐篷，王强认为他是一名该产品的潜在客户。

王强："正如您所见，我们有许多种帐篷，能满足任何购买者的需求。"

客户："是的，可选的不少，我都看见了。"

王强："这几乎是一个万国展了，请问您喜欢哪种产品？"

客户："我家有5口人，3个孩子，都10岁以下，我们想去南方度假，因此打算买个帐篷。但不能太贵，度假花销已经够多了。"

王强："这儿的许多产品都能满足您的需求。例如这种，里面很大，可容纳下像您家那么大规模的家庭；质地很轻，而且不用担心，它是防水的；右边的窗子可以很容易地打开，接受阳光；底面是用强力帆布特制的，耐拉、防水；能很容易地安装和拆卸，您在使用中不会有任何问题。"

客户："看上去不错，多少钱？"

王强："价格合理，985元。"

客户："旁边那个多少钱？"

王强："这个圆顶帐篷是名牌，比前一个小一点，但够用，特性与前面一个相差无几，价钱是915元。"

客户："好的，现在我已经了解了许多，星期六我带妻子来，那时再决定。"

王强："这是我的名片，如果有问题可以随时找我，我从早上开业到下午6点都在这儿，星期六我很高兴能与您和您妻子谈谈。"

2. 动作信号

销售人员也可以从观察客户的动作来识别其是否有购买意向。如客户由开始时静静地倾听销售人员的讲解，转为动手操作产品，仔细触摸产品，翻动产品介绍等；顾客由一个角度到多个角度观察产品，或再次翻看产品说明书等。顾客细看说明书、要求销售人员展示样品，并亲手触摸、试用产品等所表露出来的购买信号。

案例5-2　捕捉信号

一位女士在面对皮衣销售员时，虽然是大热天，她仍穿着皮衣在试衣镜前，足足折腾了一刻钟。她走来走去的样子好像是在做时装表演；而当她脱下皮衣时，两手忍不住又去摸皮毛，甚至眼里涌动着泪光。

从该例我们可看出，这位女士的行为属于强烈的动作购买信号。

正因为通过顾客的行为动作我们可以发现顾客发出的许多购买信号，因此作为一位销售人员应尽力使你的顾客成为一位参与者，而不是一位旁观者。在这种情况下，通过你的细心观察，你就会很容易发现购买信号。比如，当客户一次次触动按钮、抚摸商品或围着产品看个不停的时候，难道你还不能从中看出什么吗？当你捕捉到了购买信号时，再稍作努力就可以成交了。

3. 表情信号

表情信号是指在销售过程中客户的面部表情和体态表现出来的购买意向。如眼睛转动由慢变快，眼睛发光，神采奕奕；由凝神沉思变为活泼、友好；情感由冷漠、怀疑、深沉变为自然、大方、随和、亲切等。从顾客的面部表情和体态中所表现出来的一种购买信号，如微笑、下意识地点头表示同意你的意见、神色活跃、对销售的商品表示关注等。

顾客的语言、行为、表情等表明了顾客的想法。销售人员可以据此识别顾客的购买意向，及时地发现、理解、利用顾客所表现出来的购买信号，促成交易。

把握成交时机，要求销售人员具备一定的直觉判断与职业敏感。一般而言，下列几种情况可视为促成交易的较好时机：当顾客表示对产品非常有兴趣时；当销售业务员对顾客的问题作了解释说明之后；在销售人员向顾客介绍了产品的主要优点之后；在销售人员恰当地处理顾客异议之后；顾客对某一销售要点表示赞许之后；在顾客仔细研究产品、产品说明书、报价单、合同等情况下。

4. 事态信号

事态信号是指销售人员在与客户接触的过程中，客户对与销售活动有关的事态发展变化所表示出来的一种购买信号。例如，客户主动提出更换谈判场所，向销售人员介绍有关购买决策过程的其他角色人员等。

客户的语言、行为、表情以及事态变化等，表达了客户对销售活动的想法，销售人员可据此识别客户的成交意向。

有时顾客同时表现出多种购买信号，我们称之为综合购买信号。

二、达成交易的方法

销售人员在观察到顾客通过各种形式表露出的购买欲望或接到顾客发出的购买信号时，应抓住时机，迅速提出成交的建议或要求，以利于尽快成交。从销售实践来看，销售人员掌握并能灵活运用各种成交的方法是非常重要的。

1. 请求成交法

请求成交法也可称为直接成交法，是指销售人员在接到顾客发出的购买信号时，用明确的语言主动向顾客提出成交建议，以利于尽快成交的方法。它是一种最简单、最常见也是最常用的成交方法。

案例 5-3 请求成交法的应用

"赵老板，您刚才提出的问题都解决了，现在请您在合同上签字吧。"

"王经理，您的账已经对清了，请您把货款办了吧。"

"苏先生，您真有眼光，这件夹克太适合您了，我给您包起来吧。"

（1）请求成交法的优点

销售人员言简意赅、态度明确，能够迅速、有效地成交，从而节省成交所需要的时间，减少成交风险；可以避免顾客在成交关键时刻故意拖延时间，贻误成交时机，从而提高销售的成功率。

（2）请求成交法的缺点

如果成交时机没有成熟，销售人员盲目提出成交请求，会让还没有下决心成交的顾客产生一种被胁迫的感觉，从而使其产生抵触情绪，轻则会破坏原本友好的成交气氛，重则会促使顾客拒绝成交；销售人员急于成交的请求，会使顾客对先前达成的条件产生怀疑，使其认为自己还没有得到最优惠的条件，从而增加成交的困难；销售人员急于成交的请求，会使顾客认为销售人员迫于销售任务的重压而有求于他，从而使顾客产生心理上的优势，进而向销售人员提出更多的要求，使销售人员处于被动。

（3）请求成交法的适用条件

对方是已建立业务关系的老顾客，销售人员与其非常熟悉且关系良好，彼此之间无需过多的客套；对方是新顾客，但销售人员接到了顾客发出的明确的购买信号，对成交很有把握；顾客表示出对产品的购买欲望，但又犹豫不决，需要销售人员坚定他的信心；销售人员在顾客面前具有强势地位。例如：在企业进行招商时，顾客主动找上门来，经过谈判，销售人员认为顾客符合企业的要求，故提出成交请求。

（4）运用请求成交法应注意的问题

在对顾客表现出来的购买欲望或发出的购买信号进行评估时，需要心态平稳，切忌自我感觉良好，浮躁冒进；一旦发现有效的购买信号，应马上提出成交请求，以免贻误成交时机；销售人员在提出成交请求时，态度应不卑不亢，神态应泰然自若，语言应言简意赅。要避免表现出任何能引起顾客怀疑的紧张的表情或过度兴奋的表情；要有被顾客拒绝的思想准备，留有后手。

2. 选择成交法

选择成交法是销售人员向顾客提供几种可供选择的购买方案以实现成交的方法。

案例 5-4 选择成交法的应用

"李总，您下个月的货是用汽车运还是用火车运？"

"大姐，这件外套的款式和尺寸都很适合您，我们有红色和蓝色的，您要哪种颜色的？"

"林总，您是要每袋 10 公斤的小包装还是要每袋 25 公斤的大包装？"

（1）选择成交法的优点

销售人员提供备选方案能使顾客感到被人尊重，从而减轻压力，创造良好的成交氛围；对犹豫不决的顾客，销售人员提供备选方案能缩小其选择的余地，加快成交速度；参照样板市场的成功经验，销售人员给新顾客提供的方案可操作性强，成功率高；销售人员提供备选方案从表面看是顾客掌握购买的主动权，实质上是销售人员掌握主动权，因为无论顾客选择哪种方案，对销售人员来说都是成交。

（2）选择成交法的缺点

如果顾客还没有决定购买，而销售人员就要求其从中做出选择，会使顾客产生反感；顾客很可能对销售人员提供的方案都不满意，以致于拒绝成交；顾客对备选方案不理解，需要销售人员耐心解释，这样会延长成交的时间，同时，可能会产生新的问题，增加新的成交障碍，使销售人员陷入被动。

（3）选择成交法的适用条件

顾客已经表现出比较明确的购买欲望或对产品表现出极大的兴趣，但还未下定决心；产品品种或规格过多，顾客难以做出正确的选择，需要销售人员提供帮助；顾客对成交不置可否，销售人员可用此方法探察顾客的真实意图。

（4）运用选择成交法应注意的问题

使用选择法时，销售人员要注意以下一些因素。

① 提出的建议都是你想要的。

销售员提出的交易方案和交易条件，客户有选择的自由。如果销售员提出的交易方案是自己还无法接受的，万一客户选中了，交易还是不能达成。

② 最好的选择法是二选一法。

二选一法是为了更好地达成协议，方案太多，客户无所适从，而且可能不是理想的方案。不要提出两个以上的选择，选择太多反而令客户无所适从，对达成交易犹豫不决，既给客户造成了不应有的麻烦，同时也降低了达成交易的几率。如果顾客对现有二个方案都不满意，再考虑推荐第三个、第四个方案。

有关销售实践表明，提出两个选择方案，交易成功率为68%；提出三个选择方案，交易成功率为45%；提出三个以上选择方案，交易成功率为29%。

3. 假定成交法

假定成交法也称为假设成交法，是指销售人员假定顾客已经接受销售建议而直接要求其购买产品的一种方法。此方法经常与请求成交法结合使用。

案例 5-5 假定成交法的应用

"刘处长，感谢您对敝公司产品的赞赏，我们也很荣幸能成为贵公司的供应商，为了使双方的合作早日实现，我们现在把合同签了，好吗？"

"张总，这批货您是付现金还是用支票？"

"马经理，感谢您对敝公司的支持，这是下个月的订单，请您签字。"

（1）假定成交法的优点

假定成交法言语婉转，使顾客感到被尊重，能与销售人员产生共鸣；假定成交法能避免因顾客的反复而拖延销售时间，提高了销售效率；假定成交法把顾客表示出来的购买信号直接过渡到成交行动，减轻了因决策给顾客带来的心理压力，有利于提高成功率。

（2）假定成交法的缺点

如果销售人员没有看准成交时机，盲目地假设顾客已经决定购买产品，这样会使顾客产生被催促的感觉，从而破坏成交气氛，减少成交的机会；假定成交法是销售人员的主观行为，是以假定顾客没有任何异议的前提下提出的成交要求，但在销售实践中，顾客往往还有一些问题没有解决，甚至还有一些问题尚未提出，销售人员急于成交的要求会使顾客产生反感。严重时会使顾客产生销售人员不愿意给他解决问题的错误想法，显然这很不利于成交；销售人员急于成交的请求，会使顾客感觉销售人员似乎在刻意隐瞒什么，从而对先前达成的条件产生怀疑，使其认为自己还没有得到最优惠的条件，从而增加成交的困难。

（3）假定成交法的适用条件

对方是已建立业务关系的老顾客，销售人员与其非常熟悉且关系良好，双方业务往来没有问题或顾客提出的问题已经解决；对方是新顾客，但销售人员接到了顾客发出的比较明确的购买信号，对成交有比较大的把握；顾客表示出对产品的购买欲望，但又犹豫不决，需要销售人员坚定他的信心；销售人员在顾客面前具有相对强势地位，如销售人员代表知名企业或销售的产品能够给顾客带来较高的利润。

（4）运用假定成交法应注意的问题

在对顾客表现出来的购买欲望或发出的购买信号进行评估时，需要心态平稳，切忌自我感觉良好，浮躁冒进；一旦发现有效的购买信号出现，应马上提出成交请求，以免贻误成交时机；销售人员在妥善处理完顾客提出的异议之后，应给顾客3～5分钟的时间思考。一是显得尊重顾客，二是有利于自己判断顾客是否真的没有新的异议。

销售人员在提出成交请求时，态度应不卑不亢，神态应泰然自若，语言应委婉温和。要避免表现出任何能引起顾客怀疑的紧张的表情或过度兴奋的表情；要有被顾客拒绝的思想准备，留有后手。

4. 优惠成交法

优惠成交法又称为让步成交法，是销售人员利用顾客在购买产品时希望得到更大利益的心理，通过提供某种优惠的条件来达到迅速成交的目的。企业给顾客优惠条件是销售人员的有利之处，销售人员应充分利用。

案例 5-6　优惠成交法的应用（1）

1. "王老板，我们的合同已经签好了，很高兴能与您合作。为了表示本公司的诚意，也为给您增加打开市场的信心，如果您首批进货能达到5万元以上的话，本公司将额外提供5%的折让，多进多奖，仅此一次，请您把握大好机会。"

2. "张经理，如果您的货款在本月10日之前到本公司账户，就能享受本公司额外每百赠二的优惠政策，这对您来说等于每件货增加了2元的利润，我当然希望您能多赚钱，所以我们下午3点去打款好吗？"

（1）优惠成交法的优点

符合顾客求利心理，有利于创造良好的成交氛围；利用批量成交优惠条件，可以促成大批量交易，提高成交的效率；销售人员在关键时刻放出优惠条件，能促使那些还在犹豫的顾客下定决心、迅速成交；利用优惠条件，可促进某些滞销品的销售，起到清仓减库、盘活资金的作用；在新产品上市初期，优惠成交法有利于激励顾客达到企业设定的首批进货的金额。

（2）优惠成交法的缺点

给顾客较大的优惠，容易使顾客对先前达成的条件产生怀疑，使其认为自己还没有得到最优惠的条件，会纵容顾客得寸进尺，进一步讨价还价，从而增加成交难度；如果企业对大小顾客采取幅度不等的优惠条件，在企业监管不力的情况下，会在市场上形成"大户杀小户"，价格体系紊乱的不良局面；给顾客优惠，必然会减少企业的销售收入，会降低企业的效益；如果经常使用此方法，会使顾客形成思维定势，为日后的销售造成障碍；优惠幅度过大，容易使顾客对产品质量产生怀疑，不利于成交。

（3）优惠成交法的适用条件

对方是新顾客，在成交时表现出犹豫不决，销售人员此时放出事先有所保留的优惠条件，能促使顾客马上成交；对方是老顾客，销售人员可以采取开门见山的做法，将所有优惠条件全盘托出，增加对他的吸引力，加快成交进程；企业对滞销产品或要淘汰的产品实施一次性清仓，可以加大优惠的幅度；企业要在短期内大幅提高销量。

（4）运用优惠成交法应注意的问题

对新顾客，销售人员绝对不能将所有优惠条件全盘托出，一定要有所保留。因为在成交之前什么都可能改变，万一顾客放弃合作，则企业销售政策机密尽失，不利于销售人员再寻找新的顾客；只有在确认顾客肯定能成交，而且顾客能达到企业的要求时，销售人员才能把掌握的某些特别优惠条件提出，否则宁可不提，以免节外生枝；对那些很会讨价还价的顾客，或对谈判周期较长的大项目，销售人员可采取"挤牙膏"的策略，把优惠条件逐条放出，同时要求对方做出相应的让步；对那些性格豪爽的顾客（或老顾客），销售人员可把优惠条件全盘托出，加速成交；讲究语言技巧的运用，要达到使顾客认为"机不可失，时不再来"的效果；在成交关键时刻提出优惠条件，态度要积极，但语气要坚决，要达到使顾客认为"这是最后的优惠"的效果，从而促使顾客尽快成交。

案例 5–7　优惠成交法的应用（2）

企业规定在两天内打款 10 万元以上的顾客可额外享受 3% 的折让，而销售人员明知顾客资金紧张根本无力做到，这时告诉顾客不仅达不到提高销量的目的，反而会招来顾客的怨言。

5. 保证成交法

保证成交法又称为承诺成交法，是指销售人员向顾客提供某种成交保证，以解除顾客的顾虑，增强其购买信心，促使顾客立即成交的方法。

案例 5–8　保证成交法的应用

"您放心，我这儿绝对是全市最低价，如果您发现有比我价格还低的，我给您无条件退货。"

"汪老板，请您放心，我保证明天 12 点之前把货送到，如果超时，您可拒收。"

"李经理，只要您签了这份合同，我保证您是我们在此地的独家经销商。"

（1）保证成交法的优点

销售人员针对顾客最关心、最重视的问题做出郑重承诺，能够解除顾客的后顾之忧，增强其购买信心，从而有利于成交；能节省成交时间，提高销售效率；销售人员对顾客做出成交保证，能突显销售人员的自信。在兑现其承诺之后，能增强顾客对销售人员的信任，这有利于以后的工作。

（2）保证成交法的缺点

对新顾客来说，由于双方互不了解、缺乏信任，因此，即使销售人员对某些条款做出保证，也难以从根本上消除顾客的顾虑；销售人员向顾客做出保证的前提是对实现承诺有绝对的把握。但在销售实践中很可能出现一些销售人员不能掌控的情况，致使承诺不能兑现，这将失信于顾客，严重时会引发双方的纠纷。

（3）保证成交法的适用条件

顾客已经明确表示有成交愿望。只是对某些条款还有顾虑，因此表现出犹豫不决；顾客要求销售人员做出保证的项目或条款属正当要求；销售人员要做出的承诺必须在自己的权限范围之内，且有绝对的把握兑现。

（4）运用保证成交法应注意的问题

要针对顾客最关心的问题做出保证；对超出权限或无绝对把握兑现的要求不能做出保证；要"言必信，行必果"，对已做出的保证一定要兑现。绝对不能为图眼前的利益，采取欺骗的手段，做出根本不可能实现的保证。

6. 从众成交法

从众成交法是销售人员利用顾客的从众心理实现成交的方法。

案例 5 – 9　从众成交法的应用

"王先生您真有眼光，带楼顶花园的套房卖得很快，只剩这一套了，您付现金吗？"

"程小姐您事业肯定很成功，因为这款手机虽价格昂贵，但却是很多白领女士的最爱。另外，您的运气真好，这批货上午刚到，现在就剩一个被您赶上了。您是刷卡还是……"

（1）从众成交法的优点

利用顾客的从众心理，减轻顾客购买压力，创造良好的成交氛围；销售人员列举实例，真实感强、可信度高，能增加顾客购买的安全感，有利于成交；销售人员利用现场造势，使顾客产生紧迫感，加速成交进程。

（2）从众成交法的缺点

对某些善于独立思考、购买行为较理性的顾客不起作用；对某些喜欢标新立异、与众不同的顾客运用该方法，反而会引发顾客的反从众行为，从而拒绝成交；如果销售人员列举的"众"不恰当的话，不仅不能说服顾客，反而会引起顾客的怀疑，增加新的成交障碍，甚至会失去成交的机会；对从众心理较重、缺乏主见的顾客，会导致其盲目购买而引发不良后果，不利于以后双方的合作。

（3）从众成交法的适用条件

顾客对产品已表示出兴趣，销售人员需趁热打铁，举例证明顾客的选择是正确的；顾客确有成交愿望，但还有些犹豫不决；销售人员确有顾客购买的成功案例。

（4）运用从众成交法应注意的问题

销售人员举的例子应真实，一般不能胡编乱造；对大批量购买产品，属经销商性质的顾客，销售人员举的事例在时间和空间上都要本着"就近"的原则，因为时间相差太远，市场变化会很大，事例缺乏说服力，空间距离太远，会使顾客对事例的真实性产生怀疑。

7. 小点成交法

小点成交法又称为次要问题成交法，是销售人员与顾客先在一些次要问题或小问题上达成共识，进而促成整体成交的方法。

案例 5 -10　小点成交法的应用

"张先生，您完全不用担心交货时间问题，我们可以在合同里面注明。"

"刘小姐，您不用担心包装会被淋湿的问题，因为本公司全部是用集装箱送货。"

（1）小点成交法的优点

能减轻顾客成交压力，创造良好成交氛围。因为顾客在对次要问题进行决策时，往往心态比较轻松；由于双方对次要问题都可能让步，因此不会使谈判陷入僵局；销售人员利用次要问题进行成交尝试，一来可以试探顾客有无成交的诚意，二来留有余地，即便顾客拒绝，销售人员还可从其他方面试探。

（2）小点成交法的缺点

销售人员盲目滥用小点成交，可能造成舍本逐末，拣了芝麻而丢了西瓜，因为双方在关键问题上都难以做出重大让步，很可能因关键问题难以成交而前功尽弃；可能使双方陷入次要问题的过度纠缠而拖延成交时间，降低销售效率；对重大问题避而不谈，会使顾客怀疑销售人员在有意隐瞒什么，可能造成成交障碍。

（3）小点成交法的适用条件

谈判范围较广、谈判项目较多、短时间内无法就所有问题达成一致看法的大宗交易；在关键问题上的谈判陷入僵局，为避免谈判破裂而采用小点成交缓和气氛。

（4）运用小点成交法应注意的问题

精心设计能满足顾客需要，同时又能顺利成交的小点问题；不能使用偏离成交主题的小点问题，避免顾客认为销售人员在哗众取宠；时机成熟，销售人员应及时将谈判从小点问题转到关键问题。

8. 异议成交法

异议成交法又称为大点成交法，是指销售人员利用处理顾客主要异议的机会直接要求顾客成交的方法。

案例 5-11　异议成交法的应用

"如果我去仓库提出您需要的红色皮鞋，您现在就买吗？"

"您要求价格再让 1%，我无权答应，但如果我请示经理被批准的话，您现在付款吗？"

"金老板，如果我能按您的要求在明天 12 点之前把货送到，您就把下个月的货款给我，是吗？"

（1）异议成交法的优点

一般来说，顾客的主要异议是妨碍成交的关键因素，销售人员如果能妥善解决，令顾客满意，就扫清了成交的障碍，使顾客乐于成交；针对顾客主要异议，销售人员要能对症下药，提高销售效率；妥善处理顾客主要异议，体现了销售人员在为顾客着想，能使顾客对销售人员产生好感，进而产生信任，有利于顺利成交。

（2）异议成交法的缺点

如果销售人员判断失误，处理的是顾客无效异议、次要异议和非成交异议，而没有处理好顾客的主要异议，则会事倍功半，不利于成交；顾客的主要异议往往也是销售人员很难让步甚至不能让步的，一旦不能满足顾客的要求，则很可能丧失成交机会。

（3）异议成交法的适用条件

销售人员明确顾客的主要异议；销售人员能够妥善解决顾客的主要异议，并有把握使顾客满意。

（4）运用异议成交法应注意的问题

在找准顾客主要异议之前不要轻易让步，因为过多的让步虽能促进成交，但也容易吊起顾客的胃口，刺激顾客得寸进尺，提出更多、更高的要求，若不能满足反而不利于成交；在圆满解决顾客的主要异议提出成交要求时，销售人员要注意态度和语气，绝对要避免顾客不领情，甚至得了便宜还卖乖的情况发生。

9. 试用成交法

试用成交法是指销售人员免费（或少量付费）让顾客对产品进行试用（或品尝），使顾客充分了解产品能给自己带来的利益，从而促使顾客购买的成交方法。

案例 5-12　试用成交法的应用（1）

"为消除您对这台新型复印机的顾虑，本公司免费让您试用一周，我相信您会满意的。"

"本公司免费让您使用这台挖掘机三天，我相信三天后您一定会买下它的。"

"张先生，您通过试驾，就能体会到我们这款新车的卓越性能，我保证您会满意的。"

（1）试用成交法的优点

顾客无需付出任何代价就能试用产品，使顾客的购买风险降为零，因此能够博得顾客的信任和好感，有利于试用期满后的成交。甚至有些顾客在试用期间就支付了货款；销售人员敢于给顾客免费试用，说明对产品的质量充满信心，而这种信心会传递给顾客，增强其购买决心，从而加快成交；对于新上市的全新产品，使用该方法效果尤为突出。

（2）试用成交法的缺点

由于给了顾客试用期，因此会拖延成交时间，降低销售效率；试用期间，产品可能出现问题或因顾客使用不当而出问题，这会增加成交障碍；对免费试用的产品，顾客可能不爱惜，会对产品造成损坏。

（3）试用成交法的适用条件

顾客对新上市全新产品的性能一无所知，虽然表示出较高的兴趣，但仍有顾虑；产品技术含量高，只有通过试用才能充分显示产品的优势；某些产品单靠语言表达效果不好，说服力不强；供试用的产品，质量必须过硬。

案例 5-13 试用成交法的应用 （2）

销售人员说"这种果汁很好喝"，但顾客不知道好喝到什么程度，只有亲自品尝后才会做出评价。

（4）运用试用成交法应注意的问题

高价值、易损耗的产品不宜用此方法；顾客应有固定经营场所、有支付能力、信誉良好；完善试用手续，避免产生纠纷；在试用期间，销售人员应加强与顾客的交流，解决顾客在使用中出现的问题，强化顾客对产品的信任，争取早日成交。

10. 最后机会成交法

最后机会成交法是指销售人员通过告知顾客现在是购买最为有利的时机来促成交易的方法。一般当产品供不应求时这种方法更为有效。它是利用顾客害怕失去获得某种利益机会的心理，给顾客造成"机不可失，时不再来"的感觉，变顾客的购买压力为购买动力。

案例 5-14 最后机会成交法的应用

"您运气真好，这款衣服就剩这一件了，给您包起来吧？"

"田经理，如果您今天打款，可享受 9 折优惠，从明天开始不再打折，您看着办吧。"

"就剩这点儿了，如果你全都要了，给 10 块钱就拿走。"

（1）最后机会成交法的优点

最后机会成交法是利用顾客害怕失去获得某种利益机会的心理，变顾客的购买压力为成交动力，如果运用得好，往往具有较强的说服力，能够产生立竿见影的效果，从而节省时间，提高销售效率；如能与优惠成交法结合使用，将非常有利于清理库存产品（甚至是滞销产品）。

（2）最后机会成交法的缺点

最后机会成交法往往是给顾客设定了最后期限，因此有向顾客发出最后通牒的嫌疑、会破坏成交氛围，使顾客产生反感，不利于成交；由于销售人员在采用最后机会成交法的时候，往往态度比较坚决、语气比较强硬，因此也基本封死了销售人员的退路，一旦顾客拒绝成交，则面临谈判破裂的危险；由于某些销售人员使用欺骗手法，在积压产品上大量使用最后机会成交法欺骗顾客，所以顾客会产生怀疑而不愿意成交。

（3）最后机会成交法的适用条件

顾客确实已对产品产生购买欲望，但仍然表现出犹豫不决的时候；销售人员除最后提出的优惠条件以外，手中其他优惠条件已经用完；销售人员时间紧迫或已经与顾客进行了长时间的洽谈，顾客已提不出新的异议时；顾客得寸进尺提出超权限的要求，销售人员以最后摊牌的形式予以拒绝。

（4）运用最后机会成交法应注意的问题

在没有确定顾客已经产生购买欲望时，不能用此方法；在使用该方法时态度应比较坚决，语气应比较强硬，但绝不能用语言恐吓顾客；由于使用该方法可能会使双方都没有退路，一旦顾客拒绝，致使谈判破裂的风险较大，因此在使用该方法前，最好能先用其他成交方法试探成交。

11. 激将成交法

激将成交法是指销售人员用激将的语言刺激顾客购买，从而达到成交目的的方法。这种方法是利用了顾客自尊心强、爱面子的心理，运用反暗示的原理，刺激顾客的自尊心，促使顾客在逆反心理下达成交易。

案例 5-15　激将成交法的应用

"你要是真的买不起，我也很遗憾，因为我们这款皮衣是绝对不还价的。"

"李老板，我很难相信你这样的大老板连这 10 万块钱的货款还要和你夫人商量！"

"张经理，如果您没有拍板的权力，我认为我们的谈判就没有必要进行下去了。"

"陈总，请原谅我的坦率，您总是说资金紧张，您不会紧张到连 5 万块钱都拿不出吧？"

（1）激将成交法的优点

利用语言刺激顾客的自尊心，促使其迅速做出购买决定，能节省时间，提高销售效率；从顾客的反映可以看出他是否有成交的诚意；能使一些原本不想购买的顾客最终购买产品。

（2）激将成交法的缺点

销售人员对语言的把握难度较大，说得太轻，达不到激将的目的，说得太重，严重挫伤顾客的自尊心，则容易引起顾客的愤怒，这不但破坏了成交的气氛，还可能使顾客拂袖而去，失去成交机会；由于销售人员在运用激将成交法时语中带刺，因此，自己就几乎没有什么退路了，一旦顾客拒绝，则面临谈判破裂的危险。

（3）激将成交法的适用条件

顾客属于性格高傲、自尊心强、自以为是的类型；顾客确实有购买的欲望，但仍然表现得犹豫不决；销售人员已经用其他方法作了成交的尝试，但顾客仍然没有成交；顾客态度暧昧，销售人员有必要通过激将试探其对成交的诚意。

（4）运用激将成交法应注意的问题

运用激将成交法是要刺激顾客的自尊心，但绝不是刺伤顾客的自尊心，要把握好分寸；聪明的销售人员会用语言刺激顾客尽快做出购买决定，但绝不会逼着顾客回答"你到底买还是不买"之类的问题；要注意给顾客留些面子，不能逼人太甚；在采用此方法前尝试其他成交的方法，不到万不得已，最好不要用此方法；做好被顾客拒绝的思想准备。

除此之外还有其他成交方法，如总结利益法。总结利益法是销售人员把客户能得到的实际利益都展示在其面前，促使客户达成协议。实施步骤：总结客户最关心的利益；总结销售过程中已成功地处理过的反对意见；及时地建议成交。例如，到销售快终结阶段，业务员说："××先生，如果你们购买我们的产品，我们可以为你提供配送服务，为你们提供业务培训，在广告促销方面提供支持。而且，你对我们的产品价格及付款方面提出的不同意见，经过协商，答应你们降价5%的要求，付款时间延迟一个月。咱们应该可以成交了，对不对？"

单元三　销售合同的签署

合同是缔约当事人之间为实现一定的经济目的，以法律形式确定双方各自权利和义务关系的一种协议，亦称契约。它是商品经济发展的产物，作为商品交换的法律形式，是当前销售活动不可缺少的重要工具。也是销售风险出现的"高发区"，因而是销售风险管理的重要内容，通过合同风险的排查，可以有效地控制风险的发生，减少合同风险的损失。作为合格的销售人员，必须要学会准确、慎重地签订合同，把买卖关系以合同形式确定下来，这对任何企业来说都是至关重要的。

一、销售合同的含义与特点

1. 含义

销售合同俗称买卖合同，是一方转移标的物的所有权于另一方，另一方支付价款的合同。在销售合同中，转移标的物所有权的一方称为出卖人（卖方），受领标的物并支付价款的一方称为买受人（买方）。销售合同也称购销合同。销售合同是买卖双方财产流转的基本法律形式，它确立了当事人的权利与义务，规范了买卖这种市场行为，降低了社会交易成本。在市场经济条件下，它对促进商品流通，发展市场经济，满足消费者、企业的生活和生产需要，起着重要的作用。

2. 特点

买卖合同最基本的特点是物权的转移。一方付出一定的价格便可获得对方所有物的所有权；一方出卖标的物的所有权便可得到一定的货币。除此之外，销售合同还具有双务、自愿公平、等价有偿的特点。

（1）双务

双务是指合同当事人双方都要履行相应的义务。在销售合同中，买方的基本义务是支付价款；卖方的基本义务是交付出卖物的所有权。

（2）自愿公平

自愿公平是指签订合同的双方当事人必须是自己的真实的意思表示，也就是说，当事人表示的意思必须是自愿作出的，而不是在某种外因作用下作出的。如果当事人的意思表示是在受到欺诈、胁迫、误解等情况下作出的，则该意思表示是无效的，对当事人没有法律约束力。受到侵害的一方当事人有权要求变更或解除合同。合同当事人其地位都是平等的。

（3）等价有偿

等价有偿是指合同双方当事人都从合同的交易中得到相应的补偿。任何一方都不得强迫另一方无偿交付物品。等价有偿是商品交换原则的核心，是价值规律的具体体现。合同当事人通过合同这种法律的形式进行交换，同样体现着价值规律，当一方受到损害时，应当得到同等价值的赔偿。

二、销售合同的形式

当购销双方协商一致时，合同便宣告成立。但销售合同并不能认为只有正式签订的书面文件才是合同，不签订合同，就可以不承担责任。如卖方给买方在规定期限内表示承诺，合同即宣告成立。此后即使未办理签订书面合同手续，任何一方不能以任何原因或借口无书面合同推翻合同或不承担合同责任。因此，销售合同的形式不受任何条件限制。从法律上讲，它可以有口头的、书面的和其他形式的。

1. 口头形式的合同

在实际购销业务中，有不少交易是通过当面口头交谈或电话达成的。口头成立的合同，也称君子协议，不论是当面谈判或通过电话洽谈，在法律上同样生效。当然，口头合同一般用于金额不大、履约时间不长、不甚重要或距离较近、频繁交易的场合或业务往来比较信赖的单位之间。由于此种方式在发生争议或违约时举证困难，故不提倡采用。但因这种合同形式比较简捷，而容易与客户沟通感情，产生信赖感，所以被不少单位所采用。

2. 书面形式的合同

在实际购销活动中，凡是金额较大、交易条件较为复杂或履约时间较长的，都应采用书面合同。

书面合同是指合同书、信件和数据电文（包括电报、电传、传真、电子数据交换和电子邮件）等可以有形地表现所载内容的形式。主要有以下三种形式。

（1）正式合同

正式合同的条款较多，内容全面，一般一式两份，双方签字后各自保存一份。有时需公证方公证，需一式三份。对于金额较大、履行时间较长、交易条件复杂的，一般都签订正式的书面合同。

（2）确认书（亦称简式合同，如销售确认书、订单等）

通过函电或口头谈判的交易，在成交后卖方或买方可以寄交对方确认书，说明达成的交易条件，作为书面证明。卖方发出的，通常称销售确认书；买方发出的，叫做订单或购货确认书。确认内容，一般较正式合同内容简单。确认书一式两份，由发出的一方填制并签字后寄交对方，经对方签字后，保存一份，将另一份寄回发出方。

（3）以电报、电传和电子邮件等作为合同

在谈判交易中，一方的要约为对方承诺后，合同即告成立，虽不另签合同，但合同依然存在。因此，如果购销双方不愿再签订正式合同，就以最后发出的要约和接受的承诺函电代替合同。这样，合同的形式不是经双方签字的正式文件，而是买卖双方来往的函电。凡成交金额不大或经常进行交易的购销双方，往往不签订正式合同，而以成交的函电代替合同。

三、销售合同的签署与履行

1. 签署销售合同的主要内容

销售合同的内容根据双方当事人的经济目的和具体要求而定。不论何种合同、合同条款繁简程度如何，合同内容都要具体、完整，文字解释清楚，权利义务对等，经济责任明确，对双方有约束性，签订手续完备。销售合同的主要内容如下。

（1）主体条款

销售合同的主体包括买受人和出卖人。合同当中要明确当事人的名称、地址等必要的内容。

（2）标的条款

销售合同的标的物是出卖人出售给买受人的具体财产。双方当事人应对标的物的名称、数量、质量等作出规定。

（3）价格条款

该条款主要包括价格标准和支付方式两个方面。价格标准主要包括双方结算的依据，涉外合同还包括以何种币种结算。支付方式包括现金支付、支票支付、转账结算等。

（4）履行条款

包括履行期限、地点、方式等。

（5）违约责任

对违反合同的规定，当事人应承担的法律责任。

（6）双方当事人约定的其他内容

工矿产品的购销合同为一般工业企业所采用，是应用最为广泛的合同文本之一。下面以工矿产品的购销合同为例，说明合同的主要条款与内容。

工矿产品购销合同

供方：_____

合同编号：

需方：_____

签订地点：

签订时间： 年 月 日

一、产品名称、商标、型号、厂家、数量、金额、供货时间及数量

产品名称	牌号商标	规格型号	生产厂家	计量单位	数量	单价	总金额	交（提）货时间及数量

合计人民币金额（大写）

（注：空格如不够用可以另接）

二、质量要求、技术标准、供方对质量负责的条件和期限

_____

_____

三、交（提）货地点、方式

_____

_____

四、运输方式及到达站港和费用负担

_____

_____

五、合理损耗及计算方法

_____

_____

六、包装物的供应与回收

_____

_____

七、验收标准、方法及提出异议期限

_____

_____

八、随机备品、配件工具数量及供应办法

_____

_____

九、结算方式及期限

_____

_____

十、如需提供担保，另立合同担保书作为本合同附件

_____

_____

十一、违约责任

_____

_____

十二、解决合同纠纷的方式

（1）向_____合同仲裁机关申请仲裁。

（2）向_____人民法院起诉。

十三、其他约定事项

_____

_____

供方	需方	公证意见
单位名称（章）	单位名称（章）	
单位地址：	单位地址：	
法定代表人：	法定代表人：	
委托代理人：	委托代理人：	经办人：
电话：	电话：	
电报挂号：	电报挂号：	公证机关（章）
电子信箱：	电子信箱：	年　月　日
开户银行：	开户银行：	
账号：	账号：	（注：除国家另有规定外公证实行自愿
邮政编码：	邮政编码：	原则）

有效期限：　　　年　月　日至　　　年　月　日

以上是工矿产品购销合同一般格式，有的还有附件。

案例 5－16　买卖合同纠纷产生的原因

某建筑公司与某沙厂签订了一份长期供应黄沙的合同，约定：自 2012 年起，沙厂每年供应建筑公司黄沙 800 吨，分 4 批发货，每批发运 200 吨；货物由供方负责发运，运费和货款在每批货交付后 10 日内由需方付清。

合同签订后，沙厂于 2012 年 3 月 20 日向建筑公司发运黄沙 200 吨，建筑公司于当月 25 日结清了运费和货款。此后直至 10 月底，沙厂一直未向建筑公司发货，建筑公司催货未果，只好从别处购买 400 吨，但每吨比原订货价高 50 元。后来沙厂于 11 月 20 日向建筑公司发货 200 吨，12 月 5 日又发货 200 吨，建筑公司要求沙厂停止供货并协商赔偿等事宜未果，致使建筑公司诉求法院，要求沙厂赔偿另行购货 400 吨多支付的货款损失 2 万元。

2. 销售合同的履行

销售合同的履行是销售合同依法成立生效后，双方当事人按照合同规定的各项条款，全面完成各自承担的义务，以实现合同目的的行为。在合同关系中，当事人完成了自己应尽的全部义务，就是合同的全部履行；当事人只完成了自己应尽的一部分义务，就是合同的部分履行。只有合同的双方当事人都按约定完成了自己应尽的全部义务，才能算是买卖合同履行完毕。不履行或不完全履行合同义务，均属违约行为，须承担相应责任。

四、销售合同的变更和解除

所谓合同的变更，是指合同成立后履行前或在履行过程中，因所签合同依据的主客观情况发生变化，而由双方当事人依据法律法规和合同规定对原合同内容进行的修改和补充；合同的解除，则是对已经签订的合同提前废止。一般来说，销售合同一经签订，必须坚决执行，不得轻易变更和解除，如要变更和解除合同，须按一定程序进行，绝不能单方面修改或废止。

合同依法成立后，对买卖双方当事人均有法律约束力，任何一方不得擅自变更，但双方当事人在协商一致或因合同无效、重大误解、显失公平等情况下可以对合同的内容进行变更。当事人变更合同应当与订立合同一样，内容明确，不能模糊不清，如果当事人对合同变更的内容约定不明确时，当事人无法执行，可以重新协商确定，否则法律规定对于内容不明确的合同变更判定为未变更，当事人仍按原合同内容履行。因而，合同的变更仅指合同内容的变更，不包括合同主体的变更。

另外，合同变更仍需要到原批准或登记机构办理手续，否则变更无效。

单元四　讨债技巧

随着市场经济的发展，我国大部分商品市场已经由卖方市场向买方市场转变，各种债务关系大幅度增加，产生的纠纷也相应增多。巨额的债务不仅会造成企业资金周转的停滞，经济运转的阻塞，经济效益的下降，而且将严重危及市场秩序的稳定，影响人们在经济生活中的安全感。因此，旨在减少债务危害的讨债作为一种经济行为便应运而生。

然而，讨债作为债权人维护自身利益的一种手段，其合法性并不能保证每一个讨债人都能成功地讨债。事实上，讨债人的讨债洽谈技巧对讨债的成败有着重大的影响。如何提高讨债业务洽谈水平，对债权人维护其合法权益至关重要。

一、厂商债务纠纷的形成原因

1. 企业生产经营管理不善

按合同的约定，企业应在规定的时期向为其提供商品或服务的供应方提交货款，然而，由于企业生产经营管理不善等原因，造成企业产品式样落后，质量不过关，与市场需求严重脱节，因而迟迟卖不出去，资金周转不灵，商品堆积如山，到期应偿还的货款自然偿还不了。

2. 因银行结算方式不合理而造成债务的拖欠

银行结算是市场经济条件下最重要的交换媒介，是连接资金和经济活动的纽带。我国实行托收承付结算方式，就是企业发货后委托银行收款。这种结算方式给某些企业造成可乘之机，他们利用银行的信用，强制买方接受不合要求的商品，买方也可以不讲信用，任意拖欠货款。出现问题后，一些银行又一改过去慎重拒付货款的做法，反过来帮助企业拒付货款，造成债务拖欠。

3. 购销双方手续不全而造成不合理的债务拖欠

当购销双方为熟人熟事时，口头的君子协定常常代替了书面的经济合同。这样，一旦中途情况有变，一方往往撕破脸面，不再履行预先约定的义务。由于这种只凭口头承诺的君子协定发生纠纷时很难说清楚双方的具体责任，无法保护当事人的合法权益，债权人往往蒙受不必要的损失。

有时，签订合同时一方轻信另一方，不究实情，也往往给对方的欺诈行为以可乘之机。合同中即便出现明显有利于对方的条款或模棱两可的词语也掉以轻心，不加考虑，以致最后酿成不应有的债务纠纷。

4. 因企业连环拖欠而形成无限循环的拖欠

一些企业因难以追回外面所欠的货款，为了本企业的资金周转，也采取同样的手段拖欠对方其他方面的货款。这样，就形成企业之间的债务链。如此恶性循环，涉及范围越来越广，数额越来越大，形成无限循环的拖欠。

5. 因企业放弃债权而拖欠

一些企业对《经济合同法》和《民法通则》认识不足，不知道通过什么手段来保护自己的债权；而另一些企业则不善于用法律手段来维护自身的债权，怕影响了今后的业务关系，因而被拖欠债务收不回来。

二、讨债的一般手段

由于巨额的债务拖欠，造成了企业资金拮据，严重地影响企业再生产的顺利进行，为维护企业利益，讨债便应运而生。事实上，众多的大中小型企业都已派人四处追款，但不少却因讨债方法不当而收效甚微。如何才能成功地讨回债务，必须采用适当的讨债手段才能达到债务人尽快全部履行债务的目的。一般而言，讨债常用的手段有以下种类。

1. 利用行政干预手段协助讨债

利用行政干预手段协助讨债，是指讨债人（或债权人）在讨债过程中，通过债务人的上级领导机关对债务人进行说服教育，规劝债务人尽快偿还债务。

在市场经济条件下，政府机关虽已不再直接管理企业，但仍可对企业的生产经营活动产生重要的影响，可以说，一个企业如果得不到政府的支持，是很难生存和发展下去的。因此，销售人员就可以利用政府机关的这种影响来协助追讨债务，如果销售人员能够说服债务人的上级机关出面进行干预，则对于收回货款会有很大的帮助，尤其是当债权人和债务人同属于一个部门领导时，其效果将更加明显。

需要注意的是，由于债务人的上级机关并不能强制债务人必须履行债务，只能通过说服教育来督促债务人履行合同，所以讨债者不能将此作为一种唯一依靠的手段，其他方面的努力仍不可放松。

2. 利用金融机构的监督职能帮助讨债

采用这一手段催讨债务具有两方面的含义：其一，可利用金融机构的独特地位对债务人进行规劝说服帮助讨债。企业开展经营活动多离不开金融机构的支持，如果金融机构出面劝说，企业也须认真考虑。对催讨债务会有一定的帮助。其二，可利用金融机构的监管职能协助执行。我国法律规定，国家银行具有协助执行的职能，当债务人无故拖欠货款时，依照有关规定，银行可强制扣款划拨，如：买卖双方以托收承付方式付款，如果买方无正当理由而拒付货款，则银行有权进行强行划拨。当买卖双方的债务纠纷已由国家仲裁机构或人民法院仲裁、判决，而一方当事人仍不履行义务的，则另一方当事人可向人民法院提出申请，由人民法院通知有关金融机构进行强行扣款划拨，以支付债务人所欠的债务。

3. 以中断合作关系手段帮助讨债

现代的企业生产是一种社会化的大生产，企业之间互相依赖、互相协作、互相制约的程度越来越高。形成了一个循环的链条，当其中一环出现问题，其他也会受到连锁影响。根据这一特点，讨债人在讨债过程中，可以利用中断合作关系而迫使债务人尽早清偿债务。例如：山西是一个煤炭大省，在全国煤炭市场占有举足轻重的地位，但在一个时期内，由于货款拖欠严重，已经影响到企业的正常运转，为了清偿拖欠的债务，各大矿业集团采取了一次统一的行动，不清欠则不发煤，从而在短期内收回了大量欠款，收到了很好的效果。

需要指出的是，采用这种手段需以欠债方不清偿债务将会遭受更大损失为前提条件，如果债务人在中断合作关系后，能够另寻他途，丝毫不会受到影响，那么，采用这一方法也就不会有任何效果，甚至还会对再次索债造成更大困难。

4. 运用经济抗衡手段帮助讨债

运用经济抗衡手段帮助讨债，是指债权人根据双方合同（即合同双方互为债权人和债务人）应当同时履行的原则，针锋相对地逼迫债务人履行债务的一种方法。例如，某企业与一用户签订购销合同，规定付款方式为款到发货，但眼看已过了交货期，仍不见用户的货款到账，尽管用户一再催促，企业仍拒绝发货。这其实就是一种经济抗衡，负有先行给付义务的一方如果不能如期给付，那么另一方也以推迟给付来与之抗衡，直到双方遵照合同规定先行给付为止。

这种方法对于技术贸易、租赁交易等有较好的效果，而对于商品的交易则有一定的局限。现实中，除非一些比较紧俏的商品，先款后货往往难以做到，有的企业为了牵制对方，对于一些成套供应的商品，扣住其中的一些关键部件暂时不发，直到对方达到付款要求时才予供应，这其实也是一种抗衡。当然，这样做事先在合同中要有约定，否则，只能算是违约。

5. 通过对债务人"输血"扶植帮助讨债

对于客户因支付能力不足而形成的拖欠，也可通过"输血"扶植的手段来帮助讨债，常用的方式有以下几种。

（1）给予经济资助

如果债务人不能按期履行债务是因为缺乏足够的流动资金而不能维持正常的生产经营活动，只要补充适量的资金，债务人即可恢复生产并获取良好的效益，对此债权人可通过经济资助或为债务人提供银行贷款担保，帮助债务人解决流动资金的不足，使债务人恢复生产，赚取利润，偿还债务。

（2）给予技术援助

如果债务人不能清偿债务是由于技术落后而造成效益不佳，支付困难，债权人可通过技术援助来帮助债务人提高技术水平，从而提高支付能力。如帮助债务人进行设备改造、工艺改革、解决产品的技术难题等。这不仅有助于债务人直接提高经济效益，也为其增强了发展后劲，对双方之间的长期合作也很有利。

（3）给予物质资助

若债务人不能清偿债务的原因是缺乏必需的材料或是生产的产品积压而导致资金周转困难，债权人可以向债务人提供必要的物质帮助，以便债务人能够维持正常的生产经营活动。如帮助债务人购买紧缺的原材料，利用自己的销售网络帮助债务人销售积压商品等。

（4）给予"软件"帮助

如果债务人不能清偿债务是由于管理不善的原因造成的，债权人可以通过帮助债务人建立一套高效科学的管理体制来使债务人提高经营管理水平，从而提高盈利能力，清偿债务。

（5）临时资助

若债权人没有时间和精力，也不愿意花费时间和精力去考虑债务人的生存和发展，只是着眼于如何能够尽快偿还债务，那么，债权人可以对债务人实施一些只有短期效应的帮助，使之能够立即产生收益，从而有能力来偿还债务。如帮助债务人牵线搭桥，在短期内做成几笔大的生意，或将自己的畅销产品交给债务人销售等。

三、讨债策略

销售人员在向债务人追讨债务的过程中，应当根据当事人不同的性格特点采取针对性的讨债策略，以增强讨债的效果。

1. 对待"强硬型"债务人

"强硬型"债务人的突出特点是态度傲慢，对付这类债务人的策略如下。

（1）沉默策略

沉默策略是指在讨债过程中，面对对方的傲慢态度，不卑不亢，既不与之争锋，也不软语相求，而是观察对方态度而不开尊口。这种策略对于"强硬型"的对手是一个有力的手段。这一策略的成功之处就在于对手因你的沉默而摸不清底细，因此会产生心理上的恐慌从而削弱对方的力量。所以，销售人员在运用这一策略时，关键就是不让对手摸清你的底细，尽量少讲话，以静制动。当然也不能一直沉默不语，使债务人认为你是慑服于他，这样反而会增添债务人的拖欠欲望。

（2）软硬兼施策略

也称黑脸白脸策略，是将讨债者分为两个部分，其中一个人扮演强硬角色，另一个扮演随和角色。谈话开始，先由黑脸出场，由强硬者毫不保留地果断提出还款要求，态度坚决，必要时还可带一点疯狂，表现出一点吓唬式的情绪行为，等轰炸过一阵以后，气氛变得十分紧张，这时，白脸开始登场，一面劝阻自己的同伴，一面态度缓和地提出一些还款的条件，这些条件听起来似乎更加合情合理，对方当然更愿意和这位"通情达理"的人进行交谈，己方再趁机作出一些让步，这样较容易促成债务的清偿。

2. 对待"阴谋型"债务人

"阴谋型"债务人的特点是常常利用一些诡计或借口拖欠债务，甚至是"要钱没有，要命一条"的无赖样。对付这类债务人可以采用以下策略。

（1）反"车轮战"策略

"阴谋型"债务人常会采用不断变换接待人员的"车轮战术"来应付讨债人，使债权人筋疲力尽，不得不降低条件或作出让步，达到少付或不付货款的目的。对付这种"车轮战术"，债权人可以当面揭穿债务人的这种诡计，明确告诫对方不要要这种花招，对其更换的接待人员置之不理，对原来的经办人紧追不放，并采用各种手段使其不得安宁，不停地向其负责人施加压力，不给其躲避的机会，促使债务人尽快还款。

（2）"兵临城下"策略

这种策略是指债权人向债务人采取大胆的胁迫做法，迫使对方还款。例如，某企业为了追回一笔久拖不还的欠款，向这家客户派出了几名待岗的女工去要账，并嘱咐她们每人都带上几斤毛线，去到客户的公司后，即坐到经理办公室，经理躲走，我便打毛衣，经理回来，我就向你要债，没用几天，这家公司便乖乖地还上了欠款。

3. 对待"合作型"债务人

"合作型"债务人的特点是合作意识强，比较重感情，一般不愿破坏已有的合作关系，对于这类债务人所应采取的策略如下。

（1）假设条件策略

即在讨债过程中，向债务人提出一些假设条件，用来探知对方的意向。如："假如我方再送一车货来，你前边的欠款能还多少？"、"假如每月还款2万元的话，我们将会保证你的供货，你看如何？"等。

（2）私下接触策略

指讨债人有意利用空闲时间，主动与债务人一起聊天、娱乐，联络感情，从侧面促进讨债工作的顺利进行。

4. 对待"固执型"债务人

"固执型"债务人的特点是坚持所认定的观点，对新主张、新建议非常反感，喜欢照章办事，有一种坚持到底的精神。对待这类债务人可采用的策略如下。

（1）试探策略

即讨债人通过提出一些试探性的问题，来观察对方作何反应，据此判断对方的真实意图。例如，提出一个公平合理的债务解决方案。如果对方的反应尖锐对抗，那就可以采用硬性解决方式来清偿债务（如起诉）；如果反应温和，就说明有协商解决的余地。

（2）先例策略

指债权人列举已经还款的其他例证来向债务人说明可能的后果，促使其改变看法。例如，向债务人出示与其他欠债人企业达成的还款协议、法院的判决书等。

5. 对待"感情型"债务人

"感情型"债务人的特点是性格温和，与人友善，能迎合对方的兴趣，很会体贴别人，能在不知不觉中把别人说服。对待这类债务人可采用的策略如下。

（1）以弱为强策略

指讨债人以一种近似乞求的态度向债务人提出还款的要求。如："我们已经有两个月没发工资了，请你一定帮我们解决一下"、"这笔款确实已经很长时间了，再拖下去，我们也无法向公司交代，请你考虑解决一下"。

（2）恭维策略

指讨债人说一些让债务人高兴的赞美话，令债务人感到心理满意。这对于具有"感情型"性格的人还是非常有效的。如："早就听我们经理讲，王总一向最讲信用，要不是前一个时期的突发事件，根本用不着我们来跑一趟"、"现在各个企业都很困难，你们厂还能这样红火，全靠你们这些领导"等。

（3）在不失礼节的前提下保持进攻

针对"感情型"债务人回避进攻怕冲突的特点，从一开始就创造一种公事公办的气氛，不与对方打得火热，在感情方面保持适当距离，使之感到你并不容易对付。但要注意礼节，不可撕破脸面，一旦激怒对方，再谈收款会十分困难。

6. 对待"虚荣型"债务人

"虚荣型"债务人的特点是自我意识强，好表现，对别人的暗示非常敏感。对待这类债务人可采用的策略如下。

（1）顾全面子策略

"虚荣型"债务人一般都比较注重面子，因此，讨债人一般不要在大庭广众之下提及要债问题，以满足其虚荣心。可通过单独交谈来索要欠款，同时要将你顾全面子的做法告诉给对方，使对方清楚你这样做完全是为了他好。当然，如果债务人有意躲债，也可利用其要面子的特点，与其针锋相对而不顾及情面。

（2）制约策略

"虚荣型"债务人大多爱表现，喜欢浮夸，但又往往说了不算，为此，对"虚荣型"债务人作出的承诺要有记录，对达成的还款协议等要及时立字为据，以免对方反悔或借口否认。

四、讨债技巧

1. 兵马慎动，策略先行

就讨债过程来说，一般可分为准备、软磨、强攻、扫尾四个阶段。在准备阶段，讨债人要注意保持与债务人表面的友好关系，同时抓紧摸底，多方取证，为今后的催讨、诉讼搜集证据材料；在软磨阶段，主要是通过函催、面催等方式，努力探清债务人的真伪虚实和个性品质，同时，要注意防止延误约定或法定时效。在强攻阶段，双方已公开对立、诉诸法律，此时不慎也会使局面陷入僵持，一定要抓紧解决；进入扫尾阶段，是非已经清楚，关键在于执行，要防止对方转移财产，逃废债务。

2. 出其不意，以快制胜

讨债要行动迅速，争取主动，要防止债务人做好应付讨债的各种准备，也要预防可能发生的各种意外。如：债务人中断承包、租赁、联营协议；当事人辞职、退职、退休，企业被兼并或破产倒闭、法人代表更换、新负责人推却不管；债务人将资金转入其他账户，难以查寻；债务人故意拖延，超过法定诉讼期限；债务人找到某种社会关系，利用人情或行政干预手段为讨债制造障碍；市场行情突变、价格大跌，原价讨回的抵债物大大贬值，等等。

3. 盘根究底，攻其要害

有时，债务人会寻找种种借口企图赖账，左推右闪，拒绝偿债。在这种情况下，讨债人员要进行深入细致的调查，盘根究底，抓其把柄，攻其要害，并依据对方的个性特征采取相应的对策。

4. 见风转舵，保本舍末

在激烈的市场竞争中，企业经营情况往往大起大落，很难预料。讨债人应密切关注和研究市场行情，在预见到行情不利或下跌的情况下，应以约定期限内不罚利息、减少或取消违约金等为条件，劝诱对方迅速归还本金，以保住"大头"。避免因在小节上纠缠不清，反而丧失了讨债的良好时机。

5. 法理情义，同步相逼

在讨债时，要注意"文武之道，一张一弛"。一方面，讨债人可对债务人表示同情，并可采取一些措施来帮助对方解决"三角债"之类的矛盾，或给予经济、技术、物质、管理等方面的资助，通过对其的帮助和扶植，实现尽早讨还债务的目的，这样也有利于保持双方的友好合作关系；另一方面，讨债人也要与对方摆事实，讲道理，必要的时候则通过法律或行政手段来追讨债务，以达到最终迫使对方偿债的目的。

实　训

一、基本概念解释

成交、成交信号、请求成交法、假定成交法、让步成交法、保证成交法、选择成交法、从众成交法、小点成交法、异议成交法、试用成交法、最后机会成交法、激将成交法、销售合同、合同的变更、合同的解除。

二、判断题

1. 销售过程中，有一个适当的时机可促成交易，如果错过了这个时机，促成交易的机会就会消失。　　　　　　　　　　　　　　　　　　　　　　　　　　（　　）

2. 在顾客同意购买商品之前，就假定他已决定要购买，这样做属于强迫销售法。（　　）

3. 成交策略对各种商品和服务的销售活动都适合。　　　　　　　　　　　（　　）

4. 客户：我现在的库存还够卖两天的。

销售员：既然你如此急需，我明天就把货送过来。

销售员的表述是恰当的。　　　　　　　　　　　　　　　　　　　　　（　　）

5. 客户：有关产品和售后服务我都没问题了。

销售员：现在你对我们的产品和服务已经有了全面的了解，请在订单上签个字吧。

销售员的表述是恰当的。　　　　　　　　　　　　　　　　　　　　　（　　）

6. 我们公司的方案和某某公司的方案各有所长，你就在这两个中选一个吧。这种陈述是恰当的。 （　　）

7. 我们的方案可以做无数种组合，当然组合不同，价格也不同，你可以自己决定选择哪种组合。这种陈述是恰当的。 （　　）

8. 推销员通过与顾客接触促成交易，整个销售工作就告以终结。 （　　）

三、选择题

1. 单选题

（1）销售人员帮助购买者做出使买卖双方都受益的购买决策活动过程，这就是我们平常所说的（　　）

A. 洽谈　　　　　　　B. 接近　　　　　　　C. 成交　　　　　　　D. 售后服务

（2）成交（　　）

A. 只对推销人员有利　　　　　　　　B. 使买卖双方均受益

C. 是洽谈的成果　　　　　　　　　　D. 是顾客的一种积极响应

（3）整个销售工作的最终目标是（　　）

A. 寻找顾客　　　　B. 推销接近　　　　C. 推销洽谈　　　　D. 促成交易

（4）在销售过程中，如果顾客主动询问交货时间等事项，这是（　　）。

A. 语言信号　　　　B. 行为信号　　　　C. 表情信号　　　　D. 姿态信号

（5）下列现象中，属于成交信号的有（　　）

A. 顾客询问新旧产品的比价　　　　B. 顾客用铅笔轻轻敲击桌子

C. 客户打哈欠　　　　　　　　　　D. 客户皱眉

E. 客户询问能否试用商品

（6）"这种酒有两种包装，你要精装的还是简装的？"销售员使用的这种成交方法是（　　）。

A. 请求成交法　　　B. 选择成交法　　　C. 假定成交法　　　D. 小点成交法

（7）销售员对对比各种口红的客户说："你手上这支很适合你的肤色和年龄。来，我替你装好。"这种成交方法称（　　）。

A. 保证成交法　　　B. 假定成交法　　　C. 小点成交法　　　D. 请求成交法

（8）"张经理，既然没有什么地方不满意的，那就请在这里签个字……"请问这位销售人员采用的成交方法是（　　）。

A. 直接请求成交法　B. 假定成交法　　　C. 选择成交法　　　D. 异议成交法

2. 多选题

（1）达成交易的基本策略有（　　）

A. 及时主动地促成交易　　　　　　B. 诱导顾客主动成交

C. 保持积极的成交态度　　　　　　D. 强买强卖

E. 留有一定的成交余地

（2）成交信号可分为（　　　）

A. 语言信号　　　　B. 动作信号　　　　C. 表情信号　　　　D. 事态信号

（3）达成交易的方法有（　　　）

A. 直接成交法　　　B. 承诺成交法　　　C. 选择成交法　　　D. 试用成交法

E. 激将成交法

（4）销售合同的主要内容有（　　　）

A. 主体条款　　　　B. 标的条款　　　　C. 价格条款　　　　D. 履行条款

E. 违约责任

（5）对债务人可采取（　　　）等手段进行"输血"扶植

A. 给予经济资助　　　　　　　　　B. 给予技术援助

C. 给予物质资助　　　　　　　　　D. 给予"软件"帮助

E. 临时资助

（6）对付"强硬型"债务人的策略可以是（　　　）

A. 沉默策略　　　　　　　　　　　B. 软硬兼施策略

C. 反"车轮战"策略　　　　　　　　D. 恭维策略

E. 制约策略

四、简述题

1. 达成交易需要具备哪些条件？

2. 销售活动中要注意哪些成交策略？

3. 成交的方法有哪些？如何灵活运用这些方法？

4. 成交后与顾客保持良好的关系有什么作用？

5. 通过观察顾客的购买信号，对促成交易可带来什么帮助？

6. 债务产生的主要原因是什么？

7. 讨债的手段有哪些？

8. 债务人有哪些类型？分别应采用哪种讨债策略？

9. 讨债有哪些技巧，如何正确使用？

五、项目实训

项目实训 1

内容：试结合某种销售场景，讨论"客户成交信号有哪些？"尽可能列出有利于销售的客户成交信号。

实训形式与组织：小组选代表发言。同学评议，老师点评。

项目实训 2

内容：达成交易的方法有许多，如请求成交法、选择成交法、总结利益法、假定成交法、优惠成交法、保证成交法等，试结合一种产品，设计某销售情景，对每一种达成交易的方法进行模拟。

实训形式与组织：每小组从中选择一种或二种方法进行模拟，小组讨论，形成统一意见，小组选取两名代表上台模拟。同学评议，老师点评。

项目实训 3

内容：草拟一份工业品购销合同。合同条款可自行设定，但要基本符合实际情况。

实训形式与组织：以小组为单位，草拟一份工业品购销合同。小组选代表发言。同学评议，老师点评。

项目实训 4

内容：讨论"讨债的一般手段"。

实训形式与组织：小组选代表发言。同学评议，老师点评。

项目实训 5

内容：对于不同性格的债务人需采取不同的讨债策略，试分析对待强硬型、阴谋型、合作型、固执型、感情型、虚荣型等不同的债务人分别采取何种讨债策略。

实训形式与组织：每小组从中选择一种或两种方法进行模拟，小组讨论，形成统一意见，小组选取两名代表上台模拟。同学评议，老师点评。

项目实训 6

情景模拟及分析

情景 1：报价

唐　明：您与我们合作，我们将提供全方位的服务。

胡经理：有哪些服务？

唐　明：配送、铺货、宣传、广告等，我们将提供最大的销售支持。

胡经理：听起来还真是很有吸引力。那你们的代理费用是多少呢？

唐　明：(很紧张的样子) 费用？哦，费用……费用嘛，可能不会是个小数目。

胡经理：什么？你说什么？到底是多少钱？

唐　明：没，没……多少钱。

分析：唐明不能主动地提出报价的原因何在？

情景2：客户购买信号

1. 购买信号

(场景：王强在向客户介绍公司的销售政策。)

客户：(翻看资料时露出微笑的表情) 好极了！看起来正是我们关心的销售政策内容。

王强：我们公司的销售政策的确为客户着想。

客户：以前我们总是担心供应商的销售支持问题，但现在我放心了。

王强：我们注重长期合作，本着双赢原则。

客户：(抬头笑着看着王强)

王强：(抬头笑着看着客户)

客户：我们能签合同吗？

王强：(松了一口气) 太好了，我早就准备好了。

分析：客户的购买信号有哪些？

2. 语言购买信号

(1) 一次订购多少才能得到优惠呢？

(2) 离我们最近的配送中心在哪里？

(3) 强调的这一点非常重要，这正是我们十分需要的。

(4) 这项服务有新意，是其他供应商所不能提供的。

(5) 这种产品味道很好，能品尝一下吗？

(6) 除了价格贵一些，其他方面都不错。

(7) 这个产品很畅销，不过不赚钱。

分析：正确的语言购买信号有哪些？

3. 非语言购买信号

(1) 销售员完成销售陈述后，客户微笑、点头表示认可。

(2) 销售员在进行关键利益的陈述时，客户的决策者们彼此交换了眼神。

(3) 客户的坐姿由原来的漫不经心变为端坐，开始关注陈述的内容，并做记录。

(4) 客户东张西望，并开始看表。

(5) 尚未完成销售陈述，客户已开始收拾自己的东西。

(6) 销售陈述过程中，决策者之间没有任何眼神的交流。

分析：正确的非语言购买信号有哪些？

情景3：各种成交方法的运用

例1："赵老板，您刚才提出的问题都解决了，现在请您在合同上签字吧。"

例2："大姐，这件外套的款式和尺寸都很适合您，我们有红色和蓝色的，您要哪种颜色的？"

例3："刘处长，感谢您对敝公司产品的赞赏，我们也很荣幸能成为贵公司的供应商，为了使双方的合作早日实现，我们现在把合同签了，好吗？"

例4："王老板，我们的合同已经签好了，很高兴能与您合作。为了表示本公司的诚意，也为给您增加打开市场的信心，如果您首批进货能达到5万元以上的话，本公司将额外提供5%的折让，多进多奖，仅此一次，请您把握大好机会。"

例5："您放心，我这儿绝对是全市最低价，如果您发现有比我价格还低的，我给您无条件退货。"

例6："王先生您真有眼光，带楼顶花园的套房卖得很快，只剩这一套了，您付现金吗？"

例7："刘小姐，您不用担心包装会被淋湿的问题，因为本公司全部是用集装箱送货。"

例8："您要求价格再让1%，我无权答应，但如果我请示经理被批准的话，您现在付款吗？"

例9："本公司免费让您使用这台挖掘机三天，我相信三天后您一定会买下它的。"

例10："田经理，如果您今天打款，可享受9折优惠，从明天开始不再打折，您看着办吧。"

例11："李老板，我很难相信像你这样的大老板连这10万块钱的贷款还要和你夫人商量！"

分析：上述各事例分别是何种成交方法？说明理由。

情景4：各种讨债手段的运用

例1：某企业通过债务人的上级领导机关对债务人进行说服教育，规劝债务人尽快偿还债务。

例2：买卖双方的债务纠纷已由国家仲裁机构或人民法院仲裁、判决，而一方当事人仍不履行义务的，另一方当事人向人民法院提出申请，由人民法院通知有关金融机构进行强行扣款划拨，以支付债务人所欠的债务。

例3：山西是一个煤炭大省，在全国煤炭市场占有举足轻重的地位，但在一个时期内，由于货款拖欠严重，已经影响到企业的正常运转，为了清偿拖欠的债务，各大矿业集团采取了一次统一的行动，不清欠款则不发煤，从而在短期内收回了大量欠款。

例4：某企业与一用户签订购销合同，规定付款方式为款到发货，但眼看已过了交货期，仍不见用户的货款到账，尽管用户一再催促，企业仍拒绝发货。

例5：某企业对债务人进行经济、技术、物资、管理等方面的援助。

分析：上述各事例分别采用何种讨债手段？说明理由。

情景5：各种讨债策略的运用

例1：某企业对债务人采用软硬兼施策略。

例2：某企业对债务人采用反"车轮战"策略。

例3：某企业对债务人采用私下接触策略。

例4：某企业对债务人采用先例策略。

例5：某企业对债务人采用恭维策略。

例6：某企业对债务人采用顾全面子策略。

分析：现实中，有众多不同性格的债务人，如强硬型、阴谋型、合作型、固执型、感情型、虚荣型等，上述事例所采取的讨债策略应该分别对应何种性格的债务人。

实训形式与组织：根据每个情景所需回答的问题进行小组讨论，形成统一意见，选出代表发言，其他同学补充。同学评议，老师点评。

六、案例分析与讨论

案例1　成交方法

（1）销售员销售某种化妆品，在成交时发现顾客露出犹豫不决、难以决断的神情，就对顾客说："小姐，这种牌子化妆品是某某明星常用的，她的评价不错，使用效果很好，价钱也合理，我建议您试试看。"

（2）一位销售员对顾客说："对于买我们的产品您可以放心，我们的产品，在售后三年内免费保养和维修，您只要拨打这个电话，我们就会上门维修的。如果没有其他问题，就请您在这里签字吧。"

（3）"这种裤子每条卖60元，如果您买3条的话，我再送您1条。"

（4）"王处长，这种东西质量很好，也很适合您．您想买哪种样式的？"

（5）"刘厂长，既然你对这批货很满意，那我们马上准备送货。"

（6）一个销售员，到顾客的单位销售化工产品，他认为所销售的产品，价格合理，质量很好，断定顾客非买不可。所以，在见到顾客寒暄了几句之后，就把话题转到化工产品上来，立即就问："老王，我是先给你送50吨来，还是100吨全部都送来?"

(7) 有经验的药品销售员老陈说:"有些顾客非要你把笔塞到他们手中才签字。"另一些销售员同意这一看法,认为确有此种情况,不过他们仍主张不要对顾客施加压力,你认为呢?

分析与讨论:

指出上述例子使用的是什么成交方法?

案例2　伺机告辞

陪同一个年轻的销售员对几位顾客进行数次拜访后,销售区域负责人向销售员建议说:"一旦从顾客手中接过订单,你应马上离开,再待下去也是浪费时间。另外你若迟迟不走,就有顾客取消订货的危险,弄不好又得重新洽谈。"销售员回答说:"我怎能说完话就溜掉呢?这不显得我心中有鬼吗?"

分析与讨论:

销售区域负责人与销售员两人都同意双方在某一方面是一致的。这是哪方面呢?

案例3　法理追债

某钢铁公司与某洗衣机厂签订了两项买卖合同,一项是钢铁公司向洗衣机厂购买洗衣机2 000台,另一项是洗衣机厂向钢铁公司购买与洗衣机货款等额的钢材。钢铁公司先行支付了购买洗衣机的货款,而洗衣机厂却迟迟不供货。于是,钢铁公司在收到洗衣机厂购买钢材的货款后也拒绝供应钢材,还明确告诉洗衣机厂只有立即供应洗衣机,才能获得钢材。洗衣机厂在履行了交货义务后,掉过头来就向钢铁公司追讨违约金并要求赔偿损失。

分析与讨论:

洗衣机厂的这种要求有无道理?钢铁公司能否拒绝对方的这种要求?

案例4　星期六能实现交易吗?

王强作为一名销售员在一家大的体育用品商店的帐篷部门工作,这家商店在报纸上作了大量的广告并在公司内设了一个产品展览会。

星期三下午,一个客户进了展厅,开始仔细查看展出的帐篷,王强认为他是一名潜在的客户。

王强："正如您所见，我们有许多种帐篷，能满足任何购买者的需求。"

客户："是的，可选的不少，我都看见了。"

王强："这几乎是一个万国展了，请问您喜欢哪种产品？"

客户："我家有五口人，三个孩子，都十岁以下，我们想去南方度假，因此打算买个帐篷；而且我们会换几个地方，我希望它能用四五次。"

王强："您想要一种容易安装并拆卸的产品？"

客户："是这样的，但它必须够住下五口人，而且不能太贵，度假花销已经够多了。"

王强："这儿的许多产品都能满足您的需求。例如这种，里面很大，可容纳下像您那么大规模的家庭；质地很轻，而且不用担心，它是防水的；右边的窗子可以很容易地打开，接受阳光；地面用强力帆布特制的，耐拉，而且地面也防水；装好它非常容易，放下来也不难，您在使用中不会有任何问题。"

客户："看上去不错，多少钱？"

王强："价格合理，985元。"

客户："旁边那个多少钱？"

王强："这个圆顶帐篷是名牌，比前一个小一点，但够用，而且特性与前面一个相差无几，特别容易安装，价钱是915元。"

客户："好的，现在我已经了解了许多，星期六我带妻子来，那时再决定。"

王强："这是我的名片，如果有问题可以随时找我，我从早上开业到下午6点都在这儿，星期六我很高兴能与您和您妻子谈谈。"

分析与讨论：

1. 你如何评价王强为完成销售所做的努力？

2. 这个客户来商店是买帐篷的，为什么王强没有完成交易？

3. 王强应该怎样做？

4. 你认为王强能够在星期六实现交易吗？

模块六

销售业务原理与实务

客户管理与内务管理

单元一　客户管理概述

一、客户群体

　　产品销售方式一般有上门销售、店铺销售、电话销售、网络销售等，产品销售对象有中间商、制造企业、非营利性组织、消费者个人或家庭等。企业产品的销售方式及销售对象与其生产的产品性质和目标顾客群体有关。现实中，绝大多数企业的产品是通过中间商销售，并且向中间商销售产品的销售人员是全部销售人员的主要构成部分。本章所论述的内容主要针对中间商客户群体。

二、选择合适的中间商

　　在某个区域市场，可能有许多中间商，各个中间商的实力、信誉、经营业务范围等是不一样的，对于厂家来说，通过比较，选择合适的中间商。选择需考虑的主要因素如下。

（1）成本

包括与中间商建立、发展、维持关系所需要的各种费用。企业尽可能选择成本低且效益好的中间商。

（2）资金规模

选择资金雄厚、财务状况良好的中间商。以保证及时付款与一定的产品销量。

（3）市场表现、信誉、管理水平

尽量选择有良好的市场口碑、有上进心、有优良品德、曾代理或经销著名品牌、认同厂家经营理念与市场操作思路、愿配合厂家实现销售目标的中间商；信誉好的中间商，下游中间商及消费者愿意进货或购买；中间商管理水平高，有较强的市场开拓能力、管理能力、技术支持和服务能力。

（4）地理位置

终端中间商如果地理位置好，人流量大，则产品好卖。

选择中间商原则是不强求最大的与最好的，选合适的。大客户或好客户有其优点，如产品品种齐全、分销网络健全、顾客多、操作市场能力比较强、销量大。但也有相应的缺点，如与大客户达成交易，厂家往往要在销售政策、促销支持等方面要付出很大的代价，一些大客户征收很高的进场费，采购价压得很低；大客户容易发生窜货现象，不好控制；大客户太有主见，对厂家的思路、策略不一定听；大客户往往经营多个同类品牌，常拿别的品牌和厂家讲条件，要政策以获取高利润。

销售人员开发了客户，需建立客户档案，一份完整的客户档案主要包括三个方面的内容：客户基本情况、客户资信情况、客户主要负责人信息。

中间商与企业合作一段时间后，其表现各不相同，有表现好的、一般的及较差的，企业应考虑放弃不合适的客户。什么客户是不合适的客户？主要从两个方面来衡量：一是该客户销量持续达不到预定目标，其原因有该客户实力不够或是意识跟不上、当地竞争激烈、市场需求不景气等，都应考虑放弃。二是该客户不按照合同办事，经常违规操作，如不落实厂家的促销政策，促销资源被挪作他用或装入自己的腰包，屡教不改，经常窜货等。但要注意，在停止和某个客户合作之前，一定要提前做好准备，与其他客户达成合作意向，否则可能失去这片市场，同时要防止意外情况发生，保证平稳过渡。

三、化解客户（中间商）冲突

1. 客户之间的冲突

（1）同级客户的冲突

同级客户的冲突包括两种：一是同区域同级别客户之间的冲突；二是不同区域同级别客

户之间的冲突。这些同级别的客户是经营同一企业的产品。冲突原因，一是因价格不同而导致的窜货，二是销售区域重叠。

解决冲突的措施，一是厂家做好销售区域的划分，最好不要有区域重叠；二是厂家制定好价格体系，规定最低出货价，对乱价行为要有相应处罚办法；三是厂家对各客户销售政策一致，一视同仁，即使有所差别也不要相差太大。

（2）不同级客户（即经销商与其二批商）之间的冲突

不同级客户之间的冲突原因可能有以下情况：一些二级批发商（简称"二批商"）没有拿到直接的经销权，不甘心做二批商；一些二批商从其他地方窜货来本地市场，影响直接经销商的生意；二批商认为直接经销商对其供货价太高，自己生意不赚钱；直接经销商与二批商在合作过程中产生误解或争端等。

对应上述几种情况，解决冲突的措施：若是直接经销商服务不到位，控制力太差，想"独立"的二批商实力强、进货也较方便，可以考虑让其做一级客户；对二批商的窜货行为加以教育并有相应的处罚措施；教育经销商落实生产企业的价格政策，不乱提价；生产企业作为中介人协调双方关系。

2. 客户（直接经销商）与厂家之间的冲突

冲突原因：一是客户的要求没有得到满足，如生产企业供货价太高、服务不到位、销售支持不够等；二是厂家的一些做法让客户觉得自己利益受损，如厂家把其下属的二批商独立出来变成直接经销商、厂家产品配送不到位、厂家取消了原来对客户的一些补贴和费用等。

解决办法：如果客户的要求是合理的（如合同中规定），业务员争取上级给予相应的政策与资源支持；如果要求不合理，销售业务员要做好沟通工作。

3. 客户与业务员之间的冲突

客户与业务员之间冲突的原因：一是客户与业务员性格不相投，而业务员又没有很好地适应客户的处事风格；二是因为某件事或某些事让客户觉得业务员没有替自己着想。

解决办法：一是销售业务员要加强沟通，多听取客户的意见和想法，让客户把心里话说出来，然后再消除客户心中的顾虑、不满、误解；二是销售业务员发现客户的一些兴趣爱好，多与客户交流，人往往是因为不了解而不喜欢，易发生冲突。

有些冲突，可借助上司的力量处理。因为上司见识广、掌握资源多，解决问题相对容易。但要做好沟通，不要让上司感觉你是"没用的人"。

四、回避客户风险

客户风险在此主要指因客户不能按时归还货款所带来的损失。为减少风险，应注意以下方面。

1. 选择实力强、信誉好的客户，保证所签销售合同是合格的

客户实力强、信誉好，一方面可保证一定的销量，另一方面能保证及时付款。

业务员开发了客户后，要与客户签订销售合同。销售合同是由公司统一起草印制的，业务员有签合同的权力，但公司对业务员所签合同有相应的限制，如金额在多少之下，企业销售人员在签合同时，为减少风险，应注意四个问题：一是严格按照公司提供的合同样本签，不明情况要找上司问清楚；二是不要有笔误，填写合同之前要三思再动笔，填完后要检查三遍；三是要三证（营业执照、税务登记证、法人代表身份证）齐全，检查原件；四是一定要求客户盖公章或合同专用章，公章、合同专用章上的名头和营业执照上的名头要一字不差，如果没有章就要求客户法人代表按手印。

2. 往来手续齐全，凭证合格，做好客户销售台账，定期对账

与客户业务往来涉及的凭证包括：送货、收货单据；收款、欠款、借款凭证；货物发票；订货、提货单据；合同；银行本票与银行汇票；抵押证明等。业务往来要做到：手续要齐全、合同要合格、凭证要有客户法人代表或者其授权（有正式的授权书）的人签字、欠条要加盖公章或法人代表按手印等。

要定期与客户进行对账，客户销售台账如表6-1所示。看双方的记录是否一致，对完账后，要求客户法人代表或者委托人签字并加盖公章。

表6-1 客户销售台账

客户名称：　　　　　　地址：　　　　　　市场区域：

日期			摘要	产品1		产品2		产品3		产品4		货款小计	回款	余额	备注
年	月	日		数量	单价	数量	单价	数量	单价	数量	单价				

另外，对客户放宽授信额度和延期付款的要求不要轻易答应。因为放宽授信额度和延期付款，意味着生产企业承担的风险增大。如果确实有放宽授信额度和付款期限的必要时，交给自己的上司去处理，并办理正规书面手续（如经过公司财务部、客户部等同意）

3. 及时发现客户不良"苗头"

客户不良"苗头"如：人员变动频繁、货款一拖再拖、货架上出现大量缺货、超市人员无精打采等，发现情况要及时采取措施，如少供货、加紧催款等，以尽量减少损失。

4. 积极处理呆账、坏账

呆账主要是指客户拖欠货款时间较长，难以收回的货款；坏账指根本没有希望收回的货款。二者有所不同。企业与这些客户都已经没有业务往来，出现呆账、坏账，企业销售人员一定要尽快追讨，争取减少损失。如果实在无法追回就直接起诉到法院。

五、与客户进行有效的沟通

1. 与客户建立良好的个人关系

不能与客户建立良好的个人关系的业务员，和客户仅仅是生意上的往来，很少能得到客户的全力支持。有人说："做生意，其实就是做客情"，这话很有道理。客户为什么买你的产品，或经销你的产品？也许不是你的产品质量特别好、价格特别便宜、服务特别好、销售支持力度特别大，而是因为你与他的关系特别好。通过多种方式与客户建立良好的关系，如培养共同语言、在客户碰到困难的时候施以援手、经常保持联系、帮客户把市场做起来等。

2. 运用 ABC 分类管理

企业的客户基本可分为三类：A 类客户、B 类客户、C 类客户，三类客户的进货量或销售量及客户数量不同，如表 6-2 所示。

表 6-2　客户分类表

客户类别	销售额比重	客户数比例
A 类客户	60%	10%
B 类客户	30%	30%
C 类客户	10%	60%

A 类客户，重点管理维护对象，时间、精力、资源投入多；B 类客户，次之；C 类客户，经常问候一下，不可花太多的时间和精力在 C 类客户身上。

单元二　客户拜访

一、制定客户拜访计划

1. 客户拜访计划含义

客户拜访计划是销售人员针对一定时期，对自己所管辖的区域市场与客户进行拜访所作的安排，包括拜访区域市场范围、客户名单、拜访的周期频率、线路与时间安排、需完成的任务等。

销售业务员要做到有计划地拜访客户，保持客户拜访的规律性。对销售业务员来说，计划性拜访至少有以下六方面好处：全面掌握"线路客户"的整体情况，杜绝随意拜访客户造成的客户遗漏现象；合理地利用时间，提高工作效率；做好开展工作的准备，确保优质的服务；发展与客户的关系；帮助客户免受非周期性拜访的打扰；帮助客户改善库存及资金的使用效率，提高利润。

2. 客户拜访计划内容

根据客户拜访计划定义，客户拜访计划的内容包括需要拜访的客户区域市场范围、客户名单、拜访的周期频率、线路与时间安排、需完成的任务等。

客户区域市场范围是销售人员管辖的区域市场范围，客户名单是需拜访的客户单位名称，拜访的周期频率是每隔多长时间进行相应的拜访，在此主要阐述线路与时间安排和拜访需完成的任务。

规划线路指销售人员对即将拜访的客户进行线路安排。规划线路需遵循以下原则：由远及近规划；根据客户地理分布，考虑交通顺序，避免往返，不走回头路；大客户拜访频繁，小客户拜访次数适当减少；减少交通时间，增加在客户处的时间。

时间安排是销售人员有意识地规划时间，提高工作效率。销售人员时间分类按工作地点可分为在公司时间、在途时间、在客户处时间、其他时间。按工作效率上述时间又分为直接效益时间、间接效益时间、无效时间。时间管理原则是：增加客户时间，控制在公司时间、在途时间、其他时间，提高工作效率。

销售人员拜访客户需要完成一定任务的，这些任务针对不同的客户可能是不完全相同的，总的来说，拜访任务一般包括以下方面。

① 了解客户销售情况。

了解客户在一定时期销售本公司产品品种、数量、价格、库存等方面情况，督促客户及时进货，防止产品脱销与处理积压品。

② 销售陈列。

业务员要协助客户做好陈列工作，包括：户内外广告、价格标识、理货、产品陈列、场地与设备等方面的工作。

③ 了解市场信息与竞争对手情况。

了解哪些产品需求上升、哪些下降？消费者有何新的需求？了解现有竞争对手产品销售情况及采取的销售策略，了解有哪些竞争对手即将进入该区域市场？机会是什么？问题是什么？然后，思考企业如何应对？

④ 推荐新品。

如果企业有新的产品需要进入现有客户，与客户进行面谈，征求其意见从本企业进货。

⑤ 督促客户及时付款。

⑥ 客户满意度调查与分析。

通过拜访客户，了解客户满意度，有针对性地加强一些方面的工作。

二、客户拜访前的准备

销售人员在拜访客户之前需做好三方面的准备。

1. 个人准备

业务员要树立良好的职业形象，以赢得客户的信赖。第一，注意个人仪表，穿着打扮要得体、大方，有职业感；第二，注意举止，我们常常以一个人的举止来判断他的文化素质、修养。举止其实就是身体语言，研究证明，身体语言传递的信息占70%，声音信息、文字信息只占20%、10%。销售人员要保持积极的身体语言，如经常保持微笑、注意眼神、站或坐注意姿势、注意安全距离、使用开放的手势、说话声音平和、注意仪表和社交礼仪等。此外，销售人员要有良好的即时状态，即时状态指销售人员在拜访客户时的心理和生理状态。状态不佳，不但影响自己的应变能力和判断能力，还会影响客户的判断，从而影响销售的顺利进行。销售是一项需要不断面对各种问题和挫折的工作，因此，当销售人员身体状况不好、情绪不好时，要善于调整自己，尽量保持良好的状态。

2. 销售工具准备

销售工具是指销售人员日常工作所需要的全部物品和资料。销售工具主要包括以下方面。

① 介绍资料。产品说明书、价目表、当期活动介绍等。

② 交易材料。订货单、协议书等。

③ 辅助工具。客户资料卡、生动陈列工具、笔、名片、工作包等。

积极准备销售工具的好处如下。

① 表现更加专业，加强了客户对销售人员的认同感和依赖度。

② 有利于把握销售机会。如当客户有订货意向时，如果业务员随身携带订货单及合同，就容易做成这笔生意。否则，可能会失去这个机会。

③ 提高工作效率。业务员外出时，要随身携带工作包，包里装有各种销售工具与表单。

3. 数据与表格准备

拜访客户之前，也要准备好客户资料表，市场及竞争对手情况分析表，客户进货、销售、库存统计表等表单，以便拜访客户时及时地查阅、分析、记录相关信息。表6-3至表6-5列出了客户资料表、进销存统计表、市场与竞争对手分析表。

表 6-3　××公司客户资料表

客户编号		客户名称				
地址				邮编		
负责人		联系电话		传真		
注册资金		工商登记号		税号		
开户行			账号			
主要股东		出资额		出资方式		
		出资额		出资方式		
		出资额		出资方式		
单位性质	有限责任公司		国企		集体企业	私营企业
	股份有限公司		合伙		独资企业	个体户
客户信用情况						
主要负责人信息						
主营品牌						
配送车辆						

表 6-4　××公司客户进销存统计表

客户编号：　　　　　　　　客户名称：

日期	产品 1					……					产品 N				
	上次库存	本次库存	期间进货	实际销量	本次订货	上次库存	本次库存	期间进货	实际销量	本次订货	上次库存	本次库存	期间进货	实际销量	本次订货
1															
⋮															

实际销量 = 本次库存 + 期间进货 - 上次库存

安全库存量 = 实际销量 × 1.4 倍

本次订货量 = 安全库存量 - 本次库存

表 6-5　××公司市场及竞争对手情况分析表

销售区域：　　　　　　　　销售业务员：　　　　时间：　　年　月　日

序号	市场及竞争对手情况分析项目	市场及竞争对手情况分析具体内容
1	区域市场经济发展情况	
2	区域市场消费者顾客群体构成、消费能力、消费结构、消费习惯、消费行为情况	
3	区域市场竞争企业与品牌、质量价格水平、销售政策、广告活动、促销手段、优劣势	

三、客户拜访的实施

销售人员拜访客户一般按以下步骤实施。

1. 向客户打招呼

销售人员拜访客户时向客户打招呼有利于维持良好的客情关系，有利于产品的销售。打招呼的内容与步骤如下。

（1）塑造职业形象

从穿着打扮、仪容仪表、言行举止、礼仪礼节等方面塑造职业形象，以赢得客户信赖。

（2）打招呼

喊出客户老板、经理的姓名。对一个人而言，最动听的字眼就是他的名字。许多人奋斗一生就是为了成功和出名。记住客户的姓名并轻松地喊出来，其实就是一种恭维。但要注意在跟某个人打招呼时，不能忘记其他人，同时，与其他人打招呼，并尽可能称呼职位，保持微笑并保持目光交流，态度亲切友好。

（3）问候客户

问候的内容通常包括公司经营状况、家人、个人爱好、新闻、新产品的推介等，尽量选择能引起客户兴趣的话题。问候客户，一方面显示你对他的尊重；另一方面，也是业务交流的开端。

（4）介绍目的

双方建立了轻松的气氛之后，应当明确地告诉前来拜访的目的，如：了解销售进度、商谈促销事宜、商谈铺货、新产品的推介、收集市场信息、收款、产品陈列、了解库存等。做好与客户打招呼这步工作，关键是事先在心中想好，形成习惯就容易了。

2. 完成日常性工作

销售人员拜访客户首先需完成日常性工作，主要包括如下内容。

（1）了解客户销售本公司产品情况

每次拜访客户，都不能忘记客户销售本公司产品的情况，包括：一段时间来产品销售品种、数量，库存情况，什么产品好卖、什么产品不好卖，消费者对产品有何评价，未来的需求趋势。尽可能要求客户进货，并做好销售、进货、库存、货款等方面的统计工作。

（2）产品陈列

每次拜访客户，都应该检查户内外广告、价格标识、产品摆放、场地与设施、产品库存等情况。如果客户做得不到位，要给予指导。

（3）了解竞争对手活动情况

了解竞争对手有什么新的动作，有何新的销售策略与措施，思考本公司应该采取什么样的对策？

（4）听取客户意见与建议

与客户见面时，客户可能会提出一些看法与建议，如是否安排促销活动、是否需要开展铺货、如何加强配送管理、应该主推的产品、下游客户的开发、市场建设与管理、销售支持、市场分析等。销售人员要认真听取客户的建议，如果建议是合理的，要想办法做到，如果不是在自己权力范围内的，要争取；如果客户建议或要求不合理，要委婉地告诉客户。

案例 6-1　小王的客户拜访

小王："赵主任，我们的产品您用得好吗？"

赵主任："不错，我们以前用的都是其他公司的，现在都改用你们的了。"

小王："对，我们采用按订单生产的模式，每一台都按照客户的要求配置生产，经过测试以后直接交付客户，按照客户的要求上门安装。在整个过程中，质量得到严格的控制和保证。以前我做分销的时候，先从厂家采购大批产品。当客户要的和我们订的标准配置不同时，我们就在市场上抓一些兼容的零件拼装上去。"

赵主任："是吗？我一直不知道经销商这样改变配置的。"

小王："这也不是经销商的问题，他们的经营模式决定他们只能这样做。很多产品故障就是因为经销商在改变配置时，没有佩带防静电手套造成的。"

赵主任："是吗？你们产品的质量确实不错。我们最近要启动全省高速公路的项目，我就建议用你们的。"

小王："不止质量不错，我们还提供三年上门服务，只需一个电话，如果是硬件问题，我们的工程师会在第二个工作日上门维修。"

赵主任："上门服务对我们很重要，我们的收费站分布在全省各地，机器一出问题，他们就打电话给我，我就要派人立即去修，我们的技术人员很辛苦。"

小王："如果您采购了我们的产品，就不用这么辛苦了。目前我们公司的市场份额已经是全球第一，虽然只有17年的历史，取得这么大的成功是因为我们独特的直销模式，我来给您介绍我们的直销模式吧。"时间过得很快，客户听得津津有味，但客户开会的时间到了。"赵主任，您要去开会了吗？今天谈得很投机，我就不耽误您的时间了，告辞。"

小王的客户拜访成功吗？为什么？

3. 新产品的推介

如果公司生产一种新产品或者客户原来没有经销的产品，销售人员要想办法争取客户购进。推介新产品需要开发客户的需求、对产品进行合理的销售陈述、处理客户异议、达成销售协议。这部分内容已在前面章节进行了详细的论述。

4. 感谢客户

感谢客户是不可或缺的，能善始善终，以体现自身的素质。如何感谢？首先真诚地向客户表示感谢；用一两句话重复本次拜访的核心内容及对客户的承诺；确定下次拜访时间，并尝试安排下次拜访的跟进事宜。应当注意，不管拜访成功与否，都应该真诚地感谢客户，感谢时应当自然大方，在感谢客户时同样需要注意职业形象，并注意目光的交流。

案例 6 - 2　百事的拜访七步骤

百事公司要求销售业务员拜访客户时完成七个步骤：准备—打招呼—店情察看—产品生动化—草拟订单—销售陈述—回顾与总结。

案例 6 - 3　T 公司拜访客户十忌

T 公司在教育与培训销售业务员拜访客户时，要求不能出现下述十种情况，简称"拜访客户十忌"：一忌准备不足，二忌指指点点，三忌贬低对手，四忌一叶障目，五忌过度承诺，六忌急于求成，七忌当断不断，八忌不懂装懂，九忌不期而至，十忌目标不清。

单元三　终 端 管 理

一、产品进入终端的方式

生产企业产品进入终端不外乎两种方式：直接供货、间接供货。

1. 企业直接供货

企业直接供货指生产企业产品不通过经销商直接向终端供货。在下面三种情况下，生产企业直接向终端供货：一是产品销量大，生产企业在终端所在地有销售分公司、办事处、分销部等机构，有足够的人力、物力，保证向终端及时供货、提供服务、开展促销；二是一些国际性或全国性连锁超市终端，如家乐福、沃尔玛、国美、苏宁等，一般要求直接供货；三是生产企业现阶段找不到合适的经销商，而又要尽快进场，可以先由厂家直供，以后条件成熟再考虑通过经销商供货。

案例6-4　格力与国美之争

格力是我国生产空调等产品的大型企业，国美是我国家电连锁巨头。格力传统的销售方式是产品通过经销商销售其产品，而不是直接向零售商供货。而国美进货方式是从生产企业直接进货。所以，国美不愿进格力的货。原先格力曾经有一段时有一部分产品进入国美，国美要求其全部退出。

案例6-5　蒙牛渠道组织成员"伙伴型关系"

上海蒙牛销售以直营为主，产品销售遍布商超、连锁、便利等6 000多个网点，单日订单2 000张以上，按传统办法处理费时费力，订单形式多样，以电话、传真为主，每日订单变化较多，需随时修改，及时调整，订单必须当日处理完毕，隔天配送，配送要求较高，四个物流中心负责上海及周边地区产品配送，仓库之间调拨频繁，每日销售数据需及时汇总，统一处理，业务员、导购员数量较多，负责网点订单、促销等相关工作，与客户联系紧密。随着上海蒙牛超高速发展，对管理能力要求越来越高，国链网经销商销售管理平台支持企业多种销售模式，在强化企业主导地位的同时，实现渠道组织成员"伙伴型关系"的建立。运营过程中为企业创造如下价值。

订单。应用标准化、信息化规范订单流程，支持手机上报订单、订单导入等多种形式，订单准确率由应用前的93%提高到100%，由隔日配送提前到当日配送。

渠道资源。上海蒙牛完全掌握渠道资源信息，保证业务区域、零售网点、业务员、二批等各种信息的准确性、完整性。

库存。支持多仓库管理，渠道库存数据随业务处理实时更新，实现对渠道库存的实时掌控。

数据分析。提取源于市场一线的业务数据，对数据进行实时的汇总分析，对人员进行实时的绩效考核，市场反应时间（包括数据采集和形成分析）平均提前2天。

企业产品进入大型终端，都要经过谈判这一环节，谈判的最终目的是，在满足自身要求的前提下，产品能顺利进入。在没有谈判之前，需要做一系列的准备工作，以便在谈判时，采取主动，争取自己的利益，以最小的代价进入。谈判程序包括计划、开局、报价、讨价还价、达成协议等。谈判没有固定之法，别人的方法和技巧可以借鉴但不要照搬，要结合实践摸索出一套属于自己的东西来。谈判要讲究策略，要事先仔细琢磨谈判程序、细节、异议、应对方法，态度诚恳，不卑不亢，不断发掘对方心中的疑虑和真实想法，讲究报价和让步技巧，用好手中资源。尤其是谈判让步要讲究策略，如让步要分阶段进行，不要很快将最低价报出去了；每一次让步，也要对方做出一些让步，答应一些条件；谈判时既要唱"红脸"，也要唱"白脸"；有时可主动承诺给对方一些资源或条件，但必须在公司授权范围之内；有效地阻止对方，如权力限制，请求上级；公司没有先例等。

如何了解谈判的内容，一方面可以事先向终端采购人员要一份采购合同，另一方面可以向曾经参与谈判过的销售人员打听。在了解谈判的内容后，要仔细分析如何满足双方的要求，达到双赢。

案例 6-6 T 公司与 A 超市谈判内容

产品。进场产品品种、规格和包装、数量和质量要求、价格、折扣与优惠。

配送和服务。送货时间表、交货地点、验收标准和方式、产品生产日期、三包、安装等。

产品进场后的陈列、促销支持及货款结算方式。

各种费用。包括：进店费、新品费（指的是每增加一个品种的费用）、节庆和店庆费、物损费（货物破损或丢失、被盗而由此产生的损失）、各种促销费和广告费（堆头费、端架费、排面费、促销导购员的管理费、各种售点广告费，等等）。

退货。超市及消费者在什么情况下可以退货，如何处理？

销售量。规定最低销量。

违约责任和合同纠纷解决方式等。

2. 经销商分销

经销商分销是指生产企业产品通过经销商，再由经销商向终端供货。在下面三种情况下，生产企业通过经销商向终端供货：一是企业销量不大，进场费太多，与经销商经营的其他产品一起进入终端；二是生产企业在当地没有销售分支机构，服务和促销活动等方面跟不上；三是生产企业实力不够，与大型终端谈判或合作处于劣势。

生产企业通过经销商向超市供货，其优点是省事、省力；缺点是产品最终价格高，影响竞争力，而且条件不具备根本进不了。

二、终端陈列

1. 产品陈列类别

销售人员根据企业与中间商所签合同要求，企业在某中间商可以销售的产品种类、所占的空间区域位置，确定需要陈列的产品类别。可通过表 6-6 所示的终端陈列表来进行终端陈列管理。

销售业务原理与实务

表6-6 终端陈列表

区域：　　　　　　　填写日期：　　　　制表：

商店/地名	类别	品种	规格	陈列位置	陈列面积	堆头/货架	进场费	陈列费	导购人员	销售量/月

区域经理：　　　　　　　经销商：

2. 产品陈列原则

经验表明，好的陈列的销售额是差的陈列销售额一倍以上。在实施产品陈列时需遵循以下原则：整体效果最优化原则、显著原则、先进先出原则、品牌突出原则、竞争原则、集中原则。

应该尽量抢占好的陈列位置，如与消费者视线平齐的货架地方、人流量大的通道、收银台出入口、邻近名牌产品与畅销产品的位置、端架位置、正对门或入门可见的地方等。判断是否是好的陈列位置，是否方便消费者容易看到与拿到。

陈列位置越好，交纳费用越多，企业要考虑自己是否有能力做到。企业产品尽量避免安排在差的陈列位置，如有难闻的气味旁边、偏僻、太高太低的位置。

3. 价格标识，场地、设备及户内外广告的使用

又叫价格牌。价格标识的核心是醒目，字体太小或模糊都不合适。除了价格标识外，还要标识品牌名称、规格型号、体积容量、重量等。有些终端，价格标识很不好，字体模糊不清。消费者去购买产品时，本来有意买，由于看不清价格等信息，结果又不买了。从而失去销售机会。

根据企业与终端所签合同或协议要求，企业可以占用客户销售场所的一部分空间并使用相关设备，要做到充分利用场地与设备。

厂家一般会在中间商门店的内外做相应的广告，以引起消费者注意、增强刺激、营造卖场氛围，从而达到促销目的。规划门店广告应遵循以下原则：最多数量原则、形式多样化原则（例如海报、灯箱、围栏、站牌、即时贴、特价牌、货价牌、背景板等）、醒目位置原则、更新及时原则、突出主题原则（如降价促销、新品上市、宣传品牌、产品功能宣传等）、完整清洁原则等。对于有损产品形象的广告宣传品必须及时清除。

4. 做好理货工作

理货是指整理货架上的产品。理货做到：货架、货物要保证整洁干净；先进先出；及时补货，否则会影响到自己与终端的生意，甚至被竞争对手抢走地盘。理货工作一般由终端的

理货员来做。但业务员应该经常去检查，指导理货员做，甚至自己亲自动手。

三、客情维持

1. 及时补货

如果企业不能及时向终端补货，就会影响其产品销售，竞争者还可能抢走地盘，既影响企业自身利益，也影响终端利益。管理规范的大终端对补货都会有严格的条款约定，违者轻则罚款，重则清场，所以销售人员要做好：订单处理和物流配送工作；预测销货量，提前备好相关货物；定期查询超市库存，督促补货；有破损以及日期比较长的货物要及时调换。

2. 建立良好的关系

企业销售人员关键是处理好与两种人的关系，超市关键人物有两个，即采购人员与理货导购员。采购人员可以决定是否购买业务员所推销的产品，他们的权力很大，所以，要与他们建立良好的关系。否则，就不会购买本企业的产品。理货导购员帮助企业向消费者推销产品，而且负责货物的整理、摆放，如果与他们关系好，他们就会尽力做好这种工作。否则，产品销售会大受影响。如何建立与他们良好的关系？比如：用他们喜欢的方式对待他们、适当地夸奖他们、送些小礼品、邀请他们参加一些活动、经常联系与沟通等。

四、销售情况统计

企业是否与终端继续合作，需要看销售情况及与所发生的费用情况，最终看赢利水平。因此，需要做好销售统计工作。

销售统计按时间分可分为日、周、月、季度、年度统计，统计的内容包括：销售的产品品种、数量、价格、金额；及发生的各项费用，如赠品费用、广告品费用、促销费用等。另外，还需要进行累计统计。

案例6-7　统一企业终端管理七字诀

统一企业终端管理归结起来有七个字：五问、四看、三一样。这七个字，概括了企业在有效管理终端的过程中所要做的一切。① 五问：问销量、问效益、问趋势、问需求、问竞争；② 四看：看陈列、看库存、看客流、看记录；③ 三一样：处理问题像警察一样，关心关怀像家人一样，扶持帮助像老师一样。

单元四 铺货、窜货及销售促进管理

一、铺货管理

1. 铺货定义、特点、作用、条件

铺货指厂家通过经销商（或直营）将本企业的产品向下一级的中间商（批发、零售、下一级经销商）进行销售与推广。铺货要求在短时间内集中人力、物力（促销品和车辆），迅速把产品撒到下一级的中间商，这是一种常规性的协销手段。

铺货特点主要有两个，一是时间短、速度快，如完成一个地级市场市区的铺货与周边县的铺货，一般在几天内完成。二是多种促销方式并存，在实施铺货过程中，可考虑结合使用产品推销、招贴广告、赠送促销品等，以造成较大影响，加深中间商或消费者印象。

铺货作用主要有：产品的快速上市及市场价的初步形成，建立产品的销售点、向市场渗透；有利于与中间商的沟通；培养参与铺货人员的沟通、谈判、协调等能力；扩大影响，铺货是一次很好的广告。

铺货原因指考虑在什么情况下考虑铺货的问题，主要有三方面原因：一是新品上市，包括新品种、新规格、新包装、新式样的各种新产品。新品上市铺货是为了使新品迅速与消费者见面，提高产品上架率与市场占有率；二是打击竞品，竞争对手提前采取各种协销或促销手段，使本品市场占有率下降及终端见货率下降，为了保护自己的地盘，打击竞争对手，开展铺货；三是经销商要求，经销商要求开展铺货，如果要求合理，可考虑铺货。

2. 铺货计划、组织、实施

（1）铺货计划

在实施铺货前，需要制订周密的铺货计划（方案）。铺货计划包括以下内容。

① 确定铺货重点、产品种类与规格型号、数量、价格与收款政策。

确定铺货重点：在一个大区域内，有若干个中间商（包括批发市场、店铺市场、便利店市场），那么，哪些中间商应该作为重点？一般来说，重点应该是大卖场，也要兼顾一些小的中间商。同时，考虑先易后难。

确定产品种类与规格型号：即确定企业哪些产品及相应规格型号应该铺货。一个企业的产品可能有许多品种，不是每一种都需要铺货。一般选择新产品、或者见架率低的产品、或者十分畅销的产品等。

确定数量：每类产品应该铺多少？

确定价格与收款政策：每种产品具体价格应该定为多少？价格可考虑分两、三个等级。对于购货量大的中间商，价格应该低一些，如批发商、大卖场及连锁店等；反之，购货量少的，价格就高。

收款政策。一般情况下，现款价格低、赊销价格高。对便利店和小型个体店一定要现款现货（小店可给予适当奖励，如"卖几送一"等）。

此外，对于在启动期难以铺进的便利店，也不用急，待市场起动后，如果小老板们觉得有利可图，他们会主动要货的。如果是赊销要尽量控制赊销量。

② 确定铺货区域、铺货顺序、铺货路线。

确定铺货区域：在一个大的区域市场，其面积可能较广，那么，是全面铺还是局部铺？如果只考虑局部，铺货区域包括哪些地方？

确定铺货顺序：确定铺货区域后，进一步确定按照什么顺序铺货？比如：先铺城区，还是先铺县郊市场？（一般是先城市后农村）另外，是先铺批发市场，还是先铺终端零售市场？还是同时进行？

确定铺货线路：主要考虑按街道区域的交通便利性。

③ 相关物资、人员、纸质材料的准备。

物资准备：主要是指产品、车辆、促销品的准备。在经销商处或公司的直营处提前要准备好待铺的产品；并准备好可方便调度的车辆与司机人员；还有准备好相关促销品，如传单、条幅、海报、赠品等。

参与铺货人员准备：明确参与铺货的人员，明确各类人员岗位职责，对参与人员培训。

纸质材料的准备：主要包括《铺货明细表》（如表6－7所示）、《市场调查跟踪表》、终端进入的《协议书》。

（2）确立机构

铺货机构人员可能由经销商的经理、片区主管、业务员、仓管员、财务人员、司机，本公司驻地销售主管和协销员等组成，双方组成联合机构，以经销商人员为主。

（3）实施铺货

明确了铺货计划与组织后，实施铺货应该不是件难事。

表6－7　××公司区域市场产品铺货明细表

商场类型：A级（1 000平方米），B级（50～999平方米），C级（50平方米以下），D级批发市场。

项次	客户名称	类型	地址	电话	产品陈列情况
该区域A级客户共计：已铺数：			该区域B级客户共计：已铺数：		
该区域C级客户共计：已铺数：			该区域D级客户共计：已铺数：		
总计铺货率为：					
大区经理：			片区经理：		

二、窜货管理

1. 窜货定义与类型

窜货（又叫倒货、冲货、越区销售），指中间商（或销售人员）由于利益的驱动，产品以低于正常价格的跨区域销售行为。

窜货类型，按窜货性质分恶性窜货和良性窜货。恶性窜货指中间商或销售人员为谋取利益，蓄意向非辖区倾销货物。良性窜货指临界处产品相互流动；非中间商或销售人员亲自所为。按窜货产品流向分可分为：同一区域市场的中间商相互窜货、不同区域市场的中间商相互窜货、交叉区域市场的中间商相互窜货。

2. 窜货的原因

（1）中间商原因

不同销售区域，市场需求不同，有些产品刚刚上市、有些进入成长期、有些到了成熟期，造成不同区域需求不同，竞争状况不同，销售难易程度不同，产品价格不一样。这样一来，一些产品难以销售的区域中间商向非辖区产品易销售的区域销售产品，或者产品易销售的区域中间商向另一个产品难销售的销售区域进货。

（2）销售业务员的原因

制造商内部销售分支机构或销售人员，为了完成销售指标，取得销售业绩，与分销商联合造假将货物销售给需求量大的非管辖区域，造成区域之间的窜货。

3. 窜货危害

窜货危害主要表现在：窜货使诚实守信的渠道成员销售困难，失去信心；窜货常与假货相伴，使消费者对制造商品牌失去信心，企业形象受损；窜货由于渠道成员与消费者失去信心，竞争者会乘虚而入。

4. 窜货治理

企业治理窜货的办法有多种，而且一般来说需要几种方式方法协同使用才能有效的发挥作用，下面是几种治理窜货的办法。

① 制定区域主管、销售人员合理的目标与奖励政策，同时，严惩企业内部窜货人员。

如果销售管理人与业务员销售目标任务重，他们为了完成任务，容易发生窜货行为。对诚实守信的销售人员要奖励，对有意窜货人员要严惩。

② 严格区域划分与价格政策，违者（渠道成员）必罚。

③ 给予渠道成员合理的信用政策，防止渠道成员过多占用资金与产品。

④ 与渠道成员随同合同再签订《防倾销市场保护协议》，并从每批货物中扣出一定比例的保证金作为市场保护基金。这种保护基金交给制造企业，如果中间商发生窜货行为，扣压不还。

⑤ 与渠道成员协作，共同处理过期或即将过期的产品。

⑥ 实行产品代码制。产品代码制是指给每一个区域的商品编上唯一的号码，印在产品内外包装上，并贴上"发往某区域"的标签，所有的编码都录入电脑存档。由于不同区域的产品代码不同，如果某个区域的产品出现其他区域代码，可以知道出现了窜货，以此为线索可以追查当事人的责任。

三、销售促进管理

1. 销售促进含义与类别

销售促进又称营业推广，销售促进指企业为刺激顾客需求而采取的能够迅速产生鼓励作用、促进商品销售的一种措施。销售促进不同于促销，促销范围要广，它包括销售促进。促销包括：销售促进、广告、人员推销、公共关系四种形式。

销售促进类别包括向渠道促销及向消费者促销两大类，每一大类又包括若干小类。

（1）渠道促销

指销售人员向中间商进行销售促进，其方式主要有：随货附赠、价格折扣、零售补贴、广告补贴等。渠道促销的目的：吸引中间商多进货，提高市场铺货率；促使中间商积极开展和配合厂家广告促销活动；挤占中间商库存，打击竞争对手。

渠道促销主要有随货附赠促销、价格折扣促销、补贴促销等方式。

随货附赠促销。指中间商在特定时间内，购买一定数量的商品，可获得厂家赠品（赠品与中间商进货的产品不是同样的产品，这种赠品送给中间商，中间商又送给消费者，这样消费者为了获得赠品，可能愿意购买主要产品）。选择赠品注意：赠品要物美价廉且新颖；赠品上有促销商品商标、公司名称或徽章、促销商品广告语等；赠品质量要好；根据季节、地域、气候、生活习惯等不同选购相应的赠品；赠品与广告宣传相结合。

价格折扣促销是一种常见的促销方式，价格折扣表现形式多种多样，如数量折扣、季节折扣、销售目标折扣、协作折扣、现金折扣等。

补贴促销包括广告补贴、实际销量补贴、恢复库存补贴、赠货折让等。

广告补贴又包括两种：一是售点广告补贴，厂家给中间商在销售点作广告的补贴，如：某中间商要做一个招牌，费用共 3 000 元，厂家赞助 2 000 元；二是合作广告补贴，中间商要在报纸、电台等媒体上作一个广告，厂家出一部分钱，中间商出一部分钱。

实际销量补贴，是厂家给中间商在一定时期完成的销量给予相应的补贴。

恢复库存补贴，如果中间商保持原来的库存量，对于新进的产品数量给予相应的补贴。目的是使中间商保持一定的库存量。

赠货折让，是指厂家在中间商进货达到一定数量时，不给予价格优惠，而采取产品赠送的方式。如：某公司曾在一段时间规定，从××日起，凡购买某品牌乳制品50件者，即送2件同样的产品。

（2）消费者促销

消费者促销常用方式有：样品派送和免费试用、现场演示、折价券、价格折扣、有奖销售、买一送一、展销会等。表6-8给出了某公司"提高产品上架率"促销活动计划书。各种促销方式基本含义、操作实施办法在其它相关课程已涉及，在此略去。

表6-8 T公司"提高产品上架率"促销活动计划书

事项		说 明
活动目的		调动市内各批发商、农贸市场、二批商和重点终端零售商的积极性，促使零售商和二批商配合厂家促销活动，解决终端上架率不高的问题
活动对象		市内各批发商、农贸市场、二批商和终端零售商
活动主题		实现95%的终端上架率
活动方式		① 对二批商实行累计奖；② 对零售商进行随货附赠促销活动；③ 陈列有奖
活动时间和地点		7月1日至7月31日，各批发、农贸市场、摊床和门点
广告宣传配合方式		① 印制促销活动通知单，在活动开始之前在市场广泛散发；② 印制专门条幅，在各二批商门点处悬挂
前期准备工作	人员分工	① 总体协调：刘明；② 广告宣传有关事宜：小王；③ 活动开始时分成两个小组，一组两人（一名司机，一名终端促销员），进行铺货、陈列及登记工作
	物质准备	① POP；② 宣传单；③ 车辆；④ 专用陈列袋；⑤ 公司小礼品；⑥ 奖品；⑦ 货物
活动执行和控制		① 各小组计划好路线，每天9点前准备就绪，从一级经销商仓库出发，开始一天的工作；② 下午5点回一级经销商办公处报到，总结、汇总、安排明天的工作；③ 铺货和陈列工作做完后，由刘明在促销期间安排人抽查；④ 促销结束后，从8月1日开始兑现奖品
后续工作		下一个月，安排专人对终端进行补货和陈列维护，使终端形成习惯
费用预算		① 二批商促销费用2 000元；② 零售商促销费用4 000元；③ 零售部陈列奖励费用5 000元；④ 车辆费用500元；总计：11 500元
意外情况防范		对监督局、卫生部门、工商和税务部门，准备好相关资料和手续
效果评估		计算投入产出比，评估活动效果

2. 促销计划、组织与实施

终端经常开展一些促销活动，这些促销活动，有些是生产企业在操作的，有些是终端单独在操作，有些是企业与终端联合促销。是否开展促销活动，是销售经理说了算，业务员有建议的权力，但具体的组织、执行是销售人员。如何开展促销活动，销售人员需要主动与经理沟通，沟通的内容包括：促销目的、地点、主题、需要的支持、费用、广告宣传等。通过沟通，领会上级和公司的意图。

（1）促销计划

促销计划内容包括促销目的、促销对象、促销主题、促销方式、时间与地点、广告宣传与配合方式、人员分工与物资准备、执行与控制办法、后续工作、费用估计、意外情况的防范、效果评估等。

（2）促销组织与实施

一项促销活动的开展是一个团队参与完成，因此需要做好人员分工，销售人员将这些人召集起来，讲解清楚，明确职责。促销活动在开展之前，需要与合作单位、政府部门沟通好，并做好各种物资准备。选择好时间与地点。

单元五 内务管理

销售业务员的工作基本上可以分为：客户开发、客户拜访、客户管理维护与内部事务管理工作。这四部分工作又基本分为两部分：一部分是对外工作，即有关客户工作；一部分是对内工作，即业务员的内部事务管理工作。内部事务工作主要为做好客户工作创造更好的条件，以取得更好的销售业绩。

销售业务员内部事务管理工作繁杂，基本包括以下内容。

一、表单填写

销售业务员需填写的表单主要有：计划类表单（日、周、月、季度、年度）；信息类表单（如竞争对手信息表、客户档案表、客户漏斗表）；总结类表单等。企业实行表单管理的作用主要有：对公司及经理而言，管理人员通过查阅业务员表单，及时、全面了解相关信息，指导与监督业务员，同时为市场决策提供依据；对业务员而言，业务员通过填写表单，有利于掌握相应情况、工作有计划、发现问题、不断总结经验、提高销售水平。

二、订单处理

订单处理流程：销售业务员开发客户，取得订单；销售业务员将客户有关信息传递给企业的销售内勤（客户信息包括：单位名称、地址、联系方式、税号、账号、开户行、配送交货方式、付款方式等）；销售内勤又将客户的相关信息交给企业相关部门的人员（如：仓库与运输、财务、统计等）。订货单如表6-9所示。

表 6-9 订货单

订货日期： 年 月 日　　　　交货日期： 年 月 日　　　　　　　　　　NO.

品名	规格（箱）	单价（箱）	订货数量（箱）	金额	备注

订货单位：　　　　　　　　　　　　　　地址：

经办人：　　　　　　　　　　　　　　　电话：

三、差旅费报销

销售业务员出差会发生一定数量的差旅费，差旅费项目包括住宿费、车票费、招待费、礼品费、电话费等。销售业务员出差，需要从公司领取差旅费，如果不学会差旅费的报销方法，可能自己会多花钱，甚至还要受处罚，给自己带来麻烦。如何报销差旅费呢？

① 及时报销，最好一月一报。因为拖的时间长了，有可能丢失一些票据，也可能公私混用。有些公司对业务员报销差旅费的时间有严格的规定。

② 不要搞虚假票据报销。业务员常见的作假方式有：多开住宿费、车票费、招待费、礼品费等。业务员搞虚假票据报销，如果被经理或财务人员发现，轻则批评教育，重则处分甚至被开除。

③ 无法确定是否可以报销的招待费、公关费等要请示上司。否则，可能自己承担。

四、接收公司内部信息与传递信息

销售业务员需要经常了解公司的情况（如销售政策制度、人事劳动分配制度、甚至公司的战略策略等）；并且业务员要将自己了解的信息及时地告诉经理及公司（如市场需求与竞争信息、客户信息、销售进展情况、对市场的分析看法、对公司的建议等）。销售业务员通过上网查看公司信息、回到销售分支机构或总部调看公司下发的各种文件资料、与同事及上司交流、参加销售例会等方式接收公司信息。通过电话、电子邮件、传真等方式向经理或公司传递信息。业务员只有充分的了解公司信息，才不至于工作失误；只有经常向公司传递信息，才能取得领导信任。

五、工作报告与工作会议

销售业务员需要向领导、同事或公司汇报工作，无论是口头汇报与书面汇报，都需要注意以下几点：中心突出、简明扼要、要有特色、思路清楚、语言通顺等。

销售业务员经常需参与会议，有例会与临时性的会议，参加会议要抱着积极的态度，参加销售会议至少有以下作用：领会上司的意图和思路，把工作做到位；学习同事介绍的市场操作方法和经验体会；把自己在市场上碰到的困难跟大家说说，让同事们给自己出出主意。所以，业务员要认真对待销售会议。当然，公司也不要乱开会，浪费时间。

六、销售沟通

有人说"推销的艺术其实就是沟通的艺术"，这话很有道理，销售业务员所有的工作几乎都与沟通相关，沟通意识、技巧与方法如何对业务员的销售业绩及职业发展有着至关重要的影响，树立沟通意识和掌握正确的沟通技巧与方法是每一个销售业务员应该具备的，那么，销售业务员如何进行沟通？

1. 销售业务员如何与上级沟通

业务员的上级包括直接上级与间接上级。直接上级如销售主管或销售经理，以及上级的上级。间接上级是指与业务员不在同一个部门或不在一个系统的上级。在此主要阐述如何与直接上级进行沟通。

（1）与上级沟通的作用

如果业务员与上级沟通到位，至少在以下方面会带来相应的利益：① 提供资源。一个部门资源是有限的，与上级沟通得越好，上级对自己的计划、思路越了解，会多给予支持。若是上级没有资源分配权，也会尽力在他的上级面前尽量争取。② 提供机会。一方面是做事的机会，业务员即使有完美的计划和方案，但上级不给机会和时间，自己没有机会做。另一方面是个人发展的机会，公司如果有提升的机会，上级会考虑推荐。③ 给予指导。相对来说，上级经验要丰富些，业务员碰到的很多困难和问题他也碰到过，上级适时的点拨和指导会使自己少走很多弯路。④ 排除障碍。有些事情凭业务员能力或权力是难以做到，与上级沟通好，可帮助排除障碍，达成目标。

（2）与上级沟通的错误态度

主要有两种表现形式：① 不主动、不热心与上级沟通，把同上级积极沟通看作是阿谀奉承，这种业务员很容易与上级产生矛盾和冲突，而又沟通不到位，业务员反而认为上级在针对自己，结果只能是两人的关系越来越僵，而业务员也会逐渐失去上级的信任。② 随遇而安，没有主见。上级怎么说就怎么做，从来没曾想过要给上级提点建设性的意见。这种人上级也许不会排斥，但也绝不会得到重用。

（3）与上级沟通的方法、技巧及如何处理与上级的关系

① 要适应上级，而不是试图改造上级。② 了解上级对自己工作的期望，工作是否令上级满意。③ 及时主动收集各种信息并及时向上级汇报，上级总是希望掌握的信息越多越好，对汇报得勤、收集信息多的业务员会另眼相看。④ 在提出问题的时候要想好解决方案，上

级喜欢下属在碰到问题和难题时积极主动地想办法。⑤ 多请示，多汇报工作，可以通过电话、邮件、专题报告等方式让上级知道自己在思考、在行动、在为他出力。⑥ 定期述职，业务员要定期向上级当面汇报工作。⑦ 善于利用上级巡查市场的机会与之进行沟通，尽量把上级争取到自己的市场来检查指导工作，利用上级巡查市场的机会向上级展示自己的成绩，阐述自己的困难，寻求上级的支持。⑧ 与上级成为朋友，若是能与上级建立良好的友谊，有利于和上级建立良好的沟通关系。⑨ 上级对你的行动有及时准确的了解。⑩ 准确理解上级的意图，业务员对上级的决定、市场方案和思路一定要准确理解，这样执行起来就不会有偏差。⑪ 对上级的决定要坚决执行，在上级决定之前，可以提出异议，但上级决定了，一定要坚决执行上级的决定。⑫ 讲究方式和方法，有的业务员性格直，与上级有不同意见，不分场合、不讲方式，不考虑上级的面子，这样不好，有不同意见尽量私下沟通。⑬ 换位思考，要学会站在上级的角度，将心比心，这样才能更加理解上级，要经常想一想：若我在上级那个位置，我会怎么想、怎么做。⑭ 帮上级分忧，锦上添花人们不觉得有什么珍贵，可是在上级碰到困难的时候，适时地雪中送炭，就会不一样，有些事情上级觉得很棘手，帮他办好了，上级当然高兴。⑮ 尽量不要"麻烦"上级，有些业务员说的话引发了一些冲突，要上级来平息；有的业务员做事情不仔细，喜欢丢三落四，经常要上级来补台；有的业务员办事不利索，喜欢留尾巴，经常要上级来做善后工作；有些业务员处世不谨慎，闹出事情来了要上级来帮忙摆平等。给上级惹麻烦的事都会让自己在上级心目中的形象大打折扣。⑯ 与上级相处保持适当的距离，上级希望保持神秘感，希望在下属面前显示出权威来，所以不希望下级与其过于亲近，要记住"距离产生美"这句话。⑰ 不隐瞒上级，不跟上司要心眼，不玩小聪明。⑱ 所做的事情有助于上级目标的达成，业务员要明确，自己的职责和利益同上级的成就密切相关，业务员要经常问自己以下几个问题：上级期望我做什么才能对他的工作有帮助？我做的哪些事会妨碍上级目标的实现？也就是说业务员做的事一定要能有助于上级目标的达成。

（4）争取上级支持

"巧妇难为无米之炊"，计划做得再好，业务能力再强，没有资源或者说资源太少都是很难达到预期销售目标的，而营销资源又是有限的，业务员要想为自己多争取些政策和支持，就必须讲究一些要政策的方法和技巧。可以归结为两方面：① 让上级愿意给予政策。为此需要做到：向上级清晰地表述自己的计划设想、提出的要求有助于组织目标的实现、经常汇报工作进展情况、工作全力以赴、有了成绩要把上级的支持与同事的努力放在首位。② 让上级觉得值得给予政策。为此需要做到：让上级认同自己市场操作思路、让上级认同自己对市场前景的分析、让上级觉得能达成预期目标。

2. 销售业务员如何与下属沟通

业务员的下属主要是指在自己辖区工作的终端服务人员。严格来讲，终端服务人员不是业务员的直接下级，但由销售主管或区域销售经理授权后，业务员负责终端服务人员的日常管理工作。终端服务人员主要包括：超市的导购员、理货员，负责一个区域市场终端工作的业务人员（业务员或业务代表），技术支持人员和维修人员。

（1）与下属沟通原则

① 做"教练式"而不做"裁判式"的管理者。教练的工作是努力让自己的队员做得更好，对违规和达不到要求的行为是尽全力帮助其改正，对自己队员给予更多的是鼓励、信任。裁判的工作是指出对错，并不关心队员如何去改正，给予队员更多的是训诫、惩罚。② 差别对待。对不同性格与经历的下属，要采取不同的沟通方法，比如对好面子的下属，批评时就不能太直接。③ 准确地把握下属的心理变化。善于察言观色，能通过下属的肢体语言把握其心理，在沟通时能及时准确地把握下属的心理活动和变化。④ 布置任务要确认下级真的已经完全理解。⑤ 讲究方式方法。

（2）与下属沟通技巧方法

① 利用下属生日、探亲和有困难的时候表现出关心，提供自己力所能及的帮助。② 讲究赞扬和批评的技巧。做到：多表扬、少批评，公开表扬、私下批评，对事不对人。③ 按规章制度对下属的行为进行奖惩，做到公正，有理有据。④ 多听少说。只有多听少说，才能弄清楚下属心里到底在想什么，才能采取适当的方法来管理和领导下属。

3. 销售业务员如何与公司公众及区域市场公众沟通

（1）如何与公司公众沟通

公司公众主要有营销系统的同事（如打假治劣人员、相邻市场业务人员、策划人员、产品推广人员、广告策划人员、公司内勤人员等）和公司其他部门的同事（如研发人员、财务人员、行政人员、生产人员等），作为基层的业务员与这些人员不会有太多的交往，但也要注意在日常偶尔的交往中，与其保持良好的沟通关系，广交朋友少树敌。

如何与公司公众保持良好的沟通，做到三点：① 尽量配合对方。不管这些公众是不是因为工作要打交道，都要尽自己所能配合对方，给予有力的支持。比如：研发人员要求帮忙收集一些竞争对手的样品；打假人员要来自己所辖市场打假，需要配合和提供方便；产品推广人员要来搞市场测试，需要配合做些辅助性工作；甚至有人要求帮忙带一些土特产或者帮忙买东西，等等。所有这些事情都要尽量给予支持。② 说话算数。有些事情是自己做不了的或自知不能达到对方期望值的，就不要答应，要为自己留下回旋余地，要不然，答应了却办不到，落个不守信的名声。③ 有分歧时寻求利益共同点。业务员与公司公众会有一些分歧点，好的沟通方法是为分歧寻求共同利益点。这些分歧主要产生在营销系统内部的一些同事之间，例如：与相邻市场业务员之间因为窜货而发生矛盾；与公司产品推广人员及策划人员对市场的看法不一致等，其实大家的出发点都是一样的，都是为了市场发展，实在协调不了可以请求共同上级来解决。在公司有好人缘，自己就可以轻松工作，自己的职业生涯就可能得到良性发展。

（2）如何与区域市场公众沟通

业务员在一个区域市场开展工作，可能要同一些政府机关和职能部门打交道，这些政府机关和职能部门主要有：税务部门、工商部门、技术监督部门、卫生检查部门、交通部门、新闻媒体等。与这些部门关系处理不好或者方法应对不当，很有可能给自己惹来麻烦。

① 税务和工商检查麻烦。

例如当业务员带车帮助当地经销商组织终端铺货活动的时候，会被税务部门、工商部门检查，可能会被认为是厂家直接搞销售而没有办理有关手续，所以业务员在开展此类活动之前，一定要把经销商的相关证件（税务登记证、营业执照等）带上，事先跟经销商讲清楚，自己只是帮助客户做市场，这些货物都是经销商销售。若有税务检查人员来检查，沟通协调一切由经销商出面，与生产企业无关。

② 广告宣传麻烦。

业务员在某市场搞终端推广和宣传，特别是在做售点包装（招贴、条幅、POP牌）和散发宣传单时，首先要在当地工商部门登记，要不然就会被认为在搞非法广告宣传，在帮经销商铺货时，把车身广告的审批文件带上，若是复印件要加盖工商部门的公章。

③ 技术、卫生检查麻烦。

技术监督部门和卫生部门会对食品企业的产品及从业人员要求检查，肯定要交一些检查和管理费用。

④ 交通检查麻烦。

有些公司的车辆办的是客运车手续，而经常拉货，被交通部门查到后罚款也是很重的。

⑤ 新闻媒体麻烦。

产品质量问题引发的客户索赔事件，被媒体知道，处理不好也会招来麻烦。碰到以上几类问题和麻烦，一定不要发生冲突，即使有问题被处罚也是比较轻的。要争取当地客户的支持，同时要马上与上级联系，沟通解决处理办法，因为业务员一般没有资格独自处理这些事情。

某知名人士曾提出过这样一个公式：成功＝30%的知识技能＋70%的人脉。人脉指的就是人际关系，而良好的人际关系的建立需要良好的沟通，业务员身处一个或大或小的公司或销售团队，需要与各种各样的人打交道，需要争取各个部门与各种人员的支持与配合，若不能融入到团队中，就很有可能要被请出团队，若没有良好的沟通技巧与能力，自己的销售业绩与事业发展会受到很大的影响。

实 训

一、基本概念解释

客户拜访计划、规划线路、销售工具、终端、先进先出、直供、间供、理货、铺货、审货、销售促进。

二、判断题

1. 客户群体就是消费者。 （　　）
2. 客户冲突就是指客户与客户之间的冲突。 （　　）
3. 回避客户风险最关键的是选择好的客户。 （　　）
4. 客户拜访是指开发客户的拜访。 （　　）
5. 客户拜访仅是为了推销产品。 （　　）
6. 终端是指销售渠道的各类零售商。 （　　）
7. 企业选择直接供货还是通过经销商分销关键看相应的条件。 （　　）
8. 产品陈列的先进先出原则就是先生产的产品应该先销售。 （　　）
9. 如果企业不能及时向终端补货，就会影响其产品销售，竞争者还可能抢走地盘，既影响企业自身利益，也影响终端利益。 （　　）
10. 铺货指厂家通过经销商（或直营）将本企业的产品向下一级的中间商进行销售与推广。 （　　）
11. 窜货的根源是不同区域需求不同，竞争状况不同，销售难易程度不同，产品价格不一样。 （　　）
12. 对窜货的治理就是处罚。 （　　）
13. 促销就是对消费者开展的促销，让利给消费者。 （　　）
14. 销售的艺术其实就是沟通的艺术。 （　　）

三、选择题

1. 单选题

（1）ABC 分类管理法，其中销售量最大客户数最少的是（　　）

A. A 类客户　　　B. B 类客户　　　C. C 类客户　　　D. 都有可能

（2）销售业务员拜访客户的时间安排中，需要增加相应比例的是（　　）

A. 在公司时间　　B. 在客户处时间　　C. 路途时间　　D. 开会时间

（3）对生产企业而言，大客户的优点是（　　）

A. 产品品种齐全、分销网络健全、顾客多、操作市场能力比较强、销量大

B. 厂家往往要在销售政策、促销支持等方面要付出很大的代价，一些大客户征收很高的进场费，采购价压得很低

C. 大客户太有主见，对厂家的思路、策略不一定听

D. 大客户往往经营多个同类品牌，常拿别的品牌和厂家讲条件，要政策以获取高利润

（4）对生产企业而言，对客户放宽信用条件，其风险（　　）

A. 减少　　　　B. 不变　　　　C. 增大　　　　D. 可大可小

（5）生产企业与经销商签订的合同，规范的名称应该是（　　　）

A. 买卖合同　　　　　B. 销售合同　　　　　C. 经销合同　　　　　D. 劳务合同

（6）客户冲突的根本原因是（　　　）

A. 销量问题　　　　　B. 利益问题　　　　　C. 价格问题　　　　　D. 市场需求问题

（7）窜货是产生在（　　　）

A. 同级客户之间　　　B. 不同级客户之间　　C. 同区域之间　　　　D. 厂商之间

（8）同一企业的产品尽可能堆放在一起体现产品陈列的（　　　）

A. 显著原则　　　　　B. 先进先出原则　　　C. 品牌突出原则　　　D. 集中原则

（9）铺货是以（　　　）为主

A. 生产企业　　　　　B. 经销商　　　　　　C. 零售商　　　　　　D. 直营公司

（10）生产企业与渠道成员随同合同再签订《防倾销市场保护协议》是为了（　　　）

A. 加强促销　　　　　B. 顺利铺货　　　　　C. 防止窜货　　　　　D. 开拓市场

2. 多选题

（1）生产企业选择中间商需考虑（　　　）

A. 成本　　　　　　　　　　　　　B. 资金规模

C. 市场表现、信誉、管理水平　　　D. 地理位置

（2）客户冲突包括（　　　）

A. 同级客户之间的冲突　　　　　　B. 上下级客户之间的冲突

C. 客户与厂家的冲突　　　　　　　D. 客户与业务员的冲突

（3）同级客户冲突的原因是（　　　）

A. 市场需求情况的不同　　　　　　B. 竞争情况的不同

C. 因价格不同而导致的窜货　　　　D. 销售区域重叠

（4）回避客户风险的措施有（　　　）

A. 选择实力强、信誉好的客户，保证所签销售合同是合格的

B. 往来手续齐全，凭证合格，做好客户销售台账，定期对账

C. 及时发现客户不良"苗头"

D. 积极处理呆账、坏账

（5）下面符合生产企业的产品直接向终端供货的是（　　　）

A. 产品销量大，生产企业在终端所在地有销售分公司、办事处、分销部等机构，有足够的人力、物力，保证向终端及时供货、提供服务、开展促销

B. 一些国际性或全国性连锁超市终端的要求

C. 企业销量不大，进场费太多

D. 生产企业在当地没有销售分支机构

（6）对销售业务员来说，终端相对重要的人员是（　　　）

A. 总经理　　　　　　B. 店堂经理　　　　　C. 采购人员　　　　　D. 导购理货员

（7）实施铺货的原因有（　　）

A. 新品上市　　　　B. 打击竞品　　　C. 需求下降　　　D. 经销商要求

（8）从产生窜货的主体来看，产生窜货是（　　）

A. 生产企业原因　　B. 中间商原因　　C. 销售业务员原因　D. 市场需求原因

（9）下面属于向渠道促销的是（　　）

A. 随货附赠　　　　　　　　　　B. 零售补贴与广告补贴

C. 样品派送和免费试用　　　　　D. 折价券

四、简述题

1. 试述客户冲突的原因及解决办法。

2. 试述如何回避客户风险？

3. 试述销售业务员拜访客户需要完成的工作内容。

4. 试述生产企业产品进入终端客户的方式及条件。

5. 产品陈列应遵循哪些原则？如何选择陈列位置？

6. 一份完整的铺计划应包括哪些主要内容？

7. 试述窜货的含义、原因、危害及处理办法。

8. 试述销售促进计划包括的内容。

9. 销售业务员如何与上级沟通？

五、项目实训

项目实训1

内容：客户拜访线路规划。如果你是某快消品生产企业的销售业务员，主管某个城市或某城市的某一片区，你主管的客户群体是各类中间商，试拟订客户拜访线路规划图（提示，可用某企业城区销售网点示意图，结合城市地图来考虑）。

实训形式与组织：小组讨论，形成统一意见，小组选取一名代表上台画客户拜访线路规划图并解释，本组其他成员补充。同学评议，老师点评。

项目实训2

内容：感悟客户拜访流程。客户拜访流程分为：向客户打招呼、完成日常性工作、新产品的推介、感谢客户。让两位同学分别扮演销售业务员与客户，设计场景，由销售业务员对客户实施拜访，对客户拜访流程进行全程模拟。

实训形式与组织：事先准备，小组选取两名代表上台对客户拜访进行全程模拟。同学评议，老师点评。

项目实训 3

内容：终端陈列。同学们选择附近的一家商场或超市，仔细观察产品销售陈列，判断其产品陈列是否符合"产品陈列原则"？价格标识，场地、设备及户内外广告的使用是否合理？理货工作是否正确？

实训形式与组织：分小组对附近商场或超市观察，小组讨论，写出一份"某商场或超市产品陈列调查报告"，上课时小组选派代表发言。同学评议，老师点评。

项目实训 4

内容：铺货计划（或方案）的制订。同学们从网上搜索某企业的铺货计划（或方案），加以整理，阐述该企业铺货计划（或方案）的内容。

实训形式与组织：分小组上网搜索某企业的铺货计划（或方案），小组讨论达成一致意见，上课时小组选派代表发言。同学评议，老师点评。

项目实训 5

内容：窜货管理。窜货不利于企业产品销售与市场管理与维护，试分析产生窜货的原因、危害及处理办法（提示，用示意图说明窜货）

实训形式与组织：小组讨论，形成统一意见，小组选取一名代表上台画窜货示意图并就窜货的原因、危害及处理办法加以解释，本组其他成员补充。同学评议，老师点评。

项目实训 6

内容：销售促进。下面事实是宏昌公司向中间商开展的各种销售促进活动，试分别回答相应问题。

（1）宏昌公司曾在一段时期向中间商实施了这样一项促销：中间商一次性进货达100件者，结算价一律每件减10元。这是什么促销？

（2）宏昌公司规定：在3月份，中间商达到某乳制品500件销量（不算库存），将得到每件5元的奖励。这是什么促销？

（3）宏昌公司给予其经销商的现金折扣条件是（2/10, 1/20, n/30）。经销商欲购货10万元，假设经销商的付款期分别是5天、15天、25天，经销商实际付款分别为多少？这是什么促销？

（4）某超市要做一个招牌，费用共 3 000 元，宏昌公司赞助 2 000 元。宏昌公司计划在桂林地级市场上两个月的电视广告，总费用 10 万元，厂家补贴 5 万元，经销商拿 5 万元，广告带由厂家提供。这两种情形分别是什么促销？

（5）某经销商期初库存 100 件，促销期间进货 200 件，期末库存 50 件，每件补贴经销商 10 元钱，试问宏昌公司应该补贴经销商多少钱？这是什么促销？

（6）宏昌公司在某促销活动结束后，发现某商家还有 50 件库存，宏昌公司这时规定，如果库存恢复到期初库存水平 100 件，即进货 50 件，每件补贴 5 元。共补贴多少钱？这是什么促销？

（7）宏昌公司曾在一段时间规定，从 ×× 日起，凡购买某品牌乳制品 50 件者，即送 2 件同样的产品。这是什么促销？

六、案例分析与讨论

案例1　窜货事件

王总走进办公室，桌上的文件已经被秘书分类并摆放整齐了，他喜欢喝的绿茶也用玻璃杯泡好了。他坐下后，开始看一份份的文件、资料、信函。一份从广东云浮地区发来的信件引起了王总的注意，这是客户梅新的信件，梅新是该公司的优质大客户，也是该公司重点支持的客户。王总很快地浏览了一遍，脸色变得凝重起来。这是他今年以来第四次听到或看到反映本公司市场管理不善，产品发生窜货的事情。

王总抓起电话，很快地把负责市场管理部的刘洁部长叫了过去，并将客户梅新的信件递给了刘部长。王总严肃地讲，窜货事件是大事，为什么至今还没有拿出措施解决？刘部长首先表示自己工作失职，只注意销售而忽视市场管理。然后，就该客户提到的窜货问题做了简要的汇报：窜货地区发生在广西的贺州地区与广东的云浮地区，窜货的产品是 A 产品，窜货 A 产品低价销售，严重地扰乱了当地零售价格，已经对 A 产品的销售带来了消极影响。这个问题早在去年 6 月份就发生了，当时，客户梅新也反映了这个情况。但是，调查中广西片区经理以及广西贺州地区客户自始至终都否认发生了窜货事情。过去曾想过用条码的方法来管理产品的市场问题，借此区别窜货来源。由于运输业设备比较落后，无法实现目的地分捡，这一想法也就没有落实。目前，还没有很好的办法解决窜货问题。

王总听了刘部长的反映后，很不满意。显然，刘部长的说法站不住脚！要么刘部长没有引起重视，要么刘部长不负责任。暂且不管刘部长表现怎么样，必须尽快拿出解决窜货问题的措施才行！先解决客户反映的问题，给客户一个满意的答复。为此，王总责令刘部长二天内给客户梅新复函，同时，限定半个月内拿出确认窜货、处罚窜货当事人的管理办法，使市场管理走向正规。作为发展中的企业，王总意识到必须下决心处理好窜货问题，否则，将造成客户对公司的不信任，同时引起片区经理之间的内斗，此外，也会加快好产品的终结。

分析与讨论：

1. 刘部长给客户复函要注意什么？
2. 刘部长怎么才能有效解决窜货问题呢？

案例2 厂商冲突

年初，刘江一直觉得有块大石头压在心上，W 省的新总代理商毫无起色，下面的经销商人心涣散，整个市场仿佛陷入了疲惫的、无政府的状态。刘江也曾向大区经理 H 反映多次，奇怪的是一向胸有成竹的 H 总是支支吾吾，没有实质性意见，这越发让刘江心里发毛。

前年年末，W 省原总代理商在完成任务的情况下又接了另一品牌，被公司以做同类产品的理由换掉了，而他去年窜货走的量，远远高于新总代；新总代做了一年，量掉了一大截，现在只能勉强维持。

其实，原总代在市场里可以说是最早做品牌产品的经销商之一，队伍能力强，管理也较规范。几年前，W 省不是公司重点市场，原总代在公司很少支持的情况下，从最后一名开始"拓荒"，做了三年，跃升至全国第三名，并且销售曲线一直稳步上升。更重要的是，原总代的思路与公司很合拍，抓销量的同时，管理渠道颇有手段，市场上产品的品牌也声誉鹊起，这样的成绩一时成为业内佳话，其省会市场也成为公司的样板市场。

后来，由于竞争激烈，全国市场情况越来越不容乐观，许多区域的销量下滑严重，W 省的销售也出现了这种迹象。公司销售总监、市场总监等高管考察市场后，给了一些区域一定的支持，其中包括 W 省。最终，获得支持的区域只有 W 省超额完成了当年的销售任务。让人料想不到的是，当年年末，他们又接了别的牌子（其实这个牌子与我们是不同细类）。

听别人说，原总代接另一个牌子的主要原因是大区压货压得他几乎无法周转。而刘江后来了解到，原总代做品牌比较注重自己的产品组合，对风险和利润的考虑有自己的一套。甚至他们做培训时，不仅培训二三级市场的店长，而且将下面的经销商集中起来，灌输这种经销商盈利思路。

这种情况让大区经理 H 十分忧虑。刘江知道 H 的压力：下辖的 5 个省，除了刘江所在的 S 省勉勉强强完成任务，W 省超额完成任务，其他三省的销量都直线下滑，H 的"宝"自然要多压给 W 省了。

当时，H 让 W 省原总代从接手的品牌退出，并大量压货，最终未能谈成，公司收回了信用，撤了 W 省的总代理权。

之前 H 也曾在 W 省物色人选，但由于 W 省原总代的能力大家有目共睹，同行中没人愿接。甚至有人说：人家栽树你摘果，谁知道下一个会不会轮到我！其他行业的谈了一个，由于不敢贸然"下水"，犹豫之后便没了下文。

H 不动声色，动员刘江所在的 S 省总代与别人合作，成立一个新公司，到 W 省接管市场。等刘江知道消息时，H 已将刘江与 W 省区域经理做了对调，希望他熟门熟路，能与新总代配合默契。

结果，事与愿违，一年做下来，刘江可以说是焦头烂额。

刚开始跑二级市场时，几个大户还跟刘江反映原总代这样那样的问题，一段时间后，刘江发现新总代与大户沟通不畅，管理不到位，大户们私下里还跟原总代"藕断丝连"；其他市场的经销商有些是原总代将自己的员工培养后派回去当小老板的，根本不吃刘江那一套；一级市场大店多是原总代自己的店。更重要的是，原总代的店大、位置好，服务一如既往，口碑一直不错。

让刘江感到棘手的是，下面的经销商除了从新经销商那儿拿货，也从原总代那儿拿货，有的甚至只从原总代那儿走货。明摆着原总代是从别的省倒回的货，H 也打报告要求公司查处，但查来查去，最后还是不了了之。

其间，H 也曾支持新总代跟原总代谈判，把市场"盘"下来，但原总代要价太高，双方无法谈拢。

年终盘点，新总代想打退堂鼓了。赔钱是一方面，更重要的是他们对市场失去了信心。不过让刘江弄不明白的是，不知 H 对新总代做了什么工作，年初，他们又往库里压了许多货。

前段时间，由于家中有事，刘江赶回家处理一些事情。期间，有同事打电话说 H 突然辞职了。刘江一下子懵了，忙给 H 打过去核实，H 说："手续刚办完，我想先休息休息再说。等你事完了，有机会我们聊聊。"

刘江回到 W 市场时，却听到另一种小道消息：新总代被 H 害惨了，压了满满的货，拿到的返利刚分了 H 一半，H 就跑了。

这几天，刘江的头越来越大：新总代主动跟原总代联系，要求帮忙走货；自己走也不是留也不是，因为跟公司签了两年的合同；新大区经理已经发话，让他拿出 W 省的市场报告，搞不好，今年的奖金又该泡汤了。

刘江忽然想起过年遇到前任（已跳到另一家公司）时了解到的情况。

听前任介绍，原总代的业务主要放在两条线上：店面和渠道。尤其在店面管理、围绕店面由各业务组拓展业务、为二三级经销商出谋划策、培训他们的店长等方面有自己的一套，而且统一价格和售后服务都做得不错。

与他合作的厂家也比较看重他，有的甚至让他参与公司管理人员的电话会议。这是因为原总代能根据市场情况提出运作方案，有较强的品牌推广能力，能对厂家的广告、促销策略提出建设性意见。他做的知名品牌运作良好，不知名的小牌子也被他操作成功过。

原总代的老板观念新，思路多，更难得的是，无论是同行还是跟他合作的厂家，都相当肯定他的人品和能力。刘江曾跟 H 一起，与原总代老板见过两三次，感觉人很宽容，话说得中肯在理。相比之下，平常颇自负的 H 倒显得有些尴尬。

思虑良久，刘江产生两个思路：一是继续扶持新总代，促使新老总代联手销货。二是建议以原总代替换新总代，重整市场。究竟选择哪个，拿起笔，刘江又陷入了犹豫中。

分析与讨论：

1. 案例中厂商冲突的根源是什么？协调厂商关系的根本是什么？

2. 在 W 省为什么原总代被换掉？你觉得在 W 省是用原省代还是新总代？为什么？

3. 选择代理商（或经销商）需要考虑哪些问题？生产企业更换代理商（或经销商）应注意什么问题？

案例3　A、B、C 三家广告公司的车身广告业务对比

我在书城工作的时候，有两家做公交车身广告的公司分别联系到了我，一家是 A 公司，一家是 B 公司，分别都拥有一些我们感兴趣的公交线路车身广告经营权。首先找到我们的是 A 公司的陈先生，陈先生很自信，也很健谈，但谈的都是比较场面上的话，声称其他两家公司（即 B 公司和 C 公司）经营的公交线路都是他们挑剩下的，言下之意就是他们是权威，是最好的选择，最后提供给我们的资料也是普通的向大家散发的宣传资料。

然后见到的是 B 公司的苏小姐，她只是给我们简单的介绍了一下 B 公司，就向我们演示了她们为我们制作的 PPT 方案，让我惊讶的是，他们竟然在网上收集了我们书城大量的资料，并且已经设计了公交车身的效果图以及推荐了一些合理的公交路线，我们不禁一下就被苏小姐打动了，不由分说，她当然战胜了陈先生，赢得了和我们合作的机会。然而，遗憾的是，几经商量，我们最后决定要做的几条公交线路却都不是他们公司经营的线路，原来以为合作就这样终止了，大家又得重新寻找合作的公司，结果苏小姐却接过来说："我给你们 C 公司的王小姐电话，你们和她联系，一样可以享受我给你们报的优惠价格，她们公司的管理也很规范，服务也很让人放心。""会有这样的好事？"我心里嘀咕，不禁又问："那你为什么要这样做？""能够给你们帮上忙是我的荣幸，下次你们有用到我们路线的时候是不是还会首先想起我？其次，我们跑广告的也有一个圈子，朋友多了，是不是业务也会多些？互相帮忙嘛"，苏小

姐如是说。说归说，我还是找其他朋友冒充其他公司去询了下价，确认了苏小姐的"优惠价"，我们才决定与 C 公司的王小姐合作。

　　C 公司的王小姐做事也是非常麻利，合同还在确定过程中，就已经把设计初稿拿出来供我们选择了。请示老总设计的方向，老总先说："随便吧"，看了初稿后，又说："能不能有点意境？"再看了二稿后，又说："这个图片能不能再靓丽些？"当得知靓丽的图片可能涉及版权，需要付费时，又说："多花点钱也没什么"，这样到了四稿，却说："唉，多花这点钱还是不值得，你还有没有别的办法？"于是，自己只好找了书城的员工，写下肖像授权书，然后自己像模像样的照了一组书店员工照片给到王小姐选择。不知道王小姐那边敲定最终方案时是否举行了欢庆，总之最后我都已经快到了"抓狂"的地步，算下来，来来回回 C 公司做了十组稿。整个过程，王小姐始终没有对我有一丝的抱怨，无论是 QQ 还是电话的言谈，都让我感觉很舒适，很耐心，很客气，所以最终，我们圆满完成了合作。

　　分析与讨论：

1. 你认为哪个广告公司做得好？哪个广告公司做得不好？为什么？
2. 这个案例给你什么启示？

销售方案设计

试结合某一企业情况（企业资料来源可以是现实中的某一企业、或者网络等媒体某一企业、或者虚拟一个企业），假设你是该企业的销售业务员，根据该企业所生产的产品，所面向的客户群体，你将如何做好销售业务岗位工作？根据下面逐项提示设计完整的销售方案。

企业基本情况介绍。

一、销售渠道、销售组织与销售模式方案设计

1. 销售渠道设计

① 公司产品品类、销售区域、销售对象。
② 销售应遵循原则。
③ 销售业务员职责及应具备的素质。
④ 公司产品在全国销售，构建公司的销售渠道模式。
⑤ 如何选择多渠道成员？如何明确企业与渠道成员权利与责任？如何激励与评价渠道成员？

2. 销售组织设计

① 销售组织有哪些模式？各适应的企业及产品是什么？该公司宜采用的销售组织模式是什么？试设计该公司组织结构图。
② 公司对销售业务员考核的指标包括哪些？如何确定区域销售人员数量？销售业务员薪酬制度有哪些形式？设计销售业务员薪酬制度应遵循哪些原则？

3. 销售心理、销售模式与销售流程分析与设计

① 顾客的购买心理有哪些？如何根据顾客的购买心理，诱导顾客，促其购买。
② 顾客购买行为受哪些因素影响？顾客购买决策过程怎样？如何根据顾客购买心理与购买行为，通过营销方式实现销售。

③ 爱达模式、费比模式、SPIN 模式、吉姆模式基本内容是什么？各适合何种销售情景？如何运用这些销售模式？

④ 销售流程一般包括哪些阶段？

二、客户开发方案设计

1. 寻找与接近顾客设计

① 如何判断目标顾客？如何识别顾客购买资格？如何分析顾客购买决策权？

② 寻找顾客应遵循的原则是什么？采用什么方法寻找潜在顾客？

③ 如何联系顾客？如何做好拜访客户前的准备？

④ 接近顾客需做好哪些准备？采用哪些方法接近顾客？与顾客见面如何树立良好的第一印象？

2. 销售洽谈设计

① 销售洽谈的任务、原则、内容、步骤、技巧。

② 如何了解顾客需求？如何控制谈话局面？如何挖掘顾客需求？

③ 销售陈述含义、意义及态度是什么？销售陈述内容及步骤是什么？如何进行销售陈述的有效表达？

3. 处理顾客异议设计

① 如何看待顾客异议？处理顾客异议应遵循的原则是什么？处理顾客异议的步骤是什么？

② 顾客异议产生的原因来自哪些方面？各类异议应如何处理？

③ 处理顾客异议的方法有哪些？各种方法适应的条件是什么及处理的方法是什么？

4. 达成交易设计

① 什么是达成交易？达成交易应坚持的原则是什么？达成交易有哪些策略？

② 如何识别成交信号？达成交易的方法有哪些？各种达成交易方法如何实施及适应的条件是什么？

③ 销售合同有哪些形式？销售合同基本条款包括哪些内容？

④ 债务形成的原因有哪些？讨债手段有哪些？对于不同性格的债务人分别如何进行讨债？

三、客户管理与维护方案设计

1. 客户管理设计

如何选择合适的中间商？如建立客户档案？如何化解客户冲突？如何回避客户风险？如何与客户进行沟通？

2. 客户拜访设计

如何制定客户拜访计划？如何做好客户拜访前的准备工作？客户拜访实施基本程序是什么？

3. 终端管理设计

企业产品进入终端的方式有哪些及各适应的条件是什么？产品在终端销售如何做好销售陈列工作？如何做好客情维持工作及销售统计工作？

4. 铺货、窜货治理及销售促进设计

铺货的含义、特点、作用及条件分别是什么？如何制定铺货计划及如何组织与实施铺货？

什么是窜货？窜货产生的原因是什么？窜货有何危害？如何治理窜货？

销售促进方式有哪些？销售促进计划包括哪些内容及如何组织与实施销售促进？

5. 内务管理设计

内务管理的内容包括哪些及方法技巧分别是什么？

参 考 文 献

[1] 科特勒，凯勒．营销管理．14 版．北京：中国人民大学出版社，2013.

[2] 郭国庆．市场营销学通论．北京：中国人民大学出版社，2009.

[3] 谢宗云．市场营销理论与实务．长沙：中南大学出版，2011.

[4] 周朗天．现代推销技术．北京：科学出版社，2011.

[5] 张晓，许洪岩．现代推销技术．北京：北京交通大学出版社，2011.

[6] 谢宗云．销售业务实务．大连：东北财经大学出版社，2009.

[7] 李国文．现代推销技术．北京：清华大学出版社，2010.

[8] 刘文广．现代推销技术．北京：中国财政经济出版社，2010.

[9] 李光明．现代推销实务．北京：清华大学出版社，2009.

[10] 谭一平．现代推销实务与案例分析，北京：中国人民大学出版社，2008.

[11] 安贺新．推销与谈判技巧．北京：中国人民大学出版社，2012.

[12] 侯丽敏．中国市场营销经理助理．北京：电子工业出版社，2006.

[13] 梅清豪．中国市场营销经理．北京：电子工业出版社，2005.

[14] 中国就业培训技术指导中心．营销师．北京：中央广播电视大学出版社，2006.

[15] 中国就业培训技术指导中心．高级营销师．北京：中央广播电视大学出版社，2006.

[16] 安贺新．推销与谈判技巧．北京：中国人民大学出版社，2006.

[17] 陈新武，龚士林．推销实训教程．武汉：华中科技大学出版社，2006.

[18] 黄恒学．现代高级推销理论与技术．北京：北京大学出版社，2005.

[19] 姬爱国．现代推销理论与技巧．郑州：中原农民出版社，2007.

[20] 刘志敏，张爱玲．推销策略与艺术．北京：中央广播电视大学出版，2011.

[21] 孙金霞．推销与谈判实务．武汉：华中理工大学出版社，2009.

[22] 吴健安．现代推销理论与艺术．北京：高等教育出版社，2005.

[23] 薛辛光，隋兵．实用推销技术．北京：中国经济出版社，2008.

[24] 钟立群．现代推销技术．北京：电子工业出版社，2005.